广东省中小学新一轮"百千万人才培养工程"系列丛书

广州市越秀区启智学校"个别化—支持"办学模式的实践探索

陈凯鸣 著

广东高等教育出版社
Guangdong Higher Education Press
·广州·

图书在版编目（CIP）数据

广州市越秀区启智学校“个别化—支持”办学模式的实践探索/陈凯鸣著．—广州：广东高等教育出版社，2019.6
（广东省中小学新一轮“百千万人才培养工程”系列丛书）
ISBN 978－7－5361－6299－0

Ⅰ．①广…　Ⅱ．①陈…　Ⅲ．①特殊教育－办学模式－研究－广东　Ⅳ．①G769.2

中国版本图书馆 CIP 数据核字（2018）第 227405 号

出版发行	广东高等教育出版社 地址：广州市天河区林和西横路 邮政编码：510500　电话：（020）87553335 http://www.gdgjs.com.cn
印　　刷	广州市穗彩印务有限公司
开　　本	787 毫米×1 092 毫米　1/16
印　　张	14
字　　数	267 千
版　　次	2019 年 6 月第 1 版
印　　次	2019 年 6 月第 1 次印刷
定　　价	42.00 元

序

我是在广东省中小学新一轮“百千万人才培养工程”第二期与陈凯鸣校长结缘的，当时我担任其中一个省名校长培养工作室的理论导师。工作室内有两位校长来自于特殊教育学校，陈凯鸣校长即其一。她最初给我的印象是开朗健谈、干脆利落，是位像风一样的女子。在三年多的名校长培养过程中，随着接触时间越久，我对她的了解越深入。

陈凯鸣担任广州市越秀区启智学校校长 15 年以来，一直奋斗在特殊教育领域的前沿阵地，曾先后受聘为中国残疾人康复协会智力残疾康复专业委员会常务理事、中国教育学会特殊教育分会培智教育专业委员会委员、广东省智力残疾康复专业委员会副主任委员、广州市第五届智力残疾人及亲友协会副主席、广州市越秀区特殊教育研究会会长、广州市人大代表、广州市第一批教育名家工作室主持人等；2005 年开始参加全国培智学校课程标准的研制工作，2015 年带领启智学校工作团队独立研制了康复训练课程标准；还参与教育部的“医教结合”重点课题、国家“十一五”规划重点课题等，主持过广东省教育厅关于特殊教育学校（班）学生公用经费标准及分担机制等专项课题的研究。此外，她还总结了十多年的特殊教育办学经验，担任“太阳花系列丛书”丛书主编。

特殊教育学校肩负着落实国家政策、推动专业服务、惠及每一个特殊孩子、营造支持孩子成长的生态环境建设的重要使命。为了使特殊学生都能得到适性发展，特殊教育学校的校本课程及教学模式的改革，成了每一所培智学校的必修课题。广州市越秀区启智学校从 1985 年办学至今，一直承担着教学改革的任务，对课程研究和改革的探索从未止步。在不同历史时期，随着招生对象的变化，陈凯鸣对课程和教学的探索也在不断地深入。从2003年12月起，站在特殊教育一线的她带领越秀区启智学校的教学团队，全面启动了以个别化教育计划为核心的课程改革，历经15年的潜心探索，经历了四个发展阶段：分科教学、改编教材；推行个别化教育课程改革；引入康复专业课程；开展跨专业合作模式研究等。随着课程改革的层层深入，越秀区启智学校的教学成效也越来越得到家长、同行的肯定。

《广州市越秀区启智学校“个别化—支持”办学模式的实践探索》这本专著，就是陈凯鸣校长及其教学团队在特殊教育领域多年潜心研究的成果。这本专著基本囊括了越秀启智的办学模式概述、目标体系，校园文化建设、个别化教育计划、课程设计、教学体系、教师的专业发展支持、家庭合作、社区支持、学校管理体制十个部分，成书的目的是提炼、梳理、总结多年特殊教育研究及实践的成果，从而更好地进行下一阶段的课程实践。

不同于普通学校，特殊教育学校的从教者往往要付出更多的爱和心血，要承担更多的责任和工作。越秀区启智学校就聚集了一批有志于投身特殊教育的灵魂工匠，以陈凯鸣校长为首的特殊教育良师们，正在中国特殊教育的前沿，踏踏实实地进行着特殊教育课程改革的探索。他们力图为中国特殊教育学校的可持续发展提供有效的课堂教学运作模式样本，同时力求为特殊教育学校的教师及管理者提供值得借鉴的教学改革案例。

我期待着陈凯鸣校长引领的这支特殊教育领域的良师队伍，在南粤土地上不断耕耘，砥砺前行，取得更多卓有成效的特殊教育教学改革成果。

华南师范大学公共管理学院　刘志华

2018年12月25日于广州大学城

目 录

◎ **第一章　越秀启智的办学模式概述** …… 1

第一节　培智教育的发展背景 …… 1

第二节　启智学校的办学模式 …… 7

◎ **第二章　目标体系** …… 24

第一节　特殊教育的目标体系概述 …… 24

第二节　启智学校的目标体系 …… 28

◎ **第三章　校园文化建设** …… 38

第一节　特殊教育学校校园文化概述 …… 38

第二节　越秀启智的校园文化建设 …… 43

第三节　课程文化建设 …… 48

◎ **第四章　个别化教育计划** …… 53

第一节　综合研判分析 …… 55

第二节　个别化教育计划的制订 …… 61

第三节　个别化教育计划范例 …… 66

◎ **第五章　课程设计** …… 81

第一节　课程设计思路 …… 82

第二节　阶梯式阶段课程 …………………………………………………… 88
第三节　形成性生态课程 …………………………………………………… 99
第四节　康复课程 ………………………………………………………… 114

◎ **第六章　教学体系** ………………………………………………………… 118

第一节　教学流程 ………………………………………………………… 118
第二节　教学方法 ………………………………………………………… 134
第三节　教学资源的开发 …………………………………………………… 141

◎ **第七章　教师的专业发展支持** ………………………………………… 149

第一节　师资队伍发展现状 ……………………………………………… 149
第二节　教师专业发展的要求 …………………………………………… 156
第三节　教师专业发展的途径 …………………………………………… 166

◎ **第八章　家庭合作** ………………………………………………………… 177

第一节　家庭支持体系 …………………………………………………… 177
第二节　家庭对学校发展的支持 ………………………………………… 183

◎ **第九章　社区支持** ………………………………………………………… 187

第一节　学校对社区资源的利用 ………………………………………… 188
第二节　社区对学校发展的支持 ………………………………………… 198

◎ **第十章　学校管理体制** …………………………………………………… 201

第一节　启智学校管理方法概述 ………………………………………… 201
第二节　启智学校的管理体系 …………………………………………… 207
第三节　学校—社区共同管理模式 ……………………………………… 212

第一章
越秀启智的办学模式概述

办学模式是近年来我国教育领域使用频率较高的一个词，它是指在一定的历史条件下，以一定的办学思想为指导，在办学实践中逐步形成的规范化的结构形态和运行机制。① 与盲教育和聋教育相比，我国培智教育发展起步较晚，专门的培智教育机构出现的时间也要晚一些，现实中培智学校招生对象多样化且学生的残疾程度复杂，这就决定了它的办学模式不能简单照搬普通学校。由于中西方特殊教育发展背景的差异，西方国家融合程度高，因此我国启智学校的办学也不可完全按照西方的模式运作，于是实践中各启智学校纷纷走上校本之路，探索适合本校和本地区的办学模式。

广州市越秀区启智学校（简称“越秀启智”）成立于 1985 年。学校从最初只有一个班发展为今天拥有 300 多位学生、171 位教职工、覆盖从学前到职业高中的特殊教育学校，招生对象包括中重度智力残疾、自闭症、脑瘫、多重残疾等各类学生。作为广州市最早的一所九年一贯制公立启智学校，越秀启智一直在为推动全市特殊教育的发展贡献自己的力量。经过启智人 30 多年的探索，越秀启智形成了自己的办学模式。

第一节 培智教育的发展背景

越秀启智虽然有自己独具特色的启智学校办学模式，但它仍不可超脱于国家和地方特殊教育相关方针政策的引导，因此本书将首先介绍我国、广东省和广州市培智教育的发展背景，以及在此基础上提出越秀启智的办学模式。

① 潘懋元，邬大光. 世纪之交中国高等教育办学模式的变化与走向［J］. 教育研究，2001（3）：3－7.

一、 我国培智教育的发展背景

从历史的角度来看，我国专门的培智教育机构开办的时间较晚，人们对智力残疾儿童的接纳程度比盲童和聋童要低。鸦片战争后，中国人能够更多地了解西方，一些人到西方和日本访问，西方传教士也到中国传教，介绍西方文化。清末创刊的教育类杂志开始出现介绍西方关于智力落后儿童教育和机构的文章，如20世纪初的教育杂志就刊登了《东京高师附小（低能儿）的实施状况》《何谓低能儿》《低能儿童心理与教育》《低能儿之情意作用》等文章，这个时期的著名教育家陈鹤琴、陆志韦等还介绍了《心理测验》《IQ与B分数》《日本皮奈西门智力测验改良法》等。国内的一些热心人士也撰文讨论中国低能儿童的教育，如《低能儿童》（吴南轩）、《社会控制低能的重要和方法》（吴南轩）、《特殊教育之实施》（郃爽秋）等。一些热心特殊教育的人士还提出除了建立盲、聋学校外，应在普通学校为低能儿童建立特殊教育班的主张。1922年，著名教育家郃爽秋先生主张开设“个别辅导班”和“智慧查验班”来帮助智能不足的儿童，并提出了教育方案。根据《教育杂志》1921年3月20日第十三卷第三号陈献可的文章《特殊学级教学的报告》，江苏省立第三师范附小为智能不足的学生设立了特殊学级，这既解决了普通班级教学的负担和学生的痛苦，又缓解了家长的不安。这个班级在实施智力残疾儿童的筛查、鉴定、课程、教法、组织形式等方面进行了很多试验，取得了很好的效果。但由于历史的原因，此班的做法和经验未能得到坚持和推广，这是现在能查到的我国最早的智力残疾儿童教育班。在此之后，一些热心人士在我国不同地区开办了不同的机构教育低能儿童，如上海的爱弥尔学校招收三类特殊学生：天才儿童、低能儿童和问题儿童（顽劣儿童）。同时，还有一些社会福利、救济机构收容并抚养了一些智力残疾儿童，但很少进行系统的教育。在旧中国的教育年鉴中没有智力残疾儿童教育的统计，已有的盲、聋学校教育的统计只能在“社会教育”里与电影院、图书馆、民众教育馆等机构统计并列。

新中国成立后，特殊教育纳入国民教育体系，过去由国外教会主办的慈善、救济机构由政府接管，但当时特殊教育的发展重点在盲、聋教育，培智教育并未提上日程。在1958年的教育大发展中，北京市第二聋哑学校成立了智力落后儿童班（当时叫“低能班”）；1959年旅大市（今大连市）发展社会福利事业，其间试办了智力培育学校，对智力落后的儿童进行教育。后因历史原因这些学校纷纷停办。改革开放后，在北京、上海、大连等经济发达城市率先开办了专门的智力落后儿童教育机构或班级。1984年，国家特殊教育统计里开始出现培智学校的数据，当时已有 4 所学校。

在 1982 年《中华人民共和国宪法》中规定了残疾人的教育问题之后，1985 年的《中共中央关于教育体制改革的决定》提出，“在实行九年义务教育的同时，还要努力发展幼儿教育，发展盲、聋、哑、残人和弱智儿童的特殊教育”。1985 年 3 月 27 日至 4 月 1 日，教育部在上海召开了全国弱智教育经验交流会，总结和交流了全国培智教育的办学经验，进一步提高了教育工作者对培智教育以及整个特殊教育的认识，研究了如何进一步办学的指导思想。1986 年 4 月发布的《中华人民共和国义务教育法》提出：“地方各级人民政府为盲、聋哑和弱智的儿童、少年举办特殊教育学校（班）。”这是在国家法律中第一次明确提出要保障智障儿童的受教育权。随后，在国务院办公厅转发的《关于实施〈义务教育法〉若干问题意见的通知》中专门谈到了残疾儿童的义务教育，涉及智障儿童的入学年龄、教学要求、办学形式、师资队伍建设等。在以后的很多法律法规里都涉及残疾人教育中的培智教育的问题，包括《中华人民共和国残疾人保障法》《中华人民共和国残疾人教育条例》《国家中长期教育改革和发展规划纲要（2010—2020 年）》、残疾人事业发展的规划等。以下将主要介绍在这些政策文件里跟培智学校办学相关的内容。

在特殊教育学校的整体发展规划上，1998 年教育部发布了《特殊教育学校暂行规程》，用九个章节对特殊教育学校的各项事宜进行了规划，包括：总则；入学及学籍管理；教育教学工作；校长、教师和其他人员；机构与日常管理；卫生保健及安全工作；校园、校舍、设备及经费；学校、社会与家庭；附则。这些规定同样适用于培智学校的日常运作。由教育部组织编制的《特殊教育学校建设标准》由住房和城乡建设部、国家发展和改革委批准发布，自 2012 年 1 月 1 日起施行。它主要由总则，建设规模与建筑项目构成，布局、选址、校园规划与建设用地，校舍建筑面积指标，校舍建筑标准等五方面内容组成，是为特殊教育学校建设项目决策服务和合理确定特殊教育学校建设水平的全国统一标准，是编制、评估和审批特殊教育学校建设项目建议书、可行性研究报告、校园规划设计和建设规划用地的依据，也是审查项目设计和监督检查工程项目建设全过程的尺度。

在培智学校的课程改革上，1987 年 12 月，国家教育委员会颁发了《全日制弱智学校（班）教学计划（征求意见稿）》，开辟了我国培智学校课程建设之先河。之后随着随班就读工作的开展和培智学校招生生源的转变，1994 年，印发了《中度智力残疾学生教育训练纲要（试行）》。为与新课改相呼应，2007 年，教育部发布《培智学校义务教育课程设置实验方案》，沿用至今。该方案规定了培智学校课程设置的原则：一般性与选择性相结合、分科课程与综合课程相结合、生活适应与潜能开发相结合、教育与康复相结合、传承借鉴与发展创新相结合、规定性与自主性相结合，并确立了培智学校“7+5”的课程框架，“7”是一般性课程，即必修课，包括生活语文、生活数学、生活适应、劳动技能、唱游与律动、绘画与手工、运动与保健；“5”是选择性课程，包括信息技术、康复训练、第二语言、艺术休闲和校本课程。尽管方案规定了培智学校的课程框架，但在实施中给予各校充分的发展自主性和灵活性，可根据当地社会、文化、经济背景、社区生活环境以及学生的特殊需求，开发校本课程，体现课程的多样性。重要的是，此次课改并没有具体的课程标准，对于教师在教学中最为关心的“教什么”和“怎么教”的问题没有给出明确说明，使得各培智学校在课程建设上不得不走上国家课程校本化的模式。2016年12月，教育部发布《培智学校义务教育课程标准（2016年版）》，这也是第一次专门为残疾学生制定的学习标准，从2017年秋季学期开始正式执行。尽管新课标规定了特殊学生学习的结果，但学校在执行中也面临校本化的难题。如何有效落实课标，提高特殊教育的人才培养质量是摆在培智学校面前的一项长期而又艰巨的任务。

在师资队伍建设上，2015年，教育部研究制定了《特殊教育教师专业标准（试行）》，从专业理念与师德、专业知识和专业能力三个方面确定了特殊教育教师专业发展的基本准则，要求教师要师德为先、学生为本、能力为重、终身学习。培智学校也要以同样的标准要求培智教育教师。

二、 广东省培智教育的发展背景

在国家着力发展特殊教育的政策推动下，地方相继出台相应的政策法规，这既是对上位政策法规的贯彻落实，也是为了维护残疾人的合法权益，推动残疾人各项工作的有序有效开展。广东省作为我国改革开放的前沿地带和经济强省，省政府一直以来都重视和大力支持残疾人各项事业的发展，为广东省培智教育的发展奠定了良好的政策基础。

1994年讨论通过、2010年修订公布的《广东省实施〈中华人民共和国残疾人保障法〉办法》提出，“地级以上市和残疾儿童较多的县（市、区）应当根据本地区残疾人的数量、分布状况和残疾类别，至少设立一所综合性特殊教育学校。有条件的地方应当建设具有教育、康复、养护功能的综合性残疾人教养实验学校，重点解决不适宜在普通教育机构就读的重度肢体残疾、重度智力残疾、失明、失聪、脑瘫、孤独症等残疾儿童少年的义务教育问题”，“接受非义务教育的生活困难的残疾人，其所在学校应当适当减收学费、杂费”，“有计划地开展残疾人教育、康复教师继续教育培训”等。这是广东省第一个残疾人事业地方性法规，表明广东省残疾人事业法制化进程的加快。

2008 年，广东省编办、教育厅、财政厅和残联联合发布《广东省特殊教育学校教职员编制标准暂行办法》，规定特殊教育学校根据规模和学校类型，按照当年在校学生数的一定比例核定教职员基本编制，其中招收智障学生的学校教职员工与学生比为 1∶2.5，招收自闭症、脑瘫和多重残疾学生学校的教职员工与学生比则为 1∶2，招收盲（聋）、智障、自闭症（脑瘫）、教育矫治具有严重不良行为学生的寄宿制学校每班可分别增加 0.5 名、0.8 名、1 名和 1 名编制。开设职业教育课程的特殊教育学校，每个专业可增配 1 名编制。在校学生数在 150 人以上的学校可增配 1 名专职心理教师编制。

为贯彻落实《中共中央、国务院关于促进残疾人事业发展的意见》，2009 年，广东省发布《中共广东省委省政府关于加快残疾人事业发展的决定》，其中第八条提出："大力发展残疾人教育。各地政府要加大特殊教育学校建设力度，到 2012 年，全省地级以上市和残疾儿童较多的县（市、区）要有综合性特殊教育学校，珠江三角洲地区要加快建设一批集教育、康复、养护于一体的残疾儿童教养实验学校，重点解决重度肢体残疾、中重度智力残疾、失明、失聪、脑瘫、孤独症等残疾儿童少年的义务教育问题。加快发展残疾儿童学前教育。开展残疾人职业教育，抓紧兴办残疾人技工学校和残疾人职业教育学院。完善残疾学生的助学政策，对义务教育阶段残疾学生生活费、交通费等给予适当补贴，为其就读高中、职高和中等职业技术学校提供优惠。有条件的地区要成立手语、盲文研究机构，开展手语、盲文研究和推广。"

2010 年，广东省教育厅发布的《广东省中长期教育改革和发展规划纲要（2010—2020 年）》提出："关心和支持特殊教育。实施特殊教育百校建设工程，全面改善特殊教育学校办学条件。完善普通学校接受残疾儿童少年随班就读办法。制定实施特殊教育学校各项经费标准，足额配备特殊教育教职员，落实特殊教育教师津贴，健全特殊教育保障机制。"

为贯彻落实《国务院办公厅转发教育部等部门关于进一步加快特殊教育事业发展意见的通知》，进一步推动广东省特殊教育事业的发展，2011 年，广东省人民政府办公厅发布《关于进一步加快特殊教育事业发展的实施意见》，提出了加快完善残疾人教育体系、加快特殊教育学校建设、完善残疾学生随班就读服务体系、加强特殊教育师资队伍建设、进一步完善经费保障机制等要求。

2014 年发布的《广东省特殊教育提升计划（2014—2016 年）》提出要提高特殊教育学校的招生能力，积极发展非义务教育阶段的特殊教育，加大特殊教育经费投入力度，大力推进标准化特殊教育学校建设，加强特殊教育教师队伍建设，提高特殊教育教学质量等，为特殊教育学校发展建设提供全方位的支持保障。

三、 广州市培智教育的发展背景

广州市作为广东省的省会城市，早在1889年就创建了一所特殊教育学校（广州市盲人学校），此后广州市陆续成立了一些特殊教育学校，截至2016年3月，广州市共有各类特殊教育学校22所，享受各类特殊教育的学生5 247人，特殊教育学校教职工993人，其中专任教师684人。广州市基本形成了以特殊教育学校为骨干，以特殊教育学校和随班就读为主体，以"送教上门"为补充，残疾人学前教育、义务教育、高中阶段教育、高等教育协调发展的格式。[①] 为认真贯彻落实国家和广东省有关特殊教育发展的相关规定，广州市结合本地实际情况和需求，也出台了一系列地方性政策法规来促进广州市特殊教育的发展。

1993年，广州市人民政府转发市教委等部门《关于发展我市特殊教育的若干意见》，就广州市发展特殊教育的指导思想、目标和任务、管理体制、经费筹措、师资队伍、教科研等方面做出了规定。

根据《国务院关于基础教育改革与发展的决定》的精神，广州市人民政府结合广州市的实际情况，于2003年出台了《关于大力推进特殊教育事业发展的实施意见》，提出要全面落实特殊教育的各项任务指标，包括完善特殊教育体系，促进特殊学生学前教育、义务教育、高中阶段教育协调发展；提高特殊教育质量，促使特殊教育学校、普通学校特教班和随班就读学生素质均衡发展；建设达标特殊教育学校，鼓励有条件的地区建设具有示范作用的特殊教育实验学校。其中还特别提到"全国特殊教育先进区的特殊教育学校（荔湾区致爱学校、东山区启智学校、越秀区培智学校、番禺区培智学校）建成省内知名学校，其他区、县级市的特殊教育学校办学条件符合省定基本标准……有条件的区、县级市，可在特殊教育学校开设学前教育部和职业教育部，使其成为当地特殊教育的实验基地、资源中心、培训中心和教学研究中心"。

为进一步加快广州市特殊教育事业发展，根据《国务院办公厅转发教育部等部门关于进一步加快特殊教育事业发展意见的通知》、广东省人民政府

---

① 刘盾，戴秀文. 广州特殊教育：五成特教生享融合教育［J］. 中国教育报，2016－03－02（3）.

办公厅《关于进一步加快特殊教育事业发展的实施意见》精神，2013 年 2 月，广州市出台了《广州市人民政府办公厅关于加强我市特殊教育工作的实施意见（2012—2016 年）》，在推进特殊教育学校建设方面，强调“建设具有国际先进水平的特殊教育学校。合理规划，全方位推进，紧跟国际特殊教育学校的发展趋势，力争到 2016 年建设数所国内一流、国际知名的特殊教育学校”。

第二节　启智学校的办学模式

基于我国培智教育的发展背景，结合广东省培智教育的大环境，越秀启智逐渐探索出了符合自身的“个别化—支持”办学模式，也称“爬梯”式办学模式。该模式立足五个学科的理论基础：第一，在哲学层面，它强调人本主义，一切从特殊学生的发展出发，以生为本，立足每个学生个别化的教育需求。第二，在教育学层面，它强调全人教育和教育生态理论。全人教育要求我们看待特殊学生像普通学生一样，也关注他们发展的方方面面，涉及知识、情感、技能、道德等。教育生态理论则是从全局的角度出发，把学校的教育教学工作置于广泛的社会生态系统里，处理好与各层系统不同要素间的关系。第三，在心理学层面，它关注特殊学生不同层次的发展需求，他们也有从生理需求到自我实现的需求层级，关键在于我们要为学生提供相应的支持以实现这些需求，为特殊学生发展的可能性创设条件。第四，在经济学层面，它强调要通过教育努力把特殊学生这个庞大的人力资源变成人力资本，重点突出职业教育的重要性，特别是它与学生将来的就业、生存和生活质量密切相关。第五，在管理学层面，要通过科学有效的系统管理，统筹各方资源，建立完善的特殊教育支持服务体系，形成良性发展循环，带动学校和学校相关各系统（包括学生、教师、家庭、社区）的共同发展。

一、理论基础

（一）哲学理论基础：人本主义

作为一种社会思潮，人本主义发源于 14、15 世纪的意大利文艺复兴时期，它弘扬人的主体性，强调人在社会中的主体地位，倡导尊重人、尊重个人的人格和尊严，主张人人平等，每个人都有追求幸福的权利，在解释人与物、人与人、人与社会的关系上歌颂人，肯定人本自由论。[①] 人本主义致力于建立一种以人为中心的哲学，强调人的能动性和创造性的哲学。人类在改造物质世界的同时，不断拓展精神世界：远古时代，人们膜拜神灵；中世纪，上帝成为灵魂的主宰；近代，理性和科学原则塑造一切；现代，人类个体的现实生存状态受到关注；马克思着力描摹的是受制于物质生产关系的人类社会。[②] 近代人本主义以19世纪德国的路德维希·安德列斯·费尔巴哈（Ludwig Andreas Feuerbach）为代表，他提出的人本学唯物主义主要是关于人的学说，其最基本的命题是：人是世界上最根本、最本原的存在；人是世界上最高的价值；一切为了人，一切服务于人，以人为尺度来衡量万事万物。[③] 但费尔巴哈所说的人，仅仅只是生物学上的抽象的人，抹杀了人的社会性和历史发展，于是呼唤找回失去的人性、自我，把人从抽象的思辨的“理性王国”，重新拉回到现实的人间，成为现代人本主义哲学的共同主题。[④]

人本主义哲学在我国悠久的历史长河中也能找到趋同的一面。从教育的角度来看，由古至今，中国都十分重视以人为本的教育。从《尚书·泰誓》的“惟人，万物之灵”，到《管子·霸言》的“霸王之所以始也，以人为本”；[⑤] 从儒家的“仁、德”思想、墨家的“兼爱”思想，到现代以人为本的科学发展观、素质教育等，都可以看出我国教育自古以来都强调以人为本。特别是我国现代社会强调以人为本的素质教育，提出教育的发展是为了人，为了人的一切；教育的目的是一切为了人，为了人的一切；不仅为了人的全面发展，更是为了人的自由、解放和幸福。[⑥] 素质教育主张教师要面向全体学生，促进学生个体的全面发展；主张每个学生都能成才，并承认人的差异，要求从学生的实际出发，通过教育过程使每个人在原有的基础上得到发展与完善，使人的个性得到充分体现，人的各方面都得到和谐发展。[⑦]

人本主义的哲学和教育思想对启智学校的办学模式有重要的指导作用。

---

① 宋德孝. 以人为本与人本主义的哲学意蕴辨析［J］. 中共贵州省委党校导报，2008，24（2）：98－100.

② 李燕萍. 人本主义哲学思潮解读［J］. 重庆社会科学，2003（6）：47－49.

③ 李春生. 扬弃和超越：论青年马克思与费尔巴哈人本主义哲学的关系［J］. 理论月刊，2005（3）：18－20.

④ 杨寿堪. 现代人本主义哲学的几个问题［J］. 社会科学辑刊，2001（3）：9－13.

⑤ 朱永新. 新教育之思［M］. 济南：山东友谊出版社，2007：12.

⑥ 孟建伟. 教育与人文精神［J］. 教育研究，2008（9）：17.

⑦ 甘昭良，王梅. 论“人本特教”及其人本主义哲学基础［J］. 长春理工大学学报（社会科学版），2010，23（1）：138－140.

首先，人本主义是启智学校的办学出发点。文艺复兴以来西方对人文精神的倡导使自由、平等、博爱的思想深入人心，奠定了特殊教育的发展基础。历史上，特殊教育机构的办学动机经历了时代的变迁，从最初的宗教、慈善性质转变为现在的教育、发展为主，但人本价值的介入有增无减，今天的特殊教育越来越强调"质量"和"支持"，便是对特殊学生作为"人"的关注和尊重。其次，人本主义明确了启智学校办学的内核——学生。无论是普通学校还是特殊教育学校，应始终坚持把学生放在主体地位。只有这样，学校才能更好地关注到每个学生个别化的教育需求，围绕学生提供适宜的教育和支持服务。从学校的校园文化建设，到课程教学体系建构，教师、家庭和社区的共同参与，在这一过程中虽然也会带来学校的内涵式发展、教师的专业成长、学校与家庭和社区关系的良性互动，但根本出发点都是为了学生，学生是维系学校（包括教师）、家庭、社区关系的纽带。

（二）教育学理论基础：全人教育和教育生态理论

1. 全人教育

20世纪70年代，受人本主义教育理论的影响，北美一些教育理论激进派借用生态学、神话学、系统说、西方精神理论传统等概念，发展出"以人的完整发展"为核心概念的学习理论，强调教育应注重人的每一个方面（包括智能、精神、社会性、道德、审美、创造力、灵性等方面），并使其充分发展。其理论主要立足于这样一个基本假设：个体只要与自我、社区、世界联结并发生转变，就能获得自我的觉醒与整全。以此为基础，70年代末，作为全人教育的主要提倡者，隆·米勒（Ron Miller）正式提出"全人教育"（holistic education）的概念。[①] 1990年6月，80位支持全人教育的学者在芝加哥签署《芝加哥宣言》，这对全人教育产生了重大影响，该宣言提出："全人教育认为人应追求生命的意义，而不仅仅是知识与技能，这才是人得以全面健康发展的内在价值。我们相信只有健康而有责任心的人才能创造健康的社会……"全人，是真正全面发展的人、完美的人，是具有主体性并能够把握自己命运的人，是作为人的人而非工具的人，是整全的人而非残缺的人，是马克思所倡导的自由、和谐、全面发展的人。[②] 全人教育的十大原则是：个体发展优先于国家经济发展、尊重每一个学习者、重视体验性学习、

---

① 谢安邦，张东海．全人教育的理论与实践［M］．上海：华东师范大学出版社，2010：3.

② 谢安邦，张东海．全人教育的理论与实践［M］．上海：华东师范大学出版社，2010：2.

注重教育的整体性、重新认识教师的作用、尊重学习者选择的自由、为参与式民主社会而教、为培养地球公民而教、求得共存的生态教育、重视培育人的灵性。[①] 整体看来，全人教育是在批评传统教育目的的基础上形成的一种教育思想，其反对将工具性目的凌驾于个人发展目的之上，个人的发展应优先于社会需要，它更注重教育内在价值的阐扬。

直到2000年以后，“全人教育”这一概念才在我国相关的教育研究中较多地出现，并指导教育的发展。全人教育思想对当代教育的影响主要体现在教育目标和课程与教学上。在教育目标上，全人教育批判传统教育只重视知识传授和技能习得的培养目标，倡导培养完整的人，使人在躯体、知识、技能、道德、智力、精神、灵魂、创造性等方面都得到发展，而课程设置、师生观培养等方面的措施也都要围绕培养完整的人这一目标来设计。培养“完整的人”（whole man）是全人教育理论的根本出发点，指“躯体、心智、情感、精神、心灵力量融会一体的人”。[②] 在课程与教学上，课程是全人教育得以推行的媒介，全人教育的理念也渗透在基础教育课程改革中。我国基础教育领域的新一轮课程改革明确提出，“课程改革的核心目标即课程功能的转变：改变课程过于注重知识传授的倾向，强调形成积极主动的学习态度，使获得基础知识与基本技能的过程同时成为学会学习和形成正确价值观的过程。即从单纯注重传授知识转变为引导学生学会学习，学会合作，学会生存，学会做人，打破传统的基于精英主义思想和升学取向的过于狭窄的课程定位，而关注学生‘全人’的发展”[③]。在教学中，全人教育要求改变学生原有的学习方式，超越单纯的认知学习，迈向“手—心—脑、实践—感知—思考、身体—心理—灵魂”等共同参与的整体学习和全人活动，即从原有的单维度、强调认知能力的学习转向多维度学习，重视学生的自主探究，同时也注重教师在教学中的引导作用。[④]

全人教育对启智学校办学的影响主要也体现在教育目标和课程与教学上。拟定教育目标时朝向培养“完整的人”的方向努力，既要关注特殊学生康复的需求，还要注重基本知识和技能的学习，同时也不要忽略学生情感、

---

① 钟启泉.“整体教育”思潮的基本观点［J］. 全球教育展望，2001，30（9）：11－18.

② 刘宝存. 全人教育思潮的兴起与教育目标的转变［J］. 比较教育研究，2004，25（9）：17－22.

③ 朱慕菊. 走进新课程：与课程实施者对话［M］. 北京：北京师范大学出版社，2002：9－10.

④ 谢安邦，张东海. 全人教育的理论与实践［M］. 上海：华东师范大学出版社，2010：12－13.

心灵、道德等方面的培养。围绕教育目标，课程设置上应有内容上的综合性，确保知识、情感、技能、道德等课程内容的全覆盖，同时也要考虑不同年级段特殊学生的身心发展特点和需求，有侧重点。教学上应在教师的引导和一定的支持下让特殊学生朝向自主探究和自主学习的方向努力。这符合我国启智学校的培养目标，教育部2007年颁发的《启智学校义务教育课程设置实验方案》里明确提出，“全面贯彻党的教育方针，体现社会文明进步要求，使智力残疾学生具有初步的爱国主义、集体主义精神；具有初步的社会公德意识和法制观念；具有乐观向上的生活态度；具有基本的文化科学知识和适应生活、社会以及自我服务的技能；养成健康的行为习惯和生活方式，成为适应社会发展的公民”，同时更重要的是，它能切实有利于特殊学生的发展，提高他们适应生活和社会的能力，将来更好地融入主流社会。

2. 教育生态理论

教育生态学是研究教育生态系统与各种生态环境及其构成要素之间关系的科学，它尤其侧重于考察各种教育生态环境及其构成要素对教育生态系统和作为教育生态主体的人的影响。[①] 教育生态研究的历史，源自克雷明（Cremin）1976年在《公共教育》（*Public Education*）一书中正式提出“教育生态学（Ecology of Education）”的概念，并指出，“生态学的概念是有用的，因为它强调联系”。[②] 自此，西方教育生态研究在区域教育、学校教育和课堂教学等方面开展了广泛的生态关系和生态变革研究。[③] 我国内地对教育生态学的研究较晚，1990年，吴鼎福与他人合作出版了第一部教育生态学专著《教育生态学》，（江苏教育出版社，1990年出版）这标志着我国内地教育生态学研究的正式起步。

教育生态学的研究方法是把各种教育机构与结构置于彼此联系以及维持它们并受它们影响的更广泛的社会之间的联系中加以审视。范国睿认为，教育生态学的一个重要研究课题就是以教育生态系统为主体，考察它同与其进行物质、能量交换的其他社会子系统及其构成要素的复杂关系，而对环境的考察只能以分解的方式进行，即将教育生态系统以生存的生态环境分解为众多要素，分别考察其与环境的关系。这个系统由外至内包括社会生态系统、教育生态系统、学校生态系统和课堂生态环境。[④] 人类的教育活动是整个社

---

① 范国睿. 教育生态学［M］. 北京：人民教育出版社，2001：25－26.

② CREMIN L A. Public education［M］. New York：Basic Books，1976：36.

③ 范国睿，王加强. 当代西方教育生态问题研究新进展［J］. 全球教育展望，2007，36（9）：39－45.

④ 范国睿. 教育生态学［M］. 北京：人民教育出版社，2001：31.

会生态系统里的子系统，它必然依托社会生态系统存在，所以社会生态系统是最外围的系统；社会生态系统下包含有人类的教育活动，所以接下来是教育生态系统；学校是教育特别是制度化教育的载体，探讨教育生态问题一定离不开学校这一生态主体，所以第三层是学校生态系统；承载学校教学活动的基本单位是课堂，它是师生直接教学和对话的主要场所，因此课堂生态环境是最里层。

教育生态理论建立了从微观课堂到宏观社会生态系统间的联系，阐明了最外围的社会生态系统如何通过教育生态系统、学校生态系统逐步影响课堂生态环境，最终影响教育质量。因此，这就要求启智学校在办学中要处理好内在发展与外部环境间的关系。首先，学校要以全局、整体的眼光看待自身在整个社会生态系统中的位置，明晰由外至内的影响机制。其次，学校要立足发展，打造强有力的内核，以自身的积极行为应对或抵消外界可能带来的消极影响。最后，在各教育生态系统间建立良好的互动关系。事实证明，各系统间本来就不是孤立的关系，而是相互依存和影响，良性的互动能带来各自的积极有效发展。

（三）心理学理论基础：需要层次理论

需要是有机体自身和社会生活条件的要求在人脑中的反映，这些要求是以对缺乏的感受体现出来的。人作为生物体和社会成员，不得不完成两大任务：生存和发展。生存指个体的生存，要有必需的物质条件，如空气、阳光、食物、水等物质需要，要延续种族还要有婚配的需要。为求发展，人要求知、劳动、交往、建立社会组织等。[①] 心理学领域围绕“需要”展开了大量研究并形成相应的理论，但迄今为止最为推崇的是美国人本主义心理学家亚伯拉罕·马斯洛（Abraham H. Maslow）提出的需要层次理论。

人的需要是多种多样的，马斯洛把这些需要归纳为五个基本层次：生理需要（physiological need）、安全需要（safety need）、归属与爱的需要（belongingness and love need）、尊重需要（esteem need）和自我实现需要（self-actualization need）。生理需要是人最原始、最基本的需要，包括食物、空气、水、排泄、睡眠等。这是个体和群体生命的基本需要，如果没有这些需要，人类将难以生存，所以它也是其他一切需要的基础。安全需要指通过寻求保护与免受威胁从而获得安全感，它一般包括生命安全、财产安全和职业安全。归属与爱的需要指每位个体都有希望被他人或群体接纳、爱护、关

① 许继红. 提升你自己：心理学需要层次理论的研究［M］. 太原：山西人民出版社，2007：6－7.

注、鼓励及支持的需要。尊重需要包括自尊与他尊：自尊指个人对力量、成就、自强、自信、自主等方面的需要。自尊的满足使人相信自己的力量与价值，在生活中变得更有能力和创造性。他尊指个体希望别人尊重自己，希望自己的工作和才能得到别人的认可、赏识和重视。他尊的满足使人相信自己的潜能与价值，反之则会让人丧失信心，怀疑自己，难以产生更高层次的需要。自我实现需要是最高层次的需要，指个体希望能充分发挥自己的潜能和能力，成为自己所希望的人物，完成与自身能力相匹配的活动。这五个需要层次间不是孤立的关系，而是存在关系。对大多数人来说，从生理需要到自我实现需要是由低到高的次序，只有当较低一级的需要得到基本满足时，更高一层次的需要才会产生。马斯洛认为，前四种需要属于基本需要（basic needs），最后一种自我实现需要称为成长需要（growth needs）。基本需要是个体在生活中因身体或心理的某种缺失而产生的需要，成长需要则不同，它虽以基本需要为基础，但同时也对基本需要有引导作用。从理论上看，成长需要不是维持个体生存必需的，可一旦满足了这种需要能促进人健康成长，并对以下各层需要有潜在的影响作用。

启智学校的各类特殊学生作为人类群体的一部分，也有马斯洛提到的五个层次的需要：特殊学生作为“人”的存在，他们有基本的生理需求，但受能力所限，大多数重度和极重度学生难以做到生活自理，所以常人能轻松完成的饮食、穿衣、大小便、就寝等活动被纳入启智学校的课程体系；特殊学生有安全的需要，特别是启智学校的大多数学生，他们往往难以判断什么是危险的行为，缺乏自我保护的意识；特殊学生有归属与爱的需要，与普通孩子一样，他们也希望引起他人注意和关爱，获得表扬，课堂上教师不经意的眼神关注、语言提醒、身体协助等都是对这些孩子莫大的鼓励；特殊学生也有尊重的需要，他们有各自的能力、力量、成就等，同时也希望得到他人的认可，提升自信，更好地学习和生活；就自我实现需要而言，虽然马斯洛认为它不是个体必需的，对特殊学生来说却是最难的，但这并不代表启智学校就应该忽略学生这方面的需要。相反，学校应该为学生提供自我实现的机会，进行相应的教学，朝这个方向努力，尽量满足学生这方面的需要，学生在学习中取得细微的进步也是可喜的。正是由于启智学校学生学习速度慢、见效慢，才体现出他们一点点进步的难能可贵。

明确了特殊学生也有马斯洛所提到的五个需要层次之后，启智学校一方面要关注到学生的这些需求，与普通学生不同，特殊学生更多地需要外在力量的干预，通过课程教学、日常引导、榜样示范等获得这些需要。另一方面，学校要正视学生的发展差异。就每一层次的需要而言，不同残疾类型和程度学生的表现形式必然有所差异，程度轻的学生能够独立完成，重度学生则可能需要较多的支持才能完成。就纵向需要层次来看，高层次的需要可能只有极少数学生能够做到，特别是自我实现的需要，所以不能以同样的标准来要求所有的学生，而是允许学生发展的差异性。

（四）经济学理论基础：人力资本理论

人力资本是指凝结在个人身上的，后天获得的，具有经济价值的体力、健康、知识、技能和能力。[①] 传统的西方经济学理论主要关注物质资本和金融资本，包括土地、机器、厂房、股票、债券等，而美国著名经济学家西奥多·舒尔茨（Theodore W. Schultz）提出，技能和知识应该被看作是资本的形式。他承认这种资本的存在，并将其命名为人力资本，用来解释二战后西方社会经济快速发展的原因，并认为教育应该被看作是一种能对社会和个人发展带来经济效益的投资。[②] 既然人们的生产知识和劳动技能（即人力资本）可以通过投资（时间、精力、金钱等）获得，那么发展教育和职业培训对人力资本的开发非常重要。对残疾人群体来说，首先应确定他们也可以作为人力资本的存在，然后他们才有人力资本提升的空间和开发价值。

从残疾人人力资本的存在来看，一般来说，人力资本看重人的发展质量，一些社会边缘群体长期被排除在人力资本概念范畴以外，其中就包括残疾人。但与普通群体一样，残疾人也有他们的创造性和生产性，以自己的方式作用于社会和个人发展，人力资本的概念应该加入残疾人的人力资本。为了强调残疾人人力资本，有学者提出了"特殊人力资本（special human capital）""特殊资本（special capital）"的概念，来特指这些有特殊需要人群的人力资本。[③] 残疾人群体所拥有的技能、知识和能力作为他们各自的人力资本而存在，是一般的人力资本概念体系中的一部分。我们强调发展残疾人的人力资本有重要意义，主要体现在以下三个方面：第一，新加入的人力资本能增强社会劳动力。每一个人都有各自存在的价值和意义，残疾人作为一个特殊群体，他们的人力资本在发展中会受到一定的限制，但也有其存在的独特性，甚至会因为这种独特性获得比正常人更多的机会，平衡劳动力就业市场，形成更加合理、均衡的人力资本市场结构。第二，残疾人人力资本

---

① 刘泽云. 教育经济学 [M]. 上海：华东师范大学出版社，2008：102.

② SCHULTZ T W. Investment in human capital [J]. The American Economic Review, 1961, 51 (1): 1-17.

③ WALKER G. Building "special capital" for entrepreneurial development: special populations as human capital in the context of global development [J]. Policy Futures in Education, 2010, 8 (6): 697-708.

能促进残疾人自身的发展。人力资本的存在能同时作用于社会和个人，但对残疾人而言，也许对自身发展的意义更大一些。他们通过发展个人人力资本，获得的不仅仅是物质报酬，更多的是社会化和自我意识的发展，以自己的努力和付出获得社会大众的理解和尊重。第三，残疾人人力资本的存在是社会公平的必然诉求。公平是社会发展的永恒追求。只要残疾人的体力、健康、知识、技能和能力能作用于社会和个人发展，在社会生产中得以运转，理应得到我们平等的对待。

为了把特殊学生从人力资源变成能促进社会和个体共同发展的人力资本，启智学校应注重发展职业教育。职业教育能帮助特殊学生掌握一定的劳动技能，这是提升他们人力资本最直接和有效的手段。而且职业教育与特殊学生将来的就业高度相关，通过顺利就业和获得工资报酬，既是特殊学生私人经济收益的体现，通过自给自足的生活方式减少社会福利支出，也是外部经济收益的体现，反映了职业教育所促进的经济成效。从非经济收益来看，学生顺利就业，参与社会生活，获得丰富的社会体验，就个体而言这本身就是一个了不起的进步，而残疾人就业在某种程度上也能提高他们的社会公共意识、就业能力，促进劳动力在不同地区和行业间流动，平衡社会人力资本水平，配置劳动力市场资源，提高社会运作效率，带来社会和个体非经济收益的双丰收。

（五）管理学理论基础：系统管理理论

系统管理理论被认为是20世纪最伟大的成就之一，是人类认识史上的一次飞跃。它是运用系统研究的方法建立通用的模式，以寻求普遍适用的模式和原则，考察组织结构和管理职能，以系统解决管理问题的理论体系。这一理论的代表人物有卡斯特（F. E. Kast）、罗森茨韦克（J. E. Rosenzweig）和约翰逊（R. A. Johnson）等，他们认为系统管理是一种管理方式，把组织作为一个系统来设计和管理，使组织的各个组成部分、各种资源按照系统的要求进行和运作，“管理者可以将人、机器、材料、金钱、时间、信息等各种资源转变为一个有用的组织。从根本上说，管理就是将上述这些不相关的资源进行整合，以达到目标的系统的过程”①。系统管理重视目标；重视整体，强调整个系统的最优化；重视责任，强调任务的明确以及任务的完成能够被衡量；重视人，强调人的作用。整个系统从整体实效最优的观点出发，

① 卡斯特，罗森茨韦克. 组织与管理［M］. 北京：中国社会科学出版社，1985：8-9.

强调各组成部分间的相互关系，协调组织内部的各项活动。① 系统管理理论有三个方面的特点：一是整体性，它强调整个系统组织的最优化而不是分系统。二是层次性，管理是一个有层次的结构体，系统各要素间有内在的逻辑联系，因此管理既要有整体上的管理，又要注意分层次的实施管理。三是开放性，组织是一个开放的系统，它的管理活动时刻受到外部环境的影响与控制。组织与环境相互依存，两者保持最佳适应的状态才是理想的系统体系。

学校是一个特定的社会组织系统，学校的管理工作是教育系统管理的有机组成部分，如何科学有效地应用系统管理理论，使学校日常运作规范化和高效化、内部管理工作有方向和有序是学校管理工作者的重要研究课题。对学校管理者而言，他们也需要借助科学的系统管理理论整合资源，实现学校发展最大化，进行全局规划。毫无疑问，学校的主要任务是培养学生，启智学校也不例外，促进特殊学生的发展是启智学校最基本、最重要的命题。但学生只是整个学校系统组织里的一部分，我们也应该关注教师的专业成长、特殊学生家庭的困难、学校与社区关系的建立等。特别是我国近些年来对融合教育的关注日益加大，启智学校理应承担起融合教育的相关任务，由过去的隔离封闭走向开放融合，建立与校外组织的良性互动关系。重要的是，对教师、家庭、社区等方面的关注也能帮助我们更好地服务学生这一核心群体，有效整合多方资源，建立完善的特殊教育支持服务体系，形成良性发展循环，带动学校全局发展。

二、"个别化—支持"办学模式的提出

基于哲学、教育学、心理学、经济学和管理学的理论基础，越秀启智提出了"个别化—支持"办学模式（见图1－1）。给每一个学生提供适宜的教育，让每个学生都能得到适宜的发展是每一个教育工作者不懈的追求目标。特别是考虑到启智学校学生发展差异大、障碍程度重、障碍类型多样化的事实，学校只有立足"个别化"才能更好地服务于每一个学生的发展需求。同时，"个别化"的实施必然也离不开"支持"。学校通过协调、整合多方资源，不断完善支持系统，帮助实现每个学生的"个别化"。"支持"是为了更好地服务于"个别化"。图1－1里的"个别化—支持"办学模式的外形犹如一个爬梯，所以它也可以被形象地阐释为"爬梯"式办学模式。我们把特殊学生的学习过程比作一个不断向上攀爬的过程，每个人都有属于自己的

① 杨慧．基于系统管理理论的高等学校外籍教师管理要素研究［D］．沈阳：东北大学，2015：32.

爬梯，不同学生学习的结果不同，爬行高度也必然不同，但可以进行个体内的比较，学生所能达到的发展高度取决于我们提供多少的支持。学生攀爬的高度上不封顶，保留每个学生发展的灵活性和可能性，并根据每个学生个别化的教育需求提供相应的支持。

图 1－1 越秀启智“个别化—支持”办学模式

（一）“个别化”的解读

个别化教育是当今世界各国特殊教育发展的必然进程①，它主要通过个别化教学实现。个别化教学的理念源于西方，自 20 世纪 80 年代后期对我国特殊教育学校进行分类教育改革后，国外个别化教学的理念、经验和做法被引入我国，并为广大特殊教育工作者所接纳。实践中大家纷纷以个别化教育计划（individualized education plan，IEP）为载体，为特殊学生实施个别化教育。2007 年我国颁发的《启智学校义务教育课程设置实验方案》明确提出：“学校应全面推进个别化教育，为每个智力残疾学生制订和实施个别化教育计划。应将课堂教学与个别教育训练相结合，针对学生的个体需要安排一定时间的个别训练，为有需要的学生提供补救教学，满足不同学生的发展需求。”2016 年底，教育部颁发了《启智学校义务教育课程标准（2016 年版）》，许家成认为，要有效实施课标，就要通过个别化教育将课程目标落实

① 孙颖，郭楠，王善峰. 北京市培智学校个别化课程实施模式的研究［J］. 中国特殊教育，2015，185（11）：8－12.

到每个具有显著个别差异的学生身上，实现有质量的教育；启智学校学生的实际情况凸显了个别化教育的重要性，个别化教育的关键是拟订并实施 IEP，确定每个学生的发展愿望、教育需求和教学重点，为有效教育提供依据。①

越秀启智“个别化”办学模式的确立并不是一蹴而就的，学校在办学过程中经历了发展的困惑，包括办学定位的确定、学校的建设、教职员工的配备、收生标准、课程的确定、有效管理的途径；也遇到了因社会对特殊教育的理解和接纳不足、资源不足而制约学校发展的困难。课程是承载学校教育活动最主要的载体，学校抓住“课程”这一核心，于 2004 年率先在广州启动了以 IEP 为核心的课程改革，并在广州市率先提出了“零拒绝”，使生源发生了很大变化，比如学生的残疾程度越来越重，差异性更加凸显，生活不能自理、情绪行为问题严重等。面对困难学校教师毅然选择了学习、实践的途径，积极学习专业技能，坚持实践以 IEP 为核心的课程的探索之路，以每一个学生的特殊教育需求为核心，立体全方位配置适宜的课程内容，为学生未来的生活奠定基础，让学生们在生活中学习。学校每学期为每一个学生拟订 IEP 和个别化支持计划（individualized support plan，ISP）已成常态。学校对学生进行以课程为主的教育诊断评量，召开个案会，拟订 IEP，设计并实施个别化教育教学，评量教学，修正教学。IEP 是学校教育教学的基本理念、原则和方法。在启智学校，个别化教育教学是每位教师须臾不离的基本功，也是学校专业能力的首选。除最主要的课程领域外，学校在其他方面也彰显着“个别化”的教育理念，如在家庭支持服务这块，在评估的基础上了解每个家庭各自的需求，提供相应的支持服务；在教师专业成长方面，支持教师根据各自的专业和兴趣确立自己的发展方向，选择从事培智教育还是自闭症学生教育、主攻动作训练还是语言训练。教师发展方向的确定使个人专业目标明确，学习工作内容清楚。对家庭“个别化”问题的关注有利于家庭和睦，缓解家庭各方压力，为特殊学生提供良好的家庭成长环境；对教师“个别化”发展的关注有利于提高教师的专业水平，为特殊学生提供优质的教育，因此，这是一个双赢的发展格局。支持家庭和教师的最终落脚点还是为了特殊学生的发展，毕竟特殊学生的教育需要依靠学校的统筹规划，这就要集合一切可能的资源和力量，其中就涉及家庭和教师。

（二）“支持”的解读

“支持”是指以促进个体发展、教育、兴趣、个人福祉以及增强人类功

---

① 许家成. 培智学校义务教育课程标准的基本特点［J］. 现代特殊教育，2017，(1)：8－9.

能为目的的资源和策略，以提升个人的功能。① 党的十七大报告提出“关心特殊教育”，2012 年党的十八大报告中进一步提出“支持特殊教育”。2015 年，党的十八届五中全会通过的《中共中央关于制定国民经济和社会发展第十三个五年规划的建议》明确指出，要“办好特殊教育”。虽然在不同历史时期，国家对特殊教育的政策导向会有所不同，但都包含着国家对特殊教育的行动支持和质量追求，那么，我们应该搭建一个怎样的支持体系才能促进特殊教育事业的发展和保证其质量呢？启智学校又该如何在学校范围内支持特殊学生的发展呢？目前关于“支持”我国并没有统一的说法，可特殊学生的发展需要“支持”，“个别化”教育理念的实现需要“支持”是不争的事实。尽管我们缺乏国家层面自上而下的“支持”指导，但特殊学生的发展不能等，越秀启智在实践中不断摸索和尝试，建立了“三维”的支持体系。“三维”体现在支持主体、支持内容和支持强度三方面。

1. 支持主体

学校存在和发展的出发点在于学生，启智学校也不例外，学校支持的对象是学生。越秀启智作为一个系统组织存在于社会生态系统中，它可以整合系统内外资源支持特殊学生。在支持主体上，学校统筹全局，集结教师、家庭、社区成员和同伴共同支持学生的发展进步。教师通过专业发展提升为特殊学生提供个别化教育，满足他们的学习需求；家庭通过解决自身存在的困难为特殊学生提供良好的成长环境，同时家庭发挥各自的力量参与、支持学校的各项教育工作；社区通过走进学校或学校走进社区的形式，加深彼此间的了解，有利于特殊学生将来更好地融入主流社会；同伴指为特殊学生提供“榜样”“小老师”的帮助。

支持主体的行为并不总是积极主动的，他们也会有消极或无能为力的一面，如教师专业发展中的困惑、社区对特殊学生的排斥、同伴指导中的手足无措等。因此，虽然支持主体与特殊学生的日常接触最为密切，但主体本身的发展也需要支持，这都离不开学校在背后的运筹帷幄。学校作为一个系统组织，犹如一个隐形的推手，通过支持教师、家庭、社区成员和同伴的发展，进而支持特殊学生的发展，而学生的发展无疑也会带来教师教学效能感的提升、家庭成员幸福感的增加、社区成员对残疾和残疾人认识的深入、同伴自我效能感的发展，各方面相互积极作用，最终也提高了学校的办学成效。同样，各支持主体的发展反过来也能促进学校整体力量的提升，包括师资队伍质量的提升、家庭对学校工作的肯定和理解、社区成员对启智学校认

① 段玄锋，许家成. 智障教育生活质量课程观初探［J］. 绥化学院学报，2013，33（7）：68－72.

识的深入、其他学生的发展等，由此形成良性的支持循环（见图1－2）。

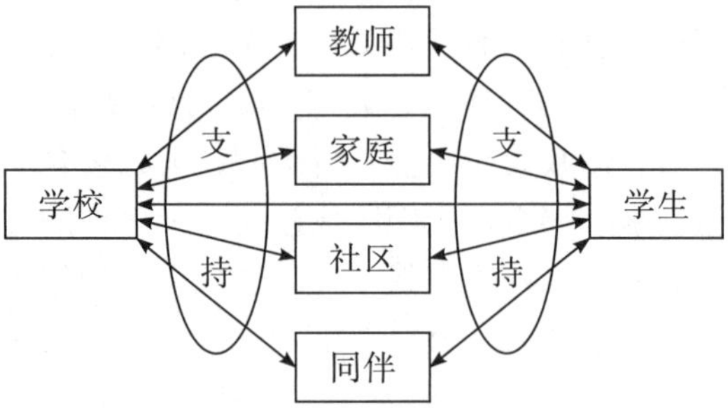

图1－2　越秀启智支持主体关系图

2. 支持内容

牛爽爽和邓猛（2015）构建了融合教育背景下的残疾学生社会支持系统，支持主体包括父母、教师、同伴、社区成员等，具体的支持内容包括情感支持、信息支持、工具支持、评估支持和陪伴支持，每一类型的主体提供的内容也是多种多样的，并会有交叉重复。越秀启智也是一样，基于不同的支持主体，支持内容同样会有交叉，但大家都会有各自的侧重点。教师对学生的支持主要通过课程设计和具体的教学活动体现出来，既包括常规的学业课程，也有康复课程，还有生态课程等；作为学生在校期间接触最多的对象，教师还会提供情感支持、信息支持等。同伴支持主要是提供学习支持，一般由能力强的学生帮助能力较弱的学生。这通常作为一种教学策略而存在，渗透于学生日常教学和生活的方方面面。家庭和社区作为学校范围以外的对象，其对特殊学生或特殊教育学校的支持是建立在良性互动的基础上的，毕竟并不是所有的家庭或社区成员都能理解特殊教育并积极支持学生发展和学校教学，所以在这一过程中学校会相对主动一些。学校会主动与家庭建议联系，为他们提经济支持、资源支持、技术支持、心理辅导等，以得到家长的信任，使他们愿意配合学校的各项工作和看到教育的成效，从而主动参与学校的教学活动等。学校会利用社区资源支持教学，同时也为社区更好地理解残疾和特殊孩子提供了机会，社区会为学校提供进一步的人员支持、物质支持、就业支持等。

3. 支持强度

支持按强度可分为间歇支持、有限支持、广泛支持和全面支持。[①] 支持

① 段玄锋，许家成. 智障教育生活质量课程观初探［J］. 绥化学院学报，2013，33（7）：68－72.

是为了特殊学生更好地发展，实现“个别化”的发展目标，但这并不意味着学生每时每刻都需要支持。不同残疾程度的学生学习同样的知识技能，他们对支持强度的要求肯定是不同的，从轻度到重度。从学生发展来看，他们在不同学习阶段对“支持”强度的需求也不同，在学前和低年级段，学生年龄小，各方面能力发展尚不成熟，以全面和广泛支持为主，但到了高年级或职高阶段，对学生“独立自主”的要求也越来越高，此时的支持以间歇支持和有限支持为主。

（三）“个别化—支持”办学模式的解读

1. 目标体系是“个别化—支持”模式运行的基本依据

学校作为最主要的教育机构，有它固有的一套目标体系，就一般的学校而言，涉及办学宗旨、办学理念和课程目标。但对启智学校来说，在“个别化”教育理念的引导下，关注特殊学生个别化的教育需求，以及每个学生个别化的教育目标，集中体现在他们的 IEP 里，然后教师统整一个班级里所有学生的 IEP 目标，由此构成班级目标，指导教师教学。“个别化—支持”模式虽然强调学生的发展差异和个别化教育需求，但特殊学生个别化的发展也必须立足于启智学校的办学环境，与学校的办学宗旨、办学理念和课程目标的基本方向一致，形成学校的目标体系。对比来看，学生个别化教育的目标是学生在相对较短的一段时间内（一学期或一学年）所要达成的目标，而办学宗旨、办学理念和课程目标则是学校的长期目标，具有稳定性和普适性的特点。

2. 校园文化建设是“个别化—支持”模式运行的生态保障

“个别化—支持”模式在学校的生态范围内运作，环境会影响特殊学生的发展，所以学校为学生营造支持性的环境就显得特别重要。环境一般包括硬环境——物质环境，软环境——学校推崇的价值观、道德规范、行为规范、校风、人文关系、规章制度等，这些都属于校园文化建设的范畴。

3. IEP 是“个别化—支持”模式运行的主要依据

IEP 是在系列评估的基础上为特殊学生制定的一份书面文件，它集中反映了每个学生个别化的教育需求。学校的发展建设一切以促进特殊学生的发展为终极目标，因此 IEP 既是学校“个别化—支持”办学模式运作的主要依据，更是课程与教学设计的主要参照。

4. 课程教学体系是“个别化—支持”模式运行的活动载体

课程作为学校教育系统的重要组成部分，从学生的发展需要出发，体现了当代的教育思想和理念，也是组织教育活动最主要的依据，而教学则是实现课程设想的主要途径。“个别化—支持”办学模式也主要通过系统的课程和教学体系来实现。越秀启智先有整体的课程与教学规划设想，在确定了每个特殊学生个别化的教育目标并形成班级目标后，再具体到每一次课的安排与课程实施，实现学生的个别化目标。在系统的课程教学过程中，必然涉及对特殊学生各方面的支持，如康复训练的补救、课程资源的开发、相关人员的参与等。

5. 人员是“个别化—支持”模式运行的行为主体

“个别化—支持”模式的运转离不开相关人员的参与，其中包括教师、家庭、社区成员、同伴等。在特殊学生每天的生活和学习中，无论是在学校，还是在家庭、社区，这些人员都应时刻陪伴在学生左右，从学生个别化的发展需求出发，为他们提供各类支持。

6. 学校管理体制是“个别化—支持”模式运行的质量屏障

学校管理体制是由学校的内部管理机构和一定的特殊教育规范结合而成的，它是整个学校形成和运行的保障，也是“个别化—支持”办学模式得以顺利运行的质量屏障。在越秀启智，从每个特殊学生个别化教育目标的确立，到对教师、家庭、社区和同伴等支持主体的支持，再到进一步对学生发展的支持，这背后都离不开学校管理体制的作用。

三、“个别化—支持”办学模式的特点

“个别化—支持”办学模式的运行主要表现出差异性、动态性、相互性和有效性的特点。

（一）差异性

差异性的特点首先表现在个别化上。个别化关注每一个特殊学生的发展需求，通过个别化的评估为每个学生制订 IEP 和 ISP，既表明学校对学生发展差异的关注，也是对学生差异的尊重。差异性同样也体现在支持上，从个别化出发，学生的残疾类型和残疾程度不同，对支持的需求也不同，学校为每个学生提供适宜的教育和相应的支持服务。同样的，就单一个体而言，学生对支持的需求也不尽相同。这一方面体现在需求内容上，在不同的发展领域提供给学生的支持肯定不同；另一方面则体现在支持程度上，学生有各自的优势和弱势领域，优势领域提供支持的频率和程度肯定少于弱势领域。就模式运行的成效而言，学校也允许学生发展结果的差异性。

（二）动态性

越秀启智对每个学生的“个别化—支持”模式并不是一成不变的，而是

随着学生的发展而变化。学校每学期拟订学生的 IEP 和 ISP，个别化教育的目标也随他们的发展而调整，相应的支持体系也会做出改变。学生在发展过程中如果出现了新的教育需求，支持服务会随时进入以促进学生的发展，体现了办学模式在操作过程中的动态灵活性。同时，在支持体系里，无论是教师，还是家庭、社区和同伴，都有各自在支持内容上的侧重点，如教师对学生的支持主要体现在课程教学、教学辅具制作等方面，社区支持主要在社区教学资源、情感支持上，但这些内容并不是一成不变的，各支持主体会随着学生的发展和情境的变化提供学生所需的支持。如教师和家庭也可以提供情感支持，社区和家庭也可以参与教学辅具制作。因此，支持主体在不同情境中所提供的支持有不同的倾向，而特殊学生从不同主体处所感知到的社会也是不同的，且在不同的发展阶段对来自不同主体的支持有不同的感知。[①] 学校对学生的支持强度会随着学生年龄的增长和发展进步而减少，从全面支持到间歇、有限支持，这就对学生的发展提出了更高的要求，也有利于他们毕业后独立自主生活。

（三）相互性

“个别化—支持”办学模式的主要服务对象是特殊学生，学校的主要任务就是培养学生，以人（生）为本。尽管学校通过教师、家庭、社区、同伴等行为主体支持着特殊学生的发展，但他们间的支持与发展是相互的，相辅相成的。特殊学生的发展会促进教师的教学效能感、家庭关系的和睦、融合社区的建立、同伴的自我效能感；同时，这些又会共同促进特殊教育学校的内涵发展与建设，彼此间建立良好的互动关系。

（四）有效性

越秀启智通过“个别化—支持”办学模式的运作，将个别化切切实实地落实到每个有显著差异的特殊学生身上，提供相应的支持服务，真正实现了有质量的教育。目前学校建立了从学前到职业高中阶段的完整的教育体制，采用以单元主题为核心的教学模式落实 IEP 的实施，建立了丰富的教学资源库，有超过 200 人的专业师资队伍，与社区和家庭间建立了良好的支持、合作关系……在“个别化—支持”的办学模式下，学校的各项工作走上了良性循环发展的轨道。

---

① FURMAN W, BUHRMESTER D. Age and sex differences in perceptions of networks of personal relationships [J]. Child Development, 1992, 63 (1): 103 - 115.

第二章

目 标 体 系

教育是培养人的活动，特殊教育是培养包括各类残疾儿童在内的各种有特殊教育需求的人的活动。从价值追求角度出发，人类进行的所有活动的根本目的就是追求生活质量，无论是生活在什么时代、什么地方，以及是否身有残疾或天赋迥异，教育的基本目标都是最大限度地发挥学生的潜能，使学生的个性得到充分发展，最终解放自我进而实现自我，成为社会化的人。具体到某一类教育，教育目标就必须根据该类教育特定的教育对象的固有活动和需求为出发点，对其进行适当的教育和培养。特殊教育因为其教育对象的独特性，才形成了适合于自身特点的特殊教育的目标体系。本章将从特殊教育的目标体系、越秀启智的目标体系建设两个方面展开。

第一节　特殊教育的目标体系概述

特殊教育目标体系由特殊教育各级各类目标所组成的横向系统和纵向系统组成。从横向系统来看，有多少类特殊学生，就有多少类特殊教育目标，不同类型特殊学生的教育目标必然是不同的，这是由特殊教育的个别化属性所决定的，由此构成了特殊教育的横向目标体系。从纵向系统来看，特殊教育的目标体系主要反映了特殊教育目标的层次性，涵盖特殊教育的教育目的、培养目标、课程目标。

一、 特殊教育的教育目的

教育目的是指把受教育者培养成为一定社会需要的人的总要求，是社会对教育所要造就的社会个体质量规格的总的设想或规定。教育目的又称为教育宗旨，是一个国家培养人的总目标，是一切教育活动的出发点和归宿。特殊学生的教育也要遵循国家的教育宗旨，实现国家的教育目的。

国务院于1994年8月颁布实施的《中华人民共和国残疾人教育条例》明确规定："实施残疾人教育，应当贯彻国家的教育方针，并根据残疾人的身心特性与需要，全面提高其素质，为残疾人平等地参与社会生活创造条件。"与此同时，教育部于1998年颁布的《特殊教育学校暂行规程》中也明确规定："特殊教育学校要贯彻国家教育方针，根据学生身心特点和需要实施教育，为其平等参与社会生活，继续接受教育，成为社会主义事业的建设者和接班人奠定基础。"

因此，在宏观教育目的上，特殊教育与普通教育没有差异，都必须遵循国家的教育方针，朝着一样的方向培养学生。我国教育目的由宪法规定，2004年通过的《中华人民共和国宪法修正案》第四十六条规定："国家培养青年、少年、儿童在品德、智力、体质等方面全面发展。"同样的，我们也应培养特殊学生在品德、智力、体质等方面全面发展。

二、 特殊教育的培养目标

培养目标是教育目的的下位概念，也称"教育目标"，是各级各类学校对受教育者身心发展所提出的具体标准和要求。它是不同级别、不同类型、不同层次和不同专业教育的具体目标，在教育目的的基础上制定出来，是教育目的的具体化。培养目标是针对特定的社会领域和特定的社会层次的需要而制定的，同时不同级别的学校的培养目标也不同。培养目标是针对特定的对象提出的，各级各类学校的教育对象各有不同，因此培养目标也各有自己的特点。

特殊教育的培养目标在各类特殊教育学校的培养目标中得到了很好的体现。教育部于1998年颁布的《特殊教育学校暂行规程》第五条明确规定特殊教育学校的培养目标是"培养学生初步具有爱祖国、爱人民、爱劳动、爱科学、爱社会主义的情感，具有良好的品德，养成文明、礼貌、遵纪守法的行为习惯；掌握基础的科学文化知识和基本技能，初步具有运用所学知识分析问题、解决问题的能力；掌握锻炼身体的基本方法，具有较好的个人卫生习惯，身体素质和健康水平得到提高；具有健康的审美情趣；掌握一定的日常生活、劳动、生产的知识技能；初步掌握补偿自身缺陷的基本方法，身心缺陷得到一定程度的康复；初步树立自尊、自信、自强、自立的精神和维护自身合法权益的意识，形成适应社会的基本能力"。

根据基础教育课程改革和特殊教育事业发展的需要，教育部于2007年修订了《全日制盲校课程计划（试行）》《全日制聋校课程计划（试行）》《全日制弱智学校（班）教学计划（征求意见稿）》，并分别更名为《盲校义务教育课程设置实验方案》《聋校义务教育课程设置实验方案》《培智学校义务教育课程设置实验方案》（以下简称“实验方案”），三个实验方案分别对盲、聋、培智三类学校的培养目标提出了具体的要求。从人才的培养规格来看，这些培养目标主要包括以下七个方面：积极的情感、审美情趣和文明的行为习惯；卫生、健康和身体素质；基本的文化知识和能力；生活、劳动和生产技能；缺陷补偿和功能康复；自觉的精神和法律意识；社会适应能力。

具体到培智学校的培养目标，在实验方案中表述为：全面贯彻党的教育方针，体现社会文明进步要求，使智力残疾学生具有初步的爱国主义、集体主义精神；具有初步的社会公德意识和法治观念；具有乐观向上的生活态度；具有基本的文化科学知识和适应生活、社会以及自我服务的技能；养成健康的行为习惯和生活方式，成为适应社会发展的公民。

三、 特殊教育的课程目标

课程目标指课程本身要实现的具体目标和意图，它规定了某个阶段的学生通过课程学习以后，在发展品德、智力、体质等方面达到的要求或产生的变化结果。课程目标必须与前面的教育目的、教育目标保持一致，但课程目标更具体一些。同时，课程目标结合课程或学科内容，还应符合学生的身心发展水平和知识层次。一般来说，大家比较认同的课程目标的依据主要有三个：对学生的研究，包括考虑学生的学习兴趣、能力水平、年级水平等；对社会的研究，课程目标的制定要考虑社会发展需求；对学科的研究，课程目标要考虑学科本身的内容要求。

就课程目标的纵向体系来看，我们可以有国家层面的课程目标，进而到学校层面的课程目标，再到每一门具体课程或学科的目标，最后是一个教学单元或一节课的目标（此时的课程目标等同于教学目标）。在国家层面的课程目标上，2007 年的实验方案仅仅规定了特殊教育学校所应开设的课程，说明了课程设置的原则，并没有具体的课程目标和课程内容。直至 2016 年底，教育部发布三类特殊教育学校义务教育课程标准，对每一门课程的课程目标做出了规定，既包括课程总目标，还有学段目标。以培智学校的生活语文为例，《培智学校义务教育课程标准（2016 年版）》规定，培智学校的课程总目标是“提高学生适应生活的语文素养，培育热爱祖国语言文字的情感，在语文学习过程中培养学生热爱祖国、热爱人民、热爱中国共产党，促进形成健康的审美情趣、积极的生活态度和正确的价值观；掌握与其生活紧密相关的语文基础知识和技能，具有初步的听、说、读、写能力和社会交往能力；养成良好的学习习惯，能在生活实践中学习和运用语文知识和技能，为其适应生活和适应社会打下基础”。在课程总目标的引领下，又分出了“倾听与说话”“识字与写字”“阅读”“写话与习作”“综合性学习”五个学习领域的目标，并在低年级、中年级和高年级三个年级段做出具体的规定。在学校层面的课程目标上，特殊教育学校在与国家教育方针保持一致方向的同时，会有自己的总体课程目标，同时也与学校的办学宗旨、教育目标等相吻合。越秀启智的课程总目标是“使学生具有良好的品德和健全的人格，在一定的支持下，能在家庭、社区独立生活和独立工作”，并从生活教育、工作教育、学习、休闲教育、自我成长等五个方面规定了具体的课程目标。在每一门具体课程或学科的目标上，培智学校一般会根据实验方案的规定开设相应的课程，课程目标也会顺应《培智学校义务教育课程标准（2016 年版）》的制定。但除此以外，培智学校还会根据学生发展的需要开设校本课程或特色课程，进而形成新的课程目标。教学单元或一节课的目标一般可等同于教学目标。这里的教学目标在整个课程目标体系里几乎是最细化的目标体系，它的确定应尽可能地满足下列要求：①课程目标陈述的是学生的学习结果，反映的是学生在认知、情感、动作机能等方面的行为变化，而不是教师应该做什么。②课程目标的陈述应该力求明确、具体，可以观察和测量，尽量避免用含糊的不切实际的语言陈述目标，也就是说，应当用特定的术语描述在教学后学生应能做以前所不能做的事情。③课程目标的陈述应反映学习结果的层次性。如果仅仅从行为表现的角度来看，课程目标应该包含这样一些成分：“谁”要完成目标行为（如“学生”或“学习者”）；用来证实能够达成目标的“实际行为”（如“写出”或“说出”）；用来判定目标是否达成的行为“结果”（如“一个句子”或“一种动作”）；完成目标行为的“相关条件”（如“在一个小时的平时测验中”）；用来判定达成预期行为的“标准”（如“写对所有生字”或“连续深蹲 5 次”）。

就教学目标而言，它在整个教学活动中都起着重要作用，涉及教学的计划、实施和评价三个阶段。在教学计划阶段，教学目标还是教师在制订教学计划时，选择教学内容、教学资源、教学方法、教学组织形式、教学情境等的重要依据。教学内容的选择要为教学目标的达成服务。教师需要根据教学目标来选择什么知识最有价值，以及如何来呈现、组织所选择的教学内容。教学目标指引着教学方法的选择，教师所选择的教学方法应该是达成教学目标的最有价值的方法。事实性知识、概念性知识的教学更适合使用直接教学法；程序性知识的学习则更适合使用发现教学法。教学目标指引着教学组织形式的选择，知识的学习可以通过班级集体教学的形式进行，而合作、沟通等情感目标更适合通过小组合作形式来实现。在教学实施阶段，教学目标的作用主要有两方面：第一，教学目标指引、规范着教师的教学。一切教学活动都要围绕着教学目标来进行。围绕着教学目标，教学各要素有机地整合在一起，从而发挥出最佳的教学整体效能。有了教学目标的存在，教师可以及时发现自己在教学中出现的偏差，及时进行调整，从而提高教学质量。第二，教学目标可以指引、激励学生的学习。如果教师在教学开始阶段能向学生呈现明确的教学目标，那么学生就会明确自己的任务，激发学习动机去完成任务。教学目标越恰当、越清晰，学生的学习积极性越高。在教学评价阶段，教学目标的完成情况是评价学生的学习进步情况以及教师教学绩效的重要依据。教学目标决定着评价的标准、内容和形式。清晰的教学目标，有利于教师对自己的教学情况进行自我评价，有利于学生对自己的学习情况进行自我评价，也有利于学校领导、其他教师对教学质量进行评价。另外，教学目标还便于交流合作。清晰明确的教学目标，可以促进教师之间、教师与家长及学生间的交流，便于相关教师在教学活动中合作完成共同的目标或补充其他教师缺少的目标内容，便于学校教育与家庭教育之间的合作与互补。

第二节　启智学校的目标体系

特殊教育学校作为一个独立的教育机构，在遵循国家教育方针和相关政策的前提下，也有着自身专门的目标体系，同时这也体现了学校的办学特色。越秀启智通过30多年的办学经验积累，也形成了自己的目标体系，从办学宗旨、办学理念、课程目标、班级目标到学生个别化的发展目标，先是自上而下层层递进和渗透，再以学生个别化的发展向上带动学校的综合全面发展，更与学校个别化—支持的办学模式相吻合。

一、 办学宗旨

办学宗旨是一所学校的办学主张、办学使命，是学校一切办学活动的依据和指导原则。学校办学为了什么？这个问题明确了，学校的办学宗旨也就明朗化了，办学宗旨解决的是办一所什么样的学校的问题，也就是“是什么”的问题。每一所学校都有自己的办学宗旨，有的已经抽象化了，有的明确表达出来了；有的意识到了，但还没有明朗化；也有的可能还没有意识到。学校的办学宗旨是学校办学的方向和思想，是综合了本校的教育资源、教育环境、教育哲学而提出来的，具有一定的指向性。它同时也要与地方特色相结合，才能有效指导学校开展教育教学工作。

越秀启智经过多年的探索，逐步形成了“让每个人都有精彩的人生”的办学宗旨。固然，学校的一切工作都是以学生发展为中心，以实现学生的全面发展为目标，但学生的发展离不开教师的帮助，可以说，教师和学生的发展相辅相成，所以学校办学宗旨里的“人”是指学生和教师，为了学生和教师都有精彩的人生，让学生健康快乐地学习成长，让教师享有职业的尊严。通过教学行为，促进师生交流情感、碰撞思想、分享经验、习得智慧、愉悦精神、享受审美、促进发展。学校不仅是培养学生的场所，更是教师成长的基地，因为教师的品位决定学校的品质，教师的行为塑造学校的环境，教师的素养蕴涵学校的文化。教师发展是学校发展和学生发展的核心动力，是学校可持续发展的基础。正如著名教育家冯恩洪所说：“学校里的一切如果是为了实现学生的发展，而不关心、研究教师的发展，那学生的发展就是‘有限度的发展’。”对教师而言，“育人”和“育己”同样重要，而“育己”更应先于“育人”。教师的自我发展是教育成功和学生发展的前提，是丰富教师生命内涵的重要途径。只有这样，教师才能在追寻教育理想的过程中享有教育幸福，在享受教育幸福的过程中积极追寻教育理想，只有教师得到发展才能保证学生和学校的和谐发展。越秀启智考虑学生和教师的共同发展，以“让每个人都有精彩的人生”为办学宗旨，体现了学校理性的智慧。

二、 办学理念

办学理念是学校校长基于“怎样办好学校”的深层次思考，它是指用什么样的思想来指导办学，解决“怎么办”的问题；它是学校的生存理由、生存动力、生存期望的有机构成。一所学校有什么样的办学宗旨，就决定了其有什么样的办学理念，反过来，办学理念又会影响办学宗旨能否实现，两者相辅相成，但不能相互替代。

在办学宗旨的引导下，确立办学理念是学校自身发展的需要，办学理念让校长的决策行为和学校的整体行为具有自觉性和目的性，同时学校还能形成或保持自己独有的个性和特色。办学理念是学校办学的总体指导思想，是由学校全体成员的教育观念、教育思想和教育价值追求组合而成的复合体，它具有导向性、明晰性、独特性、渗透性、相对稳定性等特征。越秀启智经过长期办学经验的积累，形成了“以生为本、以师为基、系统管理、三维支持”的办学理念。

（一）以生为本

以生为本，顾名思义，就是以学生为本，把学生作为学校教育和管理的根本，时刻把学生的切身利益放在学校改革和发展的首位，从学生的立场和角度出发开展工作。一般来说，教育是以关心、关怀、关爱学生的健康成长为目的的，这就决定它不仅仅是知识的讲解传授过程，更多的是文化传承、思想交流、情感沟通的过程。学校的发展和建设、教师的教学和工作、学科的结构和内容，应该以服务学生在社会现实生活中的需要为宗旨，而不是要求学生去适应学校的既定规章、教师的权威说教以及学科的完美逻辑。"以生为本"突出学生的主体地位，教育以学生为本，首先是一种教育观念，是一种教育思想定位，然后是一种制度安排，最后才是在技术操作层面上的改善。如果一个社会缺乏"以人为本"的思想观念，那么教育就不可能以学生为本。学生作为一个发展中的人，拥有巨大的发展空间和极强的可塑性。

启智学校的学生同样如此，我们也强调要把特殊学生放在首位，特别是个别化的教育教学理念让我们更加关注学生的发展需求。学校既关注现阶段特殊学生基础知识和技能的习得、康复需求，也关注学生未来的生活，开展职业教育，培养他们的职业技能。与此同时，学校的校园文化建设、课程教学体系、教师的专业发展等都是围绕学生进行的，为了帮助他们拥有精彩的人生。

（二）以师为基

为了实现学校的办学宗旨，必然要兼顾学校两大主体的发展，即学生为本，教师为基。教师是学校发展的基石，师资队伍始终是教育事业发展最可贵的资源，越秀启智早就认识到了教师在学校发展中的重要作用，着力打造一支优质的师资队伍。学校从 20 世纪 80 年代成立初期拥有不成规模体系的教师数量，发展到今天 171 人的教师队伍，并根据教师职责划分为行政教师、班级教师、艺能科教师、康复教师、社工和生活老师/后勤人员等六类；教师以中青年为主，他们精力充沛，有着丰富的教学经验；教师专业背景多样化，广泛的学科背景使教师能发挥各自优势，满足特殊学生多方面的发展需求；在学历结构上，以本科及以上学历为主，高学历的师资队伍保证了教师的专业化水平。为确保教师质量，学校制定了相关的师资培养标准，分初级、中级和高级，即使临聘教师也有相应的分级标准，并重视通过在职培训提升教师的专业能力。

（三）系统管理

学校的运转离不开科学、高效的管理机制，培智学校需要一定的方法来有效管理学校的教育教学事宜，完成特殊教育的任务，实现教育目的和教育目标。越秀启智也形成了自己独具特色的学校管理体系，学校的管理架构概括为校长总领下的“三驾马车”管理架构：校长总领，包括校长、副校长在内的校级领导层总领导学校的教育、教学工作，贯彻落实国家教育方针，依法治校，维护师生的合法权益，同时在学校的具体业务，如教学设备与教学手段的改善、师资力量的培育、学生教育教学工作的正常运转、师生思想教育工作等领域承担领导与监督职责。“三驾马车”，即在校领导总领下，学校办公室、教导处及德育处协调运作，办公室主要承担学校行政管理、教育技术支持、财务管理等方面工作；教导处是“三驾马车”中的重中之重，主要承担学校日常教育教学、学生康复训练、卫生安全、生活管理等工作；德育处主要承担全校师生的思想教育工作，同时也是学校进行开放办学，与所在社区展开共同办学、服务社区的重要支撑。

（四）三维支持

学校的“三维支持”体现在支持主体、支持内容和支持强度三方面，以支持促进特殊学生和教师的发展、兴趣等，以提升个人功能，最终帮助他们都获得精彩的人生，实现学校的办学宗旨。

三、课程目标

学校课程设计集全校教师之合力，明确了课程规划应遵循的原则，与学校的办学宗旨和办学理念相一致，促进特殊学生和全体教师的共同发展。越秀启智的课程总目标是“使学生具有良好的品德和健全的人格，在一定的支持下，能在家庭、社区独立生活和独立工作”。整个学校教育实行的是以生活为核心的教育，从生活多角度（生活、工作、学习、休闲、自我成长）出发，具体的课程目标如下：①生活教育目标：生活自理能力、居家生活能力、社会适应能力；②工作教育目标：工作态度、工作知识与技能、工作服务社会；③学习目标：学习动机、学习兴趣、学习策略与方法、学习习惯培养；④休闲教育目标：休闲技能、个人休闲能力、团体休闲能力的培养；⑤自我成长教育目标：自我身心健康，自我选择、规划、调控、管理的能力，自我学习、进步，良好信息素养、环境意识。

学校课程朝向让特殊学生过有品质生活的方向发展，由于个人物质及资源不同，生活功能可能会不同，但都符合“生活品质”的含义，生活品质的核心重点在于以下三点：①独立性，指尽可能独立自主地生活，被尊重，有选择个人事物的权利，安全无虑；②社会融合，指让特殊学生能居住于社区里，使用社区设施和与社区中的人有自然互动，正常消费，享有一般公民的权利；③生产力，指有足以维持生计的经济来源，对他人有贡献，有被需要的成就感。

四、 班级目标和学生个别化的发展目标

这里指的班级目标和学生个别化的发展目标都属于教学目标的范畴。一般我们先通过多元化的评估了解学生的发展现状和需求，在此基础上制订他们的 IEP，形成每个学生个别化的教育目标。在接下来的教学实施阶段，仍以集体教学为主，教师统整全班同学 IEP 的目标，形成班级目标，据此选择教学主题和相应的教学资源，让学生得到更适当的教育。

从办学宗旨、办学理念、课程目标、班级目标到学生个别化的发展目标，形成启智学校的目标体系。一般说来，学校的办学宗旨、办学理念和课程目标相对稳定，指导学校的发展和建设，而班级目标和学生个别化的发展目标则相对灵活，根据学生的发展状况制定。在制定这些目标时，应先弄清楚教学目标的两种表述：结果性目标表述和表现性目标表述。

（一）结果性目标表述

结果性目标表述是指向结果化的教学目标，力图展现学生的学习结果。结果性目标表述有以下几种常见的表述模式。

1. 传统的内部表述

传统的教学目标表述往往用一些描述学生内部心理状态的词语来描述目标，如“知领会”“掌握”等，这样的目标表述过于笼统，不能指引教师的教学，也难以据此对学生的学习情况进行评价，如传统的表述方式“小明学会了过马路”。

2. 行为目标

行为目标（behavioral objectives）是以学生具体的、可被观察到的行为来陈述教学目标，它指教学过程结束后学生身上所发生的可以看到或听到的行为变化。

行为目标在课程与教学领域中的确立始于博比特（F. Bobbitt），泰勒（R. Tyler）在 1949 年出版的《课程与教学的基本原理》一书中正式提出“行为目标”的概念，强调目标要包括行为和内容两个方面，行为是指通过

教学使学生所要养成的具体行为，内容是指这种行为所运用的生活领域。20世纪六七十年代，美国著名教育学者梅杰（R. F. Mager）、波法姆（W. J. Popham）等人总结并发展了前人所提出来的行为目标理念，并发动了“行为目标运动”（behavioral objectives movement），该运动影响广泛，把“行为目标”取向发展到顶峰，梅杰出版了行为目标的经典著作《准备教学目标》（*Preparing Instructional Objectives*），该书于1984年出版了第二版，1997年出版了第三版，梅杰关于行为目标的观点被广泛接受，影响了很多教师。梅杰认为，教学目标应该明确地说明学生通过学习之后最终能具体做什么，行为目标应该包括行为、条件、程度三个要素。

行为是指学生的行为表现，目标通常要描述期望学生能做什么，以及做什么产品或取得什么结果，因此在撰写目标时，教师可以问自己希望学生做什么来证明其达成目标，它通常要求学生的行为是可以被观察的，但学习的结果不仅有可以被直接观察的外显行为，也会有不能直接观察的内隐行为，当学习结果是内隐行为时，可以用直接的方式来描述。所谓直接的方式是指用一个简单的行为来表示内隐的技能。譬如写“能进行加法计算”这一目标时可以写成“能进行加法计算（写出答案）”。在写“能识别错别字”这一目标时，可以写成“能识别错别字（圈出错别字）”。条件是指学生在什么情况下能够证明自己的学习结果、完成目标行为，行为完成的条件通常包括需要完成任务的难度，是否有他人的提示或帮助以及提示的程度等。行为条件不同于教学过程以及学生所接受的教学训练，而是指在评价学生的学习结果时对学生所提供的约束因素。条件的表述也应该清晰、明确，要说明相关条件的具体信息。程度是指学生所完成目标行为需要达到怎样的标准才可以被接受。行为的程度可能是完成任务的数量正确性、速度、持续时间等多个方面，在撰写目标时，需要根据具体行为的性质来确定行为的程度。行为目标举例：在没有任何提示的条件下，小明能在两分钟内安全通过一条车辆稀少的马路。

行为目标的优点是精确、具体、可操作。教师通过制定行为目标，可以更加明确自己的教学任务，便于选择或设计教学材料内容或方法，便于指导、控制教学过程。行为目标可以减少歧义，便于教师与学生进行交流。明确的教学目标可以使学生清楚地知道自己努力的方向，从而采取趋向目标的行动。另外，行为目标还便于他人对目标的达成情况进行评价，行为目标对于基础知识和技能的熟练掌握，对于保证一些相对简单的教育目标的达成是有益的。①

① 张华. 课程与教学论［M］. 上海：上海教育出版社，2000：160.

当然，行为目标也有明显的不足，人的许多高级心理活动难以用外显的、具体的行为来描述。过于强调外显行为会使教师只关注那些能够被他人观察的行为，而忽视学生重要的内部心理活动。布卢姆的教育目标分类理论被认为是行为目标取向的一个范例。该理论强调在描述教学目标时要想界定清楚目标并且不产生歧义，需要用可直接观察的行为动词。后人对认知、情感、动作技能三类目标的每个亚类目标适用的行为动词进行了总结。现把认知、情感领域的行为动词进行整理（见表2-1）。

表2-1　教育目标的行为动词汇总

	亚类目标	适用的行为动词
认知目标	记忆	定义、识别、列出、叫出、记起、认出、记录、叙述、背诵
	理解	挑选、举例、展示、描述、决定、区分、辨别、论述、解释、用自己的话说、认同、说明、定位、挑选、报告、重申、总结、认出、选择、告诉、转化、回答、练习、模仿
	运用	应用、证明、编写、使用、推广、阐明、解释、操作、实行、建立(联系)、计划、购买、使用、利用、发起
	分析	分解、鉴定、预测、分类、比较、推断、对比、关联、批评、推论、辩论、探测、确定、发展、图解、区别、吸引、总结、估计、评价、检查、尝试、认同、检查、预报、质疑、解决、诊断、测试
	评价	鉴定、评定、决定、对照、批判、估计、评价、判断、权衡、估价、修订、选拔、验证、重试、测试
	创造	排列、集合、收集、组成、构造、创作、设计、开发、规划、经营、修改、组织、计划、装备、生产、预言、重建、发明
情感领域	接受	承认出席、发展、确认
	反应	完成、遵从、配合、讨论、检查、服从、回应
	价值判断	接受、辩护、奉献、追求、探索
	组织	编纂、区别、表现、整理、权衡
	性格化	内化、核实

于晓平等人（2010）利用布卢姆的教育目标分类及其相应的行为动词，以“教师教导学生因天气的变化要穿合适的衣服”为主题制订了教学目标，

示例如下。[1] 认知领域的目标：①记忆——能说出衣物有哪些种类；②理解——能说出天气冷的时候要穿的衣服，如外套、毛衣等，能在一堆衣服中找出短的衣服；③应用——能从图片中挑选出天气热的时候要穿的衣服，如短袖、短裤等，能从一堆表中挑选出适合今天穿的衣服；④分析——能说出为什么天气冷要穿毛衣，能从图片中选出不同衣服的差异在哪里；⑤评价——能针对自己今天所穿衣服的保暖程度加以判断，能针对今天同学所穿衣服的适切度提出建议；⑥创造——能设计出一件穿了会很凉快的衣服，能画出一件具备保暖效果的特殊衣服。情感领域的目标：①接受——能专心听教师对衣着的解说，能注意到教师所提供的各种衣服；②反应——能按照教师的要求，触摸不同衣服的质感，能在课堂上参与不同天气要穿合适衣服的练习讨论活动；③价值判断——能表达出对夏天穿短袖衣服的感觉，能说出夏天穿长袖衣服的感觉；④组织——能说出自己在冬天喜欢穿的服装或能挑选出在下雨的冬天适合穿着的服装。技能领域的目标：①模仿——能在教师的示范与引导下，挑选出短袖衣服，能在教师的示范与引导下，穿上挑选出的衣服；②操作——能在教师的口头指示下，挑选出长袖的衣服，能在教师的口头指导下，穿上挑选出的衣服；③精确——能正确地挑选出短袖的衣服，能熟练地穿上衣服；④协调——能适时地穿上适合气候变化的衣服；⑤自然化——能在日常生活中，自然而然地穿着适合气候变化的衣服。

3. 目的取向的教学目标

梅杰的行为目标是典型的结果取向，只规定了学生学习的结果，并没有规定教师的教学期望。实际上，教学目标更多的是描述教师在进行教学之前"期望"学生能学到什么。因此，在批判行为目标的基础上出现了一种目的取向的教学目标，就是目的目标（goals objectives）。一般来说，教师在制订目的目标时需要回答两个问题：①我希望学生通过学习达到怎样的目标？知道、理解或者欣赏什么？②我怎样才能知道学生已经知道、理解或者欣赏了？梅杰的结果取向目标只回答了第二个问题，但其实这里提出的两个问题都很重要，目的目标结合了梅杰的评价陈述目标的特征，但比单纯的行为目标更有包容性。制订教学目标时，教师通过自问前面的两个问题，逐渐明确通过教学希望学生能学到什么，接着，就可以把目标陈述出来。目的目标一般由两部分组成，第一部分是目的陈述，使用一般性或概括性的术语来回答"我希望学生通过学习达到怎样的目标"的问题，说明期待学生学会什么，譬如，学生能知道常见的颜色，学生能理解某个词语的概念等。相对于行为

① 于晓平，等. 身心障碍教材教法［M］. 台北：五南图书出版公司，2010：46－52.

目标中的可观察的行为动词，目的陈述允许使用一些不能观察的动词，如理解、知道等，但对于这样的表述，不同的人可能有不同的理解，容易产生歧义。第二部分是评价陈述，采用梅杰的行为目标表述方式具体说明学生可以被评价的学习结果。① 目的目标举例：（小明学会过马路）在没有任何提示的条件下，能在2分钟内安全过一条车辆稀少的马路。

4. 格朗伦教学目标

格朗伦教学目标是格朗伦（W. Gronlund）于2000年提出的一种目标表述模式。格朗伦认为，目标的陈述应该分为两个部分：第一部分用一般、概括性的术语，如知道、理解、运用、评价、欣赏等，来描述期待学生完成的整体目标。第二部分说明学生达成目标的具体行为。格朗伦教学目标的第一部分与目的目标相似，都是概括说明教师希望学生学会什么，两者的差异存在于第二部分，格朗伦教学目标第二部分说明的是学生为达成目标所完成的具体行为，或者说是列举反映整体目标特别是学生内在变化的行为样品，而目的目标的第二部分，也就是梅杰的行为目标部分并不强调目的，只强调具体的行为。另外，格朗伦不主张在目标中限定条件和标准，因为限定条件和标准会使得目标过于具体，从而限制了教师的灵活性。与梅杰的行为目标、目的目标相比，格朗伦教学目标相对宽泛、包容性强，而且具有灵活性，所以在教学实践中被更为广泛地运用。② 格朗伦教学目标举例：（小明学会过马路）①知道过马路要走横线；②能识别允许过马路的信号灯；③能安全地走到马路对面。

（二）表现性目标表述

表现性目标（expressive objectives）又称体验性目标，由艾思纳（E. W. Eisner）提出，它是指每一个学生在具体教育情境的种种“际遇”中所产生的个性化表现。表现性目标所追求的是学生反应的多元性和个体性，希望学生在教师所提供的教育情境中获得个人意义。表现性目标的表述不像行为目标那样，追求结果与预期目标的一一对应关系，它是一种美学评论式的评价模式，即对学生活动及其结果的评价是一种欣赏式的批评，依其创造性和个性特色检查其质量与重要性。表现性目标要求明确规定学生应参加的活动，但不精确规定每个学生应从这些活动中习得什么③，它适合表述那些较复杂

---

①② JCOBSEN D A, EGGON P, KAUCHAK D. Methods for Teaching-promoting students learning in K-12 classroom [M]. 8th ed. Boston: Pearson Education, 2009: 137.

③ 皮连生. 教学设计：心理学的理论与技术 [M]. 北京：高等教育出版社，2000：61.

的智力性活动，描述学生的心理感受与体验，主要应用于过程与方法、情感态度与价值观领域，高级认知策略、元认知策略、情感、态度等很难通过一两次的学习就有可以看得见的改变，教师在教学前也比较难预期学生的内心会发生怎样的改变。

一般来说，表现性目标所使用的动词大多是体验性的，如“参与”“描述”“阅读”等。表现性目标举例：学生能与同学一起看电影，并能参与随后的讨论。

（三）制定目标的要求

在制定学生的教学目标时，有以下几个方面的要求：首先，目标恰当，能够满足学生的学习需求。教学目标的制订，应该基于学生的学习能力以及现有的发展水平，着眼于学生适应未来生活的需求，因此，所选择的目标应该是恰当的，是通过教学能够达成的。其次，目标科学，符合学科的相关要求。目标的科学性体现在，一是目标要符合相关学科目标自身的科学性，譬如，数学学科目标要符合数学学科的要求。二是目标要符合学科的逻辑要求与组织安排，要讲究连续性与顺序性，每一后续内容要以前面的内容为基础，同时对有关内容在广度和深度上做更深一层的处理。三是目标表述维度全面、规范、清晰明确。目标清晰明确是指教师、学生及他人都能清楚地知道教学要达成怎样的目标。目标表述要涉及学生认知、情感、技能多个方面的目标，根据实际需要选择恰当的目标，表述过程中目标要以学生为主体，还要注意目标要描述的是学生的学习结果，不能以学习过程代替学习结果。行为目标、目的目标、格朗伦教学目标虽然有些差异，但都在目标表述的清晰明确方面做出了努力，教师可以根据教学目标的性质选择恰当的表述模式，力争使目标清晰明确。

第三章 校园文化建设

校园文化的发源地是学校，它以师生为主体，以校园为主要空间，以校园精神为主要特征，得到全体师生的认同和维护，并且随着学校的发展而不断丰富和加强，反过来又影响和带动学校的发展，是学校物质文化和精神文化的高度统一，也是一个学校不同于其他学校最本质的东西。校园文化是学校无形的资产，是学校的精神力量，是学校的氛围，是学校综合实力的反映，是学校发展的灵魂，是凝聚人心、展示学校形象、提高学校文明程度的重要体现。校园文化对师生的人生观、价值观产生着潜移默化的深远影响。健康、向上、丰富的校园文化对师生的品性形成具有渗透性、持久性和选择性的特点，在学校建设发展中发挥着重要的作用。

第一节　特殊教育学校校园文化概述

随着特殊教育的发展和社会大众对残疾观念的转变，特殊教育学校的数量越来越多，各类残疾儿童的入学率也逐步提高，特殊教育学校的发展急需要用校园文化建设来带动其向更高层次迈进，使残疾少年、儿童能够更好地接受系统的文化知识教育、行为规范教育及道德理想教育。教育应充分理解、包容与尊重每个生命个体，从学生适应社会和学校逐渐转向社会和学校适应学生的发展需求。特殊教育学校硬件环境的建设与人文理念的构建等势必要从学生实际需求出发，打破特殊教育学校原有的封闭环境，充分与社区融合，在与主流教育的接洽中，让学生回归主流社会，也让主流社会接纳这群学生。

一、特殊教育学校校园文化建设的功能

（一）育人功能

特殊教育学校作为特殊学生主要的教育机构，它的首要和最主要的使命就是“育人”，因此在校园文化建设上，即使是学校的一草一木，都对学生起着“润物细无声”的教育功能。楼道里的名人名言、校园里的学校历史文化长廊、花园旁的温馨提示、班级墙上残疾人自强不息的事迹、学习园地、校园网、学生身边的榜样、教师的爱心奉献以及学生自己制定的班级公约等鲜明的校园文化氛围，都滋养着每个残疾孩子的心灵，让校园中每一个独特的生命个体都能成为“人格健全、品行良好”的文明小公民，并激发他们的自尊心和自豪感，激励他们刻苦学习，不畏艰难，树立身残志坚的远大理想和人生的奋斗目标。

（二）约束功能

特殊教育学校校园文化是全校师生共同认可的文化，它把教师和学生的共同利益和共同追求连成一个整体，形成集体意识，所以它有潜在的约束功能。健全的规章制度和正确的舆论导向对师生的言行具有约束作用。想一想，有谁会在洁净的场所随地吐痰、乱扔纸屑？面对催人上进的校训、校风、学风以及学校的各项规章制度，不良行为都会自动消失。走出校园外出活动时，特殊教育学校的校徽和校服时刻提醒着学生：你的一言一行代表的是整个学校！毕业后走向社会时，校园文化的良好熏陶会激励他们自强不息，勇往直前，永不言败！

（三）陶冶功能

教育心理学理论认为，残疾学生处于生理和心理急剧发育、变化的时期，他们的世界观和道德观还没有完全形成，处于不稳定期，很容易受社会上一些不良思想影响，甚至误入歧途，所以建设良好的校园文化环境，能够给学生成长提供精神土壤，抑制不良的心理和行为，让学生健康快乐地成长。虽然残疾暂时阻碍了他们与外界的交流，但校园文化能以一种弥散、辐射的方式，使人与物亲近，人与人交融，潜移默化地引导教师、学生坚定正确的方向。学校通过开展多种活动，比如文明班集体评比、班级板报评比、文明宿舍检查评比、卫生评比等，使学生养成良好的生活习惯，提高尊重他人劳动成果的良好意识，形成比、学、赶、帮、超的良好氛围，逐步形成与

校园精神相吻合的道德风尚和行为习惯。

（四）亲和功能

特殊教育学校的学生绝大多数来自农村，95% 的学生住宿，他们 7 ~ 8 岁入学，离开了父母，吃、住等都在学校，学生在校的一切都需要教师去照料。有的学生刚入学时不会自己吃饭，教师就亲自喂饭并尽快教其学会吃饭；有的学生不会穿衣，教师要帮他穿；有的学生生病了，教师要带他去看病；小一点的学生还要帮他们洗衣……也就是说特殊教育学校的教师除了教授学生学习知识外，还要管理他们的生活，这使师生间形成了一种亲密无间、和谐融洽的氛围。由于身体的残缺，有的学生会产生自卑心理，而特殊教育学校的教师“爱心奉献”的优秀品质使学生们感受到了不是家人却胜似家人般的温暖，进而使这些学生爱学乐学，养成感恩回报的良好品质。

（五）辐射功能

社会越来越关注残疾人和残疾人教育，各界人士纷纷走进特殊教育学校，了解教师的工作和这群特殊孩子们的成长，他们被教师的无私奉献和学生的自强不息所感动，爱心人士、志愿者多次到校献爱心，帮助学生；各高等院校的学生也多次和特殊教育学校的学生进行联谊活动。学校与社会不断进行着信息交换，而这些社会人士又把特殊教育学校的所见所闻所感带回去，影响他们的家人和朋友，让更多的人了解特殊教育。另外，学校还增加了社会服务功能，比如对社会上的服务行业人员进行义务的手语培训、协助公安部门破案、到社区组织义务劳动等，这些活动的开展，将会产生进一步的文化“互射”作用，从而提高校园文化内涵。学校师生还通过在社区和学校开展文艺会演，让更多的人走进特殊教育学校，每次演出都涌现出许多感人至深的场面，展现了教师们的团队意识和协作奉献精神，展示了孩子们积极向上的精神面貌。通过这些活动，各级领导和社会各界人士加深了对特殊教育学校的了解，进一步带动全社会都来重视关心这个特殊群体。

二、 特殊教育学校校园文化建设的原则

特殊教育学校校园文化建设要以关爱为核心，以服务为基点，充分体现其人文关怀的特点。特殊教育学校的学生在生理上有着各种各样的缺陷，导致在学习、生活等方面有着各种困难，都是需要特别关爱的弱势群体，因此校园文化建设一定要把关爱学生放在十分突出的位置，在校园文化建设的各个层面努力体现“以生为本”的办学理念。要在教职员工中大力进行“爱”

的教育和实践，使教职员工具备大爱无疆的胸怀，拥有大爱无痕的细腻，形成时时刻刻想着学生、点点滴滴不忘学生的习惯，努力营造“特殊学生，特别关爱；特殊教育，特别奉献”的良好氛围。要建立健全符合不同类型残疾学生身心特点的教育、教学、活动、生活等方面的管理制度，以制度建设来保证学生在学习上得到科学有效的指导，在生活上得到无微不至的关心，在活动中得到全面积极的参与，在心理上得到细致入微的疏导。总体来看，特殊教育学校校园文化建设必须坚持目的性与方向性相统一、个性与共性相统一、显性文化与隐性文化相统一、主体性与主导性相统一的原则。

（一）目的性与方向性相统一的原则

特殊教育学校的校园文化建设必须要有明确的目的性，因为特殊教育也是国民教育的一部分，所以它必须跟国家教育方针政策相一致，根据学生自身的特点，制定适合学生终身发展的校园文化建设方案，与学校的办学宗旨和办学理念有机结合起来，使校园文化建设更好地促进学生成长为自食其力的合格公民。特殊教育学校校园文化建设既要与周边环境一致，又要能体现特殊教育自身的特点，保证与社会发展的和谐统一。

（二）个性与共性相统一的原则

校园文化的共性是通过校园文化建设最终达到以文化育人的目的，而每个学校又有其特别之处，因此校园文化建设将在发展个性中体现共性，做到个性和共性相互统一。特殊教育学校由于其教育对象的特殊性，决定了其校园文化建设必须在“特”字上下功夫：用特色办学培育学校精神文化。学校一要以大力发展职业技术教育、提高残疾人融入主流社会的能力为最终目的。二要弘扬教师爱心育残的优秀品质。三要突出学生自尊、自信、自强、自立的坚强性格。四要结合学生实际建设不同的文化引导内容，根据教育对象各自的特点建立不同的文化内容，如对有智力障碍的学生要突出培养自理能力、提高生活质量的教育特点；失聪学生要以培养特长、提高就业生存本领为主要教育内容；失明学生要以培养学习兴趣，增强自立信念为主要教育内容。五要发挥学校各个功能区的作用，教学区、教师办公区各具特点，彰显个性，风格别样；班级文化强调个性，突出本班特色、学生特点，达到个性与共性统一；根据食堂、宿舍、操场、功能教室的用途，建立相应内容的文化设施。归根到底，校园文化建设是协调统一的，不因共性而无个性，也不因个性而无共性。

（三）显性文化与隐性文化相统一的原则

显性文化是指校园物质文化，看得见摸得着，隐性文化则主要指校园精神文化，即校园文化的核心和灵魂。显性文化是基础，隐性文化是延伸和提升，两者相辅相成。校园文化建设中的物质建设一定要长远规划，站位要高，要从残疾学生身体特点出发，以无障碍和关爱为主，克服政绩工程心理和急功近利的倾向。校园隐性文化是学校的魂，具有显性文化所不能达到的教育引领作用，它体现了学校先进的办学理念，使校园文化的综合功能达到最大化。

（四）主体性与主导性相统一的原则

在学校校园文化建设中，残疾学生是校园文化的主体，教师是校园文化的主导者，他们才是有感情的校园文化的建设者，因此要把主体性与主导性统一起来，充分调动他们参与校园文化建设的积极性：一是关注教师精神世界，尊重教师，形成浓厚的讨论合作文化氛围，调动师生的积极性，充分发挥其聪明才智。二是构建“教育家庭化”管理模式，做到学生上学像到家，享受教师关爱；教师上班像到家，享受手足情深。三是特色活动，学校通过开展职业教育培训、丰富多彩的课外活动、利用有关残疾人的节日开展活动等途径，提高社会各界的关注度，处处让师生感受到自己被关注、被重视，提高师生的幸福指数。

三、特殊教育学校校园文化建设的意义

特殊教育学校是传授残疾学生基础知识和技能的教育场所，它是公益性机构，是惠民德政工程。特殊教育学校校园文化建设既满足了群众、社会需求，又为党中央国务院构建和谐社会，实行亲民、爱民政策发挥了重要作用。目前我国特殊教育事业的发展迎来了快速发展的历史机遇，各级政府和社会各界对特殊教育的关注程度越来越高，《国家中长期教育改革和发展规划纲要（2010—2020 年）》规划了特殊教育未来发展的方向和目标，促使学校在新的历史机遇中不断提升教育内涵。其实施途径是打造具有独特品质和魅力的校园文化，提升教育内涵，实现学校特色发展，而学校发展的根本着眼点是特殊学生的全面发展、潜能开发和缺陷补偿，创建一个无障碍的优化的学校人文环境，使教师教得幸福，学生学得开心。特殊教育学校的育人目的，不是仅仅靠单一的教育手段就能够实现的，必须通过多种途径，尤其是通过校园文化建设，在特殊教育学校的教育教学等方面探索出一条新路子，

把残疾学生培养成自食其力的对社会有用的人才，推动学校素质教育实践的深入，带动学校沿着良性循环的轨道发展，进而使教师以积极、主动的心态投入教育教学工作之中，创造性地发挥自己的才能，努力提高教学质量，满腔热情地关爱学生，加快自己专业化成长的进程，建设一支具有高度凝聚力和向心力的教师队伍，促进学校整体办学水平的提高。因此，重视特殊教育学校校园文化建设具有十分重要的意义，它主要体现在以下三个方面。

第一，有利于残疾学生形成正确的人生观和价值观。特殊教育学校大部分学生身心都存在一定的障碍，容易受周围环境的影响，所以良好的校园文化氛围将对学生产生正确的舆论导向，激励学生奋发学习，自强自立，使学生潜移默化地了解社会，形成正确的人生观和价值观。

第二，有利于残疾学生将来更好地融入主流社会。学校教育不只是简单的知识传授，更重要的是培养学生的行为习惯和道德风尚，全面提高学生素质。丰富多彩的校园文化使学生有更多的机会学到课本以外的知识，在健康向上的课外活动中，学会积极参与，增强自信心。在校外活动中，能增加与校外人员的互动，学会与人交往，全面提升素质，为将来融入主流社会打下良好基础。

第三，有利于特殊教育学校的办学向更高层次发展。良好的校园文化是一种无形的精神力量，能对师生产生潜移默化的影响，能够塑造师生思想、陶冶师生心灵、发展师生个性、促进师生健康成长。同时，校园文化能够激发师生形成凝聚力和向心力，对学校产生认同感，激励师生博爱奉献，奋发向上，以昂扬的精神推动学校办学水平不断提高。

第二节　越秀启智的校园文化建设

越秀启智从2004年便提出了“零拒绝”的招生原则。所谓“零拒绝”，即学校招收本地区除盲校、聋校的学生以及在普通学校随班就读的学生以外的所有有特殊教育需要的儿童，让所有适龄的特殊学生都能够依法接受义务教育，为此越秀启智的教育对象也发生了重大的变化，具体表现为学生残障程度加重，以中重度为主；学生残疾类型多样化，不仅仅招收智力残疾儿童，还招收患有脑瘫、自闭症、多重残疾等的儿童。教育对象（学生结构）的变化，必然引起学校教育模式的变革，如何保证每一个孩子都能够接受高质量的教育教学，切实有效地践行“零拒绝”价值理念，促使越秀启智重新学习并寻找适合的学校改革路线：以“全人发展”为宗旨，以个别化教育为核心的课程建设成为学校课程文化，也是学校校园文化建设的重中之重。所谓“全人发展”，就是塑造完善的人的教育，是注重人的多方面和谐发展的教育，特殊教育提供的课程应是为有特殊需求的孩子量身定制的，特殊教育之于学生的重要意义即在于高度重视学生的个别差异性，关注学生的个别化需求。

学校课程文化的构建无疑是整个学校教育教学稳步进行的灵魂，课程文化要依托学校校园环境、教育教学场地与设备、教学材料、教师教学技能与创造性等来共同支撑。

一、 校园环境的功能分区

物理环境是直观可见的，学校物理环境最能直观反映学校的办学宗旨和办学理念。越秀启智通过校园物理环境的设置，来适应学校教育教学活动的改变。通过环境的特定安排，建立清楚的区域功能界限，让学生明确区域范围的作用并了解环境对他们的要求，让学生清楚地明白，在什么地方应该做什么事，并能安心地完成学习、工作、休闲娱乐活动等。这其中，最理想的安排是每一区域范围内只做一种特定的活动，因为只有清楚空间范围的功能安排才可以有效支持结构化的教学，在管理上也更具效能。同时，适当的环境安排还可避免儿童分心，让他们集中于有意义的教学部分。

学校环境的功能分区有：教学区、个人工作区、情绪处理区、教师办公区、喝水区、书包区、图书区、玩具区、卫生区、游戏区、课程表区等。需要注意的是，每个区域的区分要清楚，让学生知道范围并能说明每个区域的功能；区域与区域间尽量避免过于狭窄，以免影响学生的活动；某些区域的划分（如个人工作区、阅读区）要安排在干扰少的位置，避免儿童分心，让他们集中精神做有意义的事情。

二、 教室文化建设

越秀启智自2007年11月开始结合本校的课程体系和结构化教学原则，将视觉策略应用于学生的日常生活和学习中。在多年的探索过程中，学校自闭症资源组的教师根据各专家的建议和实际应用情况，不断地修改学校的视觉策略方案，以便更适合本校学生和教师的实际操作。在全校师生的共同努力下，目前视觉策略在学生的日常生活和学习中发挥了巨大的作用。学校运用常规（我们在完成日常活动或工作中利用的系统的、统一的方法就是常规，常用的常规有从上到下、从左到右）和视觉安排，在结构化教学的原则下，对学校的环境、学生的作息时间、工作制度和个人工作系统进行安排，使视觉策略更系统、更有目的性地应用于学生的日常生活和教学中。

在教室中进行教育教学及康复训练的过程中，教师或康复人员利用家具、线条、标签等把教学环境分成不同的教学区，在每一个教学区放置相关的用具，并用标签标注好地方的名称，让孩子知道应有的活动范围，学习分辨环境，懂得在不同环境中做适当的事情，学习按照不同标签的指示去收拾和摆放物件，清楚一个活动的步骤。在教室的空间布局及功能上，越秀启智有着自己的模式。学校把教室空间环境主要划分为如下 12 个功能区域：报到区、学习区、教师工作区、个人工作区/个训区、书包摆放区、放鞋区、饮水区、活动转接区、情绪表达区、选择区、清洁工具摆放区、其他区域。每个区域都有特定的功能。

（1）报到区的主要作用是通过让学生将名字贴到报到区，知道自己来到学校了，而下午将名字贴回原处，知道自己要放学回家了。同时根据学生能力的不同，会在这一区域加入“迟到”“生病”等小区域，让学生了解自己和他人的到校情况。操作方法：学生早晨或者其他时候回到学校上课时，将区域下方自己的名字粘贴到上面的相应区域，放学时将名字从这一区域放回原位。

（2）学习区是学生日常上课、生活的地方。操作方法：在这一区域主要放置学生的课桌，以及一些盛放物品的柜子和篮子。用明确的标签标明物品的名称及摆放的位置和使用方法。在上课和下课及其他活动中，告知学生这一区域的规则如安静、坐好、有事情举手等，以及如何使用这些物品。

（3）教师工作区是教师备课的区域。操作方法：定期向学生说明这一区域的作用，强调只有在教师允许的情况下才能进入这一区域，将边界线明确地告诉学生。

（4）个人工作区/个训区是学生进行个别化训练或者从事个人工作的地方。操作方法：当学生需要在教室进行个别训练或者个人工作时，会把自己的名字贴在个训区/个人工作区上的报到处，之后坐好完成教师规定的任务。

（5）书包摆放区是学生放置书包的地点。操作方法：每天学生到学校后，根据提示将书包放置在这一区域内。教师需要定期讲解这一区域的作用和区域的界线。

（6）放鞋区是学生放置鞋子的区域。操作方法：首先，在这里放置一个鞋柜，上方贴“放鞋区”的图片或文字，同时根据鞋柜的不同和学生能力的不同，在合适的鞋架上贴上学生的名字或照片，学生根据提示将鞋子放入相应的位置。

（7）饮水区是放置饮水机和学生饮水工具的区域。操作方法：在此区域放置饮水机和能放学生杯子的柜子、篮子或托盘，并在这一区域贴“饮水区”的图片或文字，同时贴好“拿杯子喝水”的流程图，学生根据提示，可以自主拿杯子喝水，并把杯子摆放整齐。

（8）活动转接区可让学生清楚地知道将要到什么地方或进行什么活动，减少因改变而产生的行为问题，让学生以轻松的心情来接受程序上的安排，提高学生的理解能力。操作方法：在这一区域贴上学生将要进行的活动的照片或者实物，对于理解力或者专注力较弱，还没有开始学习运用日程表的学生，可在下一个活动即将开始之前，展示实物模型或照片，提示学生将要进行什么活动，或者前往什么地方，每次只向学生预告一个活动。

（9）情绪表达区提示学生当前的情绪状态，同时提供解决这种情绪的方法，如深呼气、躺下、想一想等。操作方法：在此区域，提供四种基本情绪或者更多的情绪照片、图片或文字，同时提供每种情绪（主要是负面情绪）的解决方法。在学生情绪不好或者生气时，教师会把学生领到情绪表达区，让学生在“今天，我的情绪是”后面选择粘贴自己的情绪图片，同时在“我可以这样做”下面粘贴适当的行为，如：笑一笑、告诉别人或者趴在桌子上等。

（10）选择区主要为表达有困难的学生提供生理需求，如喝水、上厕所等，奖励品的选择有饼干、跳床等。操作方法：将主要的生理需求和奖励品的照片、图片、文字贴在这一区域。当教师发现学生有需求（例如上厕所），可是不会正确表达时（例如他用脱裤子的方法表达），教师可把学生领到选择区，取下“上厕所”的图片，给学生看和解释，并让学生交给教师，表示自己要上厕所。当教师奖励学生表现好时，学生可以通过选择区域里的提示，选择自己想要的奖励品，并将此照片交给教师，教师要根据图片给学生相应的奖励品。

（11）清洁工具摆放区提供清洁工具的摆放与归置。操作方法：在这一区域粘贴要放置的清洁工具的图片或者照片，并用线条明确地标记此区域的范围。学生根据提示将清洁工具摆放好。教师要定期讲解这一区域的作用和区域界线。

（12）环境中其他区域的策略是提高学生对环境的理解能力、提高对规则的理解和遵守能力。

区域及其功能明确的教室布局给结构化教学提供了基础，以自闭症学生的教学为例，自闭症学生和大多数其他残疾类型的学生一样，他们的理解能力较弱，对环境的解读能力也不好，所以对一般活动所涉及的人物、事件、时间和地点的资料等通常都难以掌握。如果能够适当地安排空间及环境，为学生提供清晰的视觉提示，把信息及资料明确地标识出来，就能够增强他们对环境和活动的理解。一般来说，合理运用空间及环境的安排可以在很多方面帮助学生，如：提高他们独立完成工作的能力、增强收拾个人物品的能力、培养学生的责任感、发展善用独处时间的能力、减少漫无目的和扰乱性的行为等。在掌握了活动与空间环境的关系后，学生能更加专心地完成活动，或更容易做出恰当的行为。

教室里还提供有教育教学日程表，日程表类似于时间表，以实物、照片、图片或文字等视觉形式来展示不同时间段内要做的事情。学生在日程表上可以获得以下信息：一天的活动是什么、活动的先后顺序、活动安排的改变（如将会发生什么事情，或者不会发生什么事情）、开始和停止某个活动的时间等。由于大部分启智学校学生的语言理解能力弱，他们对四周环境和活动的理解往往较困难，经常不了解未来活动的内容和次序上的安排，因而容易产生不安的情绪，往往会依赖惯例来为自己建立安全感。一旦日常生活或习惯的方式有所改变，就会无所适从，由此产生情绪或者行为问题。日程表的运用可以帮助这些学生完成很多活动，如：让学生预计一天里将会发生的事情、预先通知学生活动上的改变、减少因突发的活动改变而带来的情绪和行为问题、长期使用日程表让学生学习安排一天的活动、帮助学生明白“完成”的概念、透过日程表上的图卡加强学生与成人的沟通等。

日程表是教师或康复人员在充分了解孩子每天的生活流程的基础上，将孩子的生活流程用照片或图画辅以文字表达出来。日程表的具体操作：教师每天在上课前，用日程表向孩子解说一天的流程，如当天有活动安排的改变，在这个时间向孩子预告。这样孩子便能预计自己一天的活动，从而减少因活动改变而带来的情绪和行为问题，使活动顺利进行，孩子能够合作完成。学校会根据学生的能力和不同的环境，使用不同形式的日程表，学校中主要使用的是课程表，家庭的日程表以家庭活动为主。学校学生日程表的形式有下列几种：①实物日程表，主要针对能力很低，无法辨认照片、图片和文字的学生。操作方法：在上课前，把学生领到日程表前，告知学生今天都有哪些活动或者课程。之后在每个活动开始前领学生到日程表前，告知即将要做的活动是什么。在活动完成后，告诉学生将本活动的实物放入相应的“完成袋”中。学生经过长时间的训练操作之后，能主动将刚刚完成的活动“实物”放入“完成袋”中。②照片或图片日程表，使用对象是能认识图片、照片的学生。操作方法：在上课前，把学生领到日程表前，告知学生今天都有哪些活动或课程。之后在每个活动开始前带领学生到日程表前，告知即将要做的活动是什么。在活动完成后，告诉学生将本活动的照片、图片等放入相应的“完成袋”中。学生经过长时间的训练操作之后，能主动将刚刚完成的活动“实物”放入“完成袋”中。③文字日程表。使用对象是能理解文字的学生。操作方法：在上课前，学生会根据教师的活动安排，将相应的文字卡贴到自己的日程表上，并在每个活动完成之后，在此活动后面粘贴“完成”的文字卡；或者在上课开始前，学生抄写相应的活动名称到自己的日程表上，在每项活动完成之后，会在后面写“完成”或者画钩。

在具体的教育教学活动中，还会用到程序图，即学生将需要按步骤完成的工序或日常活动的程序，用图片加文字的形式按步骤展现出来。程序图对特殊学生的日常学习与康复有很多好处，特别是这些学生不能将不同的事情组合起来形成有意义的概念，也不明白事件背后形成的原因及彼此的关系。由于他们难以将获得的资讯按顺序进行整合，所以不容易了解事情发生的先后次序。此外，他们的听觉接受能力较弱，容易被其他刺激吸引而转移注意力，因此，较难把注意力集中在教师的指导上来完成一个动作或者一项工作。将学生所需要做的事情以程序图的形式展示出来，对学生和成人的教学均有帮助。对学生的帮助体现在以下五个方面：明白工序中各步骤的内容，能更快掌握当中所需的技巧；程序图用视觉形式将工序的步骤表达出来，一些理解能力弱、记忆力差或者专注力弱的学生能自行跟随程序的编排，一步一步地完成对应的工序，不需要他人重复指导；培养学生的主动性和独立能力；如果学生忘记了某个步骤，可以随时重温程序图的内容，帮助他们理解工序中各个步骤间的相互关联；提高学生的沟通动机和扩充沟通功能，例如他们可以尝试向他人解释工序的步骤。对成人的帮助体现在以下四个方面：家长和教师不需要重复提示和指导学生；成人通过观察学生是否能够排列程序图，确定他们是否明白工序；在学校教学中运用程序图，能减少对个别学生的协助，提高对整体课堂的辅导，加强小组学习气氛；建立一套系统、有组织和一致的教学步骤。

第三节　课程文化建设

课程是承载一所学校教育教学活动的核心，特殊教育课程文化是特殊教育学校内涵发展的精神内核，课程文化建设决定着学校育人目标的定位。特殊教育有别于普通教育，特殊教育学校的课程文化不应当是普通学校课程文化的修剪，而应该以特殊教育对象（各类残疾儿童及青少年）的主体性文化资源来实现其特殊的教育目的，帮助残疾儿童及青少年获得有益的适合他们的学习和生活经验。尊重残疾儿童及青少年文化在特殊教育学校课程文化中的主体地位，体现“人本特教”，是特殊教育学校课程文化建设的灵魂。因此要按照课程计划开齐、开足、开好必修课程，研发校本课程并逐步实施，满足特殊学生个别化的发展目标。

2007年特殊教育学校义务教育课程实验方案和2016年课程标准的公布，让我们有了国家层面的具体的课程参照。然而，国家课程标准规定的是所有特殊教育学生所应达到的一般水平，而人的发展是没有上限的，特殊教育学生的发展不应受课程标准的束缚和制约，这也决定了特殊教育学校在实践国家课程标准的基础上还应灵活拓展课程内容，立足本校和本地实践，搭建自己的课程体系。校园文化作为学校全体师生员工在长期的办学过程中形成并共同遵循的最高目标、价值标准、基本信念和行为规范，必然会影响学校课程的开发与实施，校园文化建设水平的高低对学校课程开发的观念、内容和管理也都会产生深远影响。同时，学校的课程开发本身也是挖掘学校文化的过程，将这种独特文化结合学生的需求与教育的发展目标以课程的形式体现出来。因此，从某种程度上来说，课程开发实质上就是一种校园文化建设。

校园文化为课程开发提供了指导思想与课程资源。任何学校都有自身特定的校园文化，并有意或无意地渗透到了教师与学生的思想与价值观之中。特殊教育学校的校园文化也是如此，学校的校风、氛围和人际关系以及学校的价值倾向无时无刻不影响着学校工作人员与学生的各种活动，课程开发者本人也是在这种校园文化的引导下进行课程开发活动。课程开发者只有在校本课程中渗透校园文化，使课程的基本理念与学校的基本信念相一致，才能与本学校相兼容。另外，校园文化本身就是课程开发的资源。课程开发者应该具备文化敏感性，敏锐地捕捉学校中外显的或者内隐的文化，并能够与学校的培养目标相结合，使其通过课程的形式表现出来，从而将文化发扬光大。

越秀启智在“零拒绝”的指导思想下，依据国家课程改革、特殊教育课程改革的全人教育导向，联系学校实际，选择了“全人教育”作为课程定位。

一、课程体系总框架

越秀启智的课程体系总框架包括以下三套体系。

1. 国家课程的运用

学校首先以国家培智教育课程设置方案、培智教育课程标准为蓝本，将其作为学校课程的导引和基本出发点。

2. 全人教育课程的运用

学校采用在我国培智教育领域广泛选用的具有普适性的学前融合教育课

程、低年级段的发展性课程、中年级段的功能性课程、高年级段的适应性课程、职业教育课程等形成全人教育的学校课程主干，以五套课程构成前后相连的课程链条。

3. 校本课程体系的开发

学校依据国家课程、行业课程，结合学校实际，做了生态化、动态化课程的开发与实施，从方向指引、核心建设、实践运作上确保学校课程的整体构建与运作。

二、全人教育的校本课程体系对学校的意义

全人教育的校本课程定位对学校发展的意义主要体现在教育观念、教育诊断、教学模式和个别化教学四个方面。

（一）教育观念上的突破

1. 从教材导向走向课程导向

传统的学校教育多立足教材，教师就着教材教学，但特殊教育学校的教学强调个别化，每个学生的发展和学习需求差异大，这就决定了他们难以学习统一的书本内容。越秀启智走出原有的以教材为中心，教师教教材、学生学教材、期末学校考教材的旧有教学模式，以课程为导向，根据学生的发展目标灵活变通课程内容，为学校课程改革带来一系列重大突破。

2. 确立以生为本的教学观

全人教育课程的呈现与运用让教育教学看到一个完整、全面成长的人，而不止于教材文本规定范围内的文段和相对单一的字、词、句、篇。全人教育看到的是一个知、情、意、行立体丰满的人，课程体系及运作走出了以教材为中心的本本主义范畴，将教育教学放在学生的全人发展上，这是全人教育课程的突破性意义所在。

以学生为本的全人教育课程跨越将人肢解为破碎的语文人、数学人、音乐人等的单一发展维度，呈现出特定发展期在感知、粗大动作、精细动作、沟通、认知、生活自理、社会交往、人格发展等领域整合为完整的人，如学龄段学生是家庭、学校、社会适应的全人，职业教育期学生是职业态度、职业知识和职业技能、社会交往等方面的全人。

3. 建立了全面的教育教学体系

全人教育课程分布于各年部，使各年部教育有以生活为核心的高度和涵盖周全的教育内容，同时也具备深入学生家庭生活、学习及将来工作的层层目标体系。

（二）课程的教育诊断评估功能

全人教育课程是个别化教育的依据。全人教育课程对每个核心能力目标均有严格细致的评估标准，这就使得课程增加了评估的功能。教育诊断较旧有的仅仅凭借考试和作业进行评价有了更为系统、具体和更加完备的依据。全人教育课程评估进入教学前、教学中、教学后等全部教学过程，可作为总结性评估，也可作为教育教学的过程评估工具，且可以进入到学期的评估中，进入每一周、每一天甚至每一节课的评估，使 IEP 有了较为准确的起点目标，而且有了 IEP 长、短期目标体系的拟订。

（三）新的教学模式

1. 全人教育课程以分科教学为基础

分科教学逻辑性强，便于教学设计和教学实施，全人教育课程实施以此为基础，但并不满足于此，全人教育看到分科教学脱离生活实际的弊端，选择新的综合性教学模式。

2. 以单元为核心的教学模式

全人教育课程以生活单元为核心，注重以生活中的内容、问题等作为单元主题，并围绕单元主题开展一天或者一个阶段的教育教学活动，从而强化对某一生活内容的综合性学习，以及对生活问题的理解与解决。整合单元教学模式带来教材的变革，教材不再是教学活动前选定，而是在课程导向下，IEP 拟订之后，在教学活动设计中加以呈现，既可以选用，也可以自编，使教学成为师生交往互动、互相尊重、共享和共同成长的过程。

（四）全面推进个别化教学

在校本课程改革的浪潮中，课程意识和课程扎根于学校教育全部层面，为个别化教育的全面推进提供了可靠保证。每学期为每一个学生拟订 IEP，已经成为越秀启智教育教学的常态，对学生进行以课程为主的教育诊断评估，召开个案会议，拟订 IEP，设计并实施个别化教育教学，评估教学，并在评估中修订教学。IEP 是学校教育教学的基本观念、原则和方法，在越秀启智，个别化教育教学是每个教师须臾不离的基本功，也是体现学校专业能力的首选。

三、 课程建设是促进融合教育的利器

特殊教育学校特别强调责任感、关心和爱护学生，即“一切为了残疾学

生，为了一切残疾学生，为了残疾学生的一切”的文化氛围。在随班就读环境中，每个班级的班额都比较大，并且普通教师往往更加追求升学率和学生学业成绩的提高，残疾学生作为班级的少数“特例”，经常处于被忽视状态。因此，普通教师尤其需要学习特殊教师的这种精神，关心和照顾残疾学生，尽最大努力满足残疾学生个别化的发展需要。

同时，由于学生的残疾类型和残疾程度不同，特殊教育学校非常注重残疾学生在学习能力和风格上的差异性，强调分层次、分类别的个别化教学。在随班就读环境中，残疾学生往往跟不上普通学生的学习速度，普通教师就需要借鉴特殊教师的差异教学的思维，对残疾学生进行个别化教学，尽量使残疾学生不要落后。更加重要的是，这种差异教学的思维不仅有利于残疾学生的学业发展，对于班级上其他有特殊学习需要的正常学生也是很有帮助的。而且特殊教育学校在校舍和公共设施等硬件方面所体现的无障碍设计理念，对于残疾学生融入普通教育环境也有启发意义。普通学校在建筑设计上也应尽可能地采取无障碍设计的理念，以便于为残疾学生进入普通学校创造良好的环境。同时，这种无障碍的理念浸入到普通学校，经过正确引导，可以形成一种接纳、包容差异的文化，对普通学校的文化建设也是很有帮助的。

第四章

个别化教育计划

与普通学生相比，特殊教育学生个体差异大，他们身心发展特点和学习需求的特殊性也更多一些，个别化教育理所当然成为特殊教育的重要核心精神。2014 年 1 月，国务院办公厅印发《特殊教育提升计划（2014—2016 年）》，提出“加强个别化教育，增强教育的针对性与有效性”，“为特殊学生提供个别化教育”等，进一步明确了个别化教育对特殊学生的意义和价值。个别化教育计划（IEP）则被认为是落实个别化教育，确保特殊学生教育质量的重要保障。

IEP 是由施测人员（以及按规定其他应该参加的人员）在对 3 ~ 21 岁的特殊学生进行评估的基础上制订的书面文件，并且要求考虑儿童发展的结果，它保证儿童将从特殊教育中获益，而且真正享有平等的教育机会，使他们做到生活独立、经济自主，并能充分参与社会生活。[①] IEP 一经提出，便成为特殊教育的重要议题。从形式上看，IEP 是一份书面文件，但它更是对特殊学生的教育所进行的总体规划，对教师的课程、教学设计以及学生的发展都具有重要的指导作用。2005 年越秀启智开始实施以 IEP 为核心的课程改革，可见 IEP 在学校课程教学体系中的重要位置。图 4 - 1 是越秀启智的工作流程图，从中我们可以看到从招生开始，到评估、IEP 的拟订、教学和评价的整个运作流程。本章主要介绍与 IEP 有关的操作，课程与教学部分在第五章和第六章再做介绍。

---

① 特恩布尔，史密斯，特恩布尔，等. 今日学校中的特殊教育［M］. 汪海萍，译. 上海：华东师范大学出版社，2004：78.

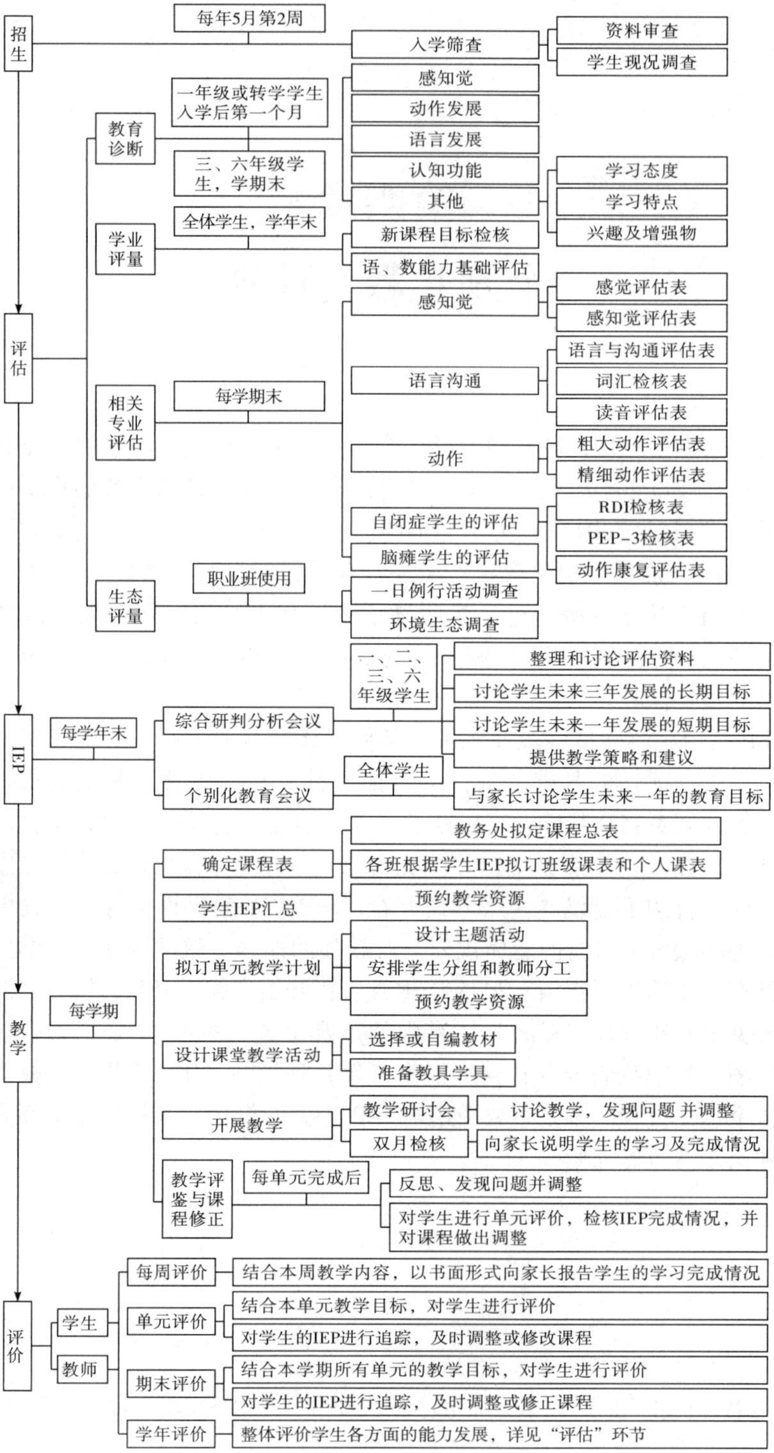

图4－1　越秀启智的工作流程图

第一节 综合研判分析

就 IEP 的操作来看，越秀启智的操作流程见图 4－2。由图 4－2 可知，评量是拟订 IEP 的基础，在评量的基础上学校会对特殊学生的发展情况进行综合研判，据此拟订 IEP 初稿，然后再通过 IEP 会议确定终稿，最后是相应的课程、教学设计与实施。

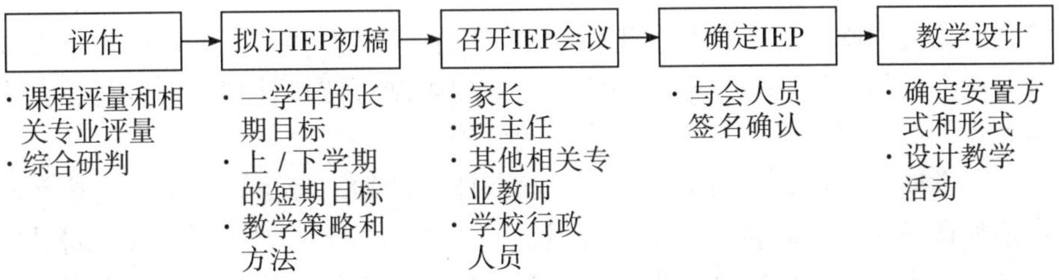

图 4－2 越秀启智的 IEP 操作流程图

综合研判分析是为全面了解特殊学生的学习能力和学习特征，班级教师和各专业教师共同讨论，综合考虑学生的发展潜能和限制，为个别化教育提供实用资讯。就学生类别来看，综合研判分析一般针对三种情况：新生、跨年部班级和一般班级。新生即一年级学生和插班生；跨年部班级，指三、六年级和职高一年级。这些班级里特殊学生的学习会依照各年段的教育重点而有所调整。通过召开综合研判分析会议，拟订学生未来三年的发展规划、长期和短期目标，以及具体的教学策略。一般班级，即二、四、五、七、八年级和职高二年级。这些班级的综合研判要求在期末制订 IEP，教师通过征询相关教学人员建议或召开简单的会议来获得有关学生发展的信息，以便教师检讨过去一年教学目标的执行情况，分析教学策略和方法的有效性，为下一阶段的 IEP 提供依据。简单说来，综合研判是建立在评量的基础之上的。

一、 评量体系

为更好地服务特殊学生的发展，体现他们个别化的教育需求，让接下来的课程和教学实施更有针对性，必须先做好相关的评量工作。越秀启智建立了相对完整的评量体系，具体包括教育诊断、学业评量、相关专业服务评量和生态评量。就生态评量而言，尽管学校采用这种评量方式的初衷是为职业班的学生，旨在帮助他们更好地适应未来的职场生活，但它的使用对象不仅限于职教班，只要有需要，任何阶段的孩子都可以使用。生态评量将在第五章第三节里会提到，这里主要介绍前三种评量。

（一）教育诊断

教育诊断是指系统地使用各种技术或方法收集学生身心发展的资料，即采取各种主客观的方法，如通过观察、测验、访谈等途径收集资料，以了解学生身心发展状况，包括感知觉、认知、社会交往、生活自理技能等。对通过教育诊断收集上来的资料进行系统的分析和整理，客观地反映出学生身心各方面的能力水平，以评量结果作为学生教育训练方案的参考和确定学生教育安置方式的依据。教育诊断的流程是学校先制订评量计划，再进行教育诊断评量，最后对评量结果进行综合研判分析。

每学期开学前，学校会先制订本学期评量计划，确保评量工作能按部就班地如期完成，提高教学效率。评量计划的制订能整合学校资源，如教导、教务、总务、各任课教师及专业教师等，进行有效的合作分工，将有限的资源发挥出最大效能。制订评量计划的流程见表4－1。

表4－1　越秀启智制订评量计划流程表

程序	内容	方法	负责人	时间
评量小组成员分工	（1）评量小组成员分工 （2）拟订评量项目	（1）召集人：教导主任 评量小组：教导主任、年级组长、班主任、副班主任、任课教师及专业教师 （2）评量项目：收集相关资料、自编学生能力观察表、各相关专业评量	教导主任 评量小组	招生前
组织和协调相关人员	召开评量会议	（1）确定各评量项目的施测，评量教师、评量的时间 （2）评量人员先熟悉评量工具、方法及结果的解释 （3）若有校外人士参与评量需沟通评量目的及需要的资源	各类专业教师，生活辅导员	
准备评量工具	准备评量工具	依评量计划中需评量的工具加以收集编制	上述教师	

进行教育诊断评量的过程是收集特殊学生的家庭资料、成长背景及身心发展等方面的资料，家长和学生共同合作，采取多种方式对学生进行评量。学校教育诊断的对象主要包括两类：一是一年级新生或转学学生，通常在他们入学后一个月内进行，目的是为了全面了解他们的发展状况；二是对三年级和六年级的学生，通常在三、六年级学年末进行，因为此时正好完成了一个阶段 IEP 的长期目标，为更好地服务于下一阶段 IEP 目标的制订，要重新对学生的发展情况进行全面评估。教育诊断涉及特殊学生感知觉、动作发展、语言发展、认知功能等多领域，以找到学习的起点和发展特征，判断学生的个别化教育需求，作为制订 IEP 的依据。评量时遵循以下四项原则：一是客观性原则，即要根据学生的实际表现，客观地推理原因，得到最接近真实状况的结果；二是实用性原则，即评量项目要尽量为发展学生在实际生活中的有用技能而设置，并能反映出学生的真实能力；三是可量化原则，即评量结果能用数据来反映学生的能力状况；四是可操作原则，即所设计的评量项目可操作并要尽量简便。采用的评量方式主要有情景评量，指在真实的环境中对学生进行实际操作的评量；可通过问卷、访谈、评量表或试卷进行测查；也可以与家长共同评量，主要涉及居家生活、休闲娱乐和使用社区等方面，因为有的学生难以直接测查，需要家长一起参与评量。

（二）学业评量

学业评量，顾名思义，其目的主要是为了了解学生的学业表现，在越秀启智，学业评量主要通过课程评量进行。因为传统的测量大多从心理测量的角度出发，关注学生的学习收获或成长，导致无法敏锐测得学生的进步，也不知道是何时取得的进步，而测量应该从教育测量的角度出发，聚焦学生的学习过程。[①] 一般最常用的、商业性的、规范的测量工具，会在以下几方面受到批评：第一，标准化测验在课程内容上有偏颇。如果一个学生掌握了所有的课程知识技能，那么他在不同的标准化测验中所取得的成绩分数可能与其他学生差别很大。有些测验会选取较多的课程内容，学生在该测验中会取得比其他测验更高的成绩；有些测验对课程内容的选择会相对少一些，则学生的分数可能会低一些。第二，常模参照测验只能测量学生的个体差异，甚至会加大不同个体间的差异，无法评估学生的进步情况。第三，常模参照测验对教学计划的作用非常有限。由于标准化成绩测验不能重复给出，因此就

---

① CARVER R P. Two dimensions of tests: psychometric and edumetric [J]. American Psychologist, 1974, 29 (7): 512-518.

不能用来比较不同教学干预的有效性。①

鉴于传统测量存在的诸多弊端，1977 年，美国学者德诺（Deno）和米尔金（Mirkin）发表了一项名为《基于数据的项目调整》（*Data-based Program Modification*，DBPM）的研究，旨在帮助特殊教育教师使用重复测量的数据来评量并提升他们的教学。为了测试教师使用 DBPM 的效果并验证 DBMP 的有效性，美国联邦政府资助明尼苏达大学学习障碍研究中心（Institute for Research on Learning Disabilities，IRLD）进行了一项长达 6 年的研究。IRLD 的研究成果之一在于开发了一系列评量学生在阅读、拼写和书写领域进步情况的程序，并说明了测量的核心任务、测量的题项、测量活动、评分表现及教育决策准则。② 课程本位评量（curriculum-based measurement，CBM）便是在这一操作程序基础上发展而来的评量模式。它为特殊教育教师提供了一种有效且能精确评量他们教学的工具，能够经常施测，动态把握学生的学习情况。CBM 是一种课堂评量模式，教师通过一系列标准化的、简易的、快速的测验了解学生在阅读、拼写、写作和计算等领域的发展。它像是一个“学业温度计（academic thermometers）”，时刻管理和追踪学生的进步情况。CBM 的测量内容主要来自课程，它把测量与课程、教学联结起来，以此评量教学的有效性，为特殊教育决策提供基本的数据参考。CBM 具有以下六个方面的特点：①良好的信度和效度。传统的测量无法为学校课程教学提供有效建议，测得的分数也难以真实反映教学内容和学生发展水平。与大多数传统的测量不同，良好的信度和效度是 CBM 的重要特征之一。CBM 通过标准化的操作程序，并经大量研究证实是一种可信的、能有效评量学生学业进步的评量模式。②直接测量。CBM 强调直接测量，以学生所学的课程来评量他们的学业成就，据此获得的测量数据是有效可行的，能直观反映学生在学校课程体系中的能力表现，直接服务于教育决策，而不需要从其他的行为观察中进行额外推理。③重复测量。与传统的测验一年只能测 1 或 2 次相比，CBM 能够重复施测，获得学生在同一任务下行为表现的重复样本。测量结果的变化反映了学生在操作任务上的熟练程度，不仅能提供有关学生现阶段发展水平的信息，还能及时把握学生的进步情况，帮助教师在教学的任何阶段都能做出有效的决策。重复测量的好处还在于能稳定把握学生的发展，避免传统测量中由一些不可控因素（如疲劳、不熟悉施测

① 胡森，等. 教育大百科全书：课程［M］. 丛立新，赵静，等译 . 重庆：西南师范大学出版社，2011：159.

② Deno S L. Developments in curriculum-based measurement［J］. The Journal of Special Education, 2003, 37（3）: 184－192.

者）导致结果不能真实反映的情况。CBM 的重复测量不用天天施测，一周两到三次即可。④测量样本形式多样。每一次重复测量要求完成的任务必须是学生不熟悉的，这样才能真实体现学生的进步。因此，教师需要建立多种形式的，但意义、难度相当的测量样本。如测量学生阅读熟练情况时，第一次的阅读材料可选自他们之前没有阅读过的段落，要求大声阅读 1 分钟；下一次测量时，材料选自同一本书，但必须是不同的、不熟悉的、难度相当的段落；后面依此类推，尽量把难度维持在一个恒定的范围内，确保测量结果的客观。⑤以曲线图的形式呈现测量结果。CBM 根据测量结果绘制相应的曲线图，在学生现有的和期待的行为表现中进行对比。由于图形呈现形式直观明了，使得对测量结果的解读更加容易，教师、家长和学生在解读测量结果时也更有可能得出一致的结论，利于决策。⑥经济高效。传统的测量方法费时费钱，特殊学生接受特殊教育资格准入（eligibility）决策评估的花费甚至超过了教育学生的支出，而且也耗费了教师大量的时间。① CBM 的测量来自课程本身，不需要额外的测验材料，节省了测量材料的成本经费。同时，它耗时短，便于教师持续管理。根据教师测量技能和样本数的差异，每次测量持续时间 1 ~3 分钟不等。

越秀启智的课程评量主要采用台湾的双溪发展性课程、重庆师大的功能性课程、校本社会适应性课程及职业陶冶课程等进行评量，具体的课程内容后面会进行介绍。学校会利用课程评量表或相关软件对特殊教育学生的各个领域进行评量，统计评量得分，做出各领域曲线图。

（三）相关专业服务评量

相关专业服务评量即运用相关专业服务对学生的不同领域逐项进行评量，以了解特殊学生当前的发展障碍情况。学校会利用相关专业服务的评量表，如我国台湾地区的学龄儿童语障评估表、感统发展核对表、协康会的《自闭症儿童心理教育评核（第三版）》、动作康复训练评估表、音乐治疗评估表等，对学生的各领域进行评量，分析障碍对其学习和生活的影响。越秀启智的相关专业服务以各康复训练内容为主，包括作业治疗、感统训练、多感官训练、游戏治疗、音乐治疗、语言治疗、运动治疗、心理治疗、认知训练等。康复科老师基于评量的结果为每位有特殊教育需要的学生制订了详尽的康复方案。

---

① YSSELDYKE J E, THURLOW M L, GRADEN J, et al. Generalizations from five years of research on assessment and decision making: The University of Minnesota Institute [J]. Exceptional Education Quarterly, 1983 (4): 75 –93.

二、 评量结果综合研判

教育诊断、学业评量和相关专业服务评量主要包括四个方面内容：学生目前的障碍、障碍对学生生活和学习的影响、学生的能力现状和潜能，以及对学生安置、教育或训练的建议，由班主任整理成“综合研判报告”初稿，并组织相关教学人员召开综合研判分析会议。会议流程一般分会议前准备、召开会议和会后工作三个部分。

会前要做好基本的评量工作。对三年级、六年级和职高一年级学生，学校一般在5月份第二周开始评价，月底前完成所有评量工作并提交评量报告，班主任在6月第一周内汇总评量结果，6月中旬召开综合研判会议。对一年级新生和插班生来说，学校一般会在开学后第一、二周做好评量并提交报告给班主任，第三周召开研判会议，第四周召开学生的IEP会议。开会前两天班主任把学生的资料整理在综合研判报告书内并反馈给参会所有人员，参会人员开会前要认真看完所有材料。班主任整理评量结果并形成书面的综合研判分析报告书初稿，再由班主任确定开会时间、地点，通知与会人员。

在召开综合研判分析会议的过程中，通过与会人员的共同讨论，分析每个学生目前的能力水平、障碍及制约其学习和生活的因素。具体流程和要求见表4－2。

表4－2　综合研判分析会议的流程和要求

流程	要求
1. 主持人（班主任）宣布开会的目的、流程、注意事项（制定三年发展期望、一年的长期目标和一个学期的短目标）	主持人思路清晰、语言精练、引导明确
2. 主持人对各康复专业老师就课程评量的结果做简单扼要的说明	非一、三、六年级的班级要将旧的综合研判会议和上一年确定目标的完成情况进行分析比较
3. 主持人引导参会人员讨论学生总体的学习优、弱势	参会人员讨论
4. 结合家长期望、各康复专业评估及班主任的评估，讨论未来三年对学生的发展期望	参会人员讨论
5. 讨论教育服务安排	参会人员讨论

续上表

流程	要求
6. 讨论优先领域	参会人员讨论
7. 讨论年度的长期目标及短期目标： （1）主持人展示课程评量的侧面图 （2）按课程优先发展顺序逐一确定各领域的一年长期目标 （3）确定一个学年的短期目标（功能性、可评量） （4）确定各康复专业的补救目标（检核是否有相克目标）	参会人员讨论
8. 签名确认	全体参会人员签名

综合研判会议结束后班主任要整理资料（整理综合研判报告书及 IEP 初稿），并发放到每一个相关人员手中；然后班主任做好相关准备工作，准备召开 IEP 会议；最后落实 IEP 里的相关教育服务。

第二节　个别化教育计划的制订

IEP 是连接课程目标与教学的桥梁，是以个别化教育为核心的课程管理流程中的重要环节。表 4－3 是 IEP 制订的方法和要求。

表 4－3　IEP 制订的方法和要求

程序	内容	方法	负责人	时间	备注
1. 课程评量	评估学生各领域的目标；画出各领域发展水平的侧面图	《培智学校义务教育课程标准（2016 年版）》	班主任	新生入学一个月内；旧生在上学年结束前一个月	旧生应同时对上一学期 IEP 实施结果进行评鉴

续上表

程序	内容	方法	负责人	时间	备注
2. 进行相关专业评量	评估学生各相关服务目标	各相关服务评量表	各专业教师	同上	同上
3. 拟订长期目标	各领域长期目标	根据课程领域拟订长期目标；对各领域长期目标的重要性进行排序	相关教师		长期目标是一学期的目标或重点发展方向
4. 拟订短期目标	各领域短期目标	依据长期目标拟订短期目标，也可以参照课程纲要的细目	相关教师		目标拟订要具体明确，可操作，可评量
5. 召开IEP家长会	与家长共同修改商定IEP计划书	开会讨论	相关教师、家长、学校行政人员	每学年末	会议结束，需要与会人员签名
6. 确定本学期的教育安置	本学期所属班级（年龄班或能力班或学科班）有转介到校外的要确定所属学校或相关机构，确定相关服务	参考评量结果	学校行政人员、相关教师	评量后	新生应参考评量结果和综合分析研判会议的结果

一、 长期目标的撰写

长期目标是学生在较长的时间内需要达成的目标，长期目标的长度可自行规定，可以是一年，也可以是多年。越秀启智的长期目标一般是以三年为一个周期。根据每个特殊学生发展需要的不同，其长期目标的侧重点是不一样的，如有的学生可能偏向于学业发展，包括阅读、数学和其他学科课程领域；有的则侧重于教育行为问题的处理、社会技能或适应性技能的发展。如梅琳达是一个聪明活泼的孩子，天生有严重的手部畸形，婴儿时期她就显示出对音乐和韵律的热爱，并表现出了一定的天赋。因此，梅琳达的长期目标除了学习使用义体外，还应包括她在音乐方面的发展目标，她的 IEP 里至少应有一个与音乐有关的目标。[①] 每个学生的 IEP 里年度目标的数目也不一样，有的学生可能有 2～3 个，而有的学生可能有 8～10 个，但针对一个学生的目标不应该过于复杂或繁多，这样会使学生或家庭不知所措。

长期目标可依据课程领域来划分，每个课程领域的长期目标需参考以下因素来制定：学生能力可以发展的范围；适应环境需要的能力；需要长期关注（或培养）的能力（如自信心、责任心、青春期性教育、心理健康教育等）。长期目标的撰写方法需根据综合研判分析报告结果，排出课程各领域的优先发展顺序；以一个动词加上所需学习的内容，形成本学期该领域的长期目标，长期目标的动词可用“了解、认识、增进、获得、熟练、加强、巩固”等。整个长期目标的制定要从学习者的角度撰写，而不是教育者的角度。

二、 短期目标的撰写

短期目标是为完成长期目标而服务的，它着眼于学生能在数周或数月时间内习得的可测量的技能或行为。虽然美国在 2004 年的《所有障碍儿童教育法案》不再硬性要求必须为每个特殊学生制定短期目标，但考虑到短期目标是长期目标的细目或具体表现，因此短期目标在实践中仍有指导意义，特别是短期目标可以成为班级教学的基础，提供给学生每天所要达成的学习目标，用于评量其进步表现。[②] 短期目标的数目与学生的残疾类型和程度、目标对学生学习的影响以及目标的教学难度有关。

短期目标是一个可观察、可操作、可评量的具体行为目标。可观察要求目标的制定是客观的，是基于评量的事实得出的；可操作指目标是可以用动作描述的，是可教学的；可评量指目标要有评量标准，可量化。一般说来，短期目标由以下四部分内容构成：①主语，即“谁”将完成这个目标，一般用“学生”来指代，但主语在 IEP 里有时也可省略。②内容，指要教学的技能或行为是什么，即“做什么”，包括“做”及“什么”两个部分，希望或

① ALLEN K E，SCHWARTZ I S. 特殊学生的早期融合教育［M］. 周念丽，苏雪云，张旭，等译. 上海：华东师范大学出版社，2005：174.

② GIBB G S，DYCHES T T. Guide to writing quality Individualized Education Programs［M］. Boston，MA：Allyn & Bacon，2000.

说明学生在以下情况会产生怎样的行为。"做"是具体可观察的外在动作，如写、跳、洗、看、指出、说出、画出、模仿、分类、配对、回答、数出等，或是心理活动的描述，如认识、了解、知道、分辨、喜欢等。"什么"包括所做的材料、内容、时间、距离、数量，如画圆圈、洗手、写自己的名字、指出红色的球、说"早上好"、跳三下、数出五个以内的物品、跳三十厘米远、坐十分钟等。③条件，即在什么情境、何种条件或协助（分为视觉、听觉、动作协助等）下完成，如听到铃声时、看图片时、看到老师比画"坐下"的手势时、在吃点心时、看到示范时、给予口头指示时等。④标准，即目标最后的通过标准。标准可以以学生的年级水平或年龄水平为参照，依时间、次数、百分比，如4次中有3次通过、80%的时间内、5分钟能完成10次、75%的成功率等。同时，我们也可以通过定义学生在达成目标时所需的协助或条件来评量学生的行为，如独立完成、在他人支持和帮助下、在少量口头提示下等。大多数目标以75%为通过标准，所以此项除非有特别通过标准，否则一般可省略。因此，短期目标的撰写格式是：谁+在何种情况下+做什么+做得怎样。

三、 个别化教育计划会议

在拟订完IEP的初稿后，需要通过IEP会议整合小组成员的意见，最后制订完整的IEP。IEP的制订、实施和评估都需要集体的努力，IEP应该反映小组成员对计划实施和评估所负有的共同责任。一般来说，IEP会议根据其召开的时间可分为首次IEP会议（当确定学生需要特殊教育的服务时，召开第一次IEP会议）、年度IEP会议（IEP执行完后所召开的总结性会议）和有需要时随时召开的检讨会议。考虑到IEP小组成员要找出共同的时间来开会可能比较难，所以在召开IEP总结会议时也可以同时讨论学生下一个阶段新IEP的制订，这样既节省开会时间和人力，还能提高会议效率，保证学生所接受的课程及相关服务的连贯性。IEP会议的成员主要包括家长、班主任、其他相关教师、学校行政领导等，但当某些IEP成员被认为可以不参加IEP会议，且经过其他成员同意时，就可以不用参加或提供相关的书面资料即可。IEP会议的召开地点一般选择在学校，因为大多数的IEP小组成员都是学校相关人员。整个IEP会议的召开流程可分为会议前的准备、正式开会和会议后三个阶段。

1. 会议前的准备

在召开IEP会议前，班主任要提前准备好相关资料，以保证会议的顺利进行，这些资料包括：

（1）学生的综合研判分析报告。

（2）征询各成员可以来开会的时间（特别是要配合家长的时间），通过电话、短信、电子邮件、书面通知等形式将会议的时间和地点告知团队成员。通知应该提前一周送达各成员手中，开会前几天，最好能够再以电话提醒。

（3）制订会议流程、讨论的内容、议题及各成员职责。

（4）事先调查家庭对孩子发展的期望、家人来开会的交通问题及是否需要沟通上的协助等。

（5）布置会议场地。

2. 正式开会

在 IEP 会议召开过程中，主要由参会人员针对讨论的问题各抒己见，表达自己的看法。会议召开的流程为：

（1）会议主持人介绍参会人员，说明会议的目的、议程及注意事项，确定记录人员。

（2）由熟悉学生发展的教师介绍学生的基本资料，并说明学生本学年 IEP 的完成情况。

（3）由专业人员或进行评估的人员解释学生的评估结果，如班主任说明学生课程评量的结果；由康复教师说明学生相关专业评量结果。

（4）全体参会人员进行综合讨论，讨论的内容涉及下列几个方面：学生的障碍类别及程度、发展现状（包括优、弱势）、家长对孩子发展的期望、能提供给学生的特殊教育服务及相关服务、年度目标和短期目标、课程计划、教育安置形式、IEP 的实施期限、评鉴标准及日期等。

（5）讨论结束后，主持人进行总结。

（6）将下学年新的 IEP 打印一式两份，所有与会人员在记录单上签名，一份给班主任存档，一份给家长。

在 IEP 会议召开过程中，应该注意以下几点：①给家长阅读的资料使用通俗易懂的语言，避免过于专业的特殊教育或医学字眼。②在与家长交谈时，应特别注意肢体语言与口气，使家长有种被尊重的感觉，不要在家长面前与其他团队成员窃窃私语。③把握每个人的发言时间，避免有些人发言过于冗长。会议过程中最好能提供各成员的任务表（见表 4-4），这样大家都清楚自己的职责并能利用机会咨询其他专业人员。[①]

---

① 李翠玲．个别化教育计划理念与实施［M］．台北：心理出版社，2007：34-36.

表4－4　IEP会议各人员职责表

人员	职责
主持人	1. 主持会议 2. 协调小组成员活动 3. 做决策 4. 与家长沟通
学校行政人员	1. 提供行政资源服务，包括交通、辅具、无障碍环境、行为处理、排课协调 2. 提供评量工具与协助鉴定特殊学生
教师	1. 提供学生学习时的表现资料 2. 指出学生的学习能力与限制 3. 提供课程设计的资料 4. 协助发展学生的长、短期目标 5. 提供课程设计的构想
家长（监护人）	1. 提供家长参与能力与限制的信息 2. 提出家长对学生的发展期望 3. 提供学生接受其他服务的信息
相关专业人员	1. 解释评估结果 2. 提供相关服务的建议
学生	1. 表达自身发展需求和兴趣爱好 2. 如果学生不愿意，也可以不参加IEP会议，但需要事先征询学生的发展意见以了解其喜好

3. 会议后

IEP会议结束后，要做好会议追踪的工作。针对没有参加IEP会议的人员，通过电话、电子邮件、书面信函等形式告知会议内容和达到的结果。根据会议讨论内容最终确定IEP。

第三节　个别化教育计划范例

此范例为越秀启智2017年四年级一班东东同学的IEP，计划的期限是2017年9月—2018年7月。

一、基本资料

表 4－5 东东的基本资料

学生姓名	东东	性别	女	出生日期	2006 年 9 月 28 日
障碍类型	脑瘫				
父亲姓名	方××	教育程度/职业	本科	联系电话	1392421××××
母亲姓名	李××	教育程度/职业	本科	联系电话	1392421××××
其他主要照顾者		教育程度/职业		联系电话	
家庭住址	广州市××××××××××				

二、简要家庭状况、生长史、医疗史和教育史

1. 家庭史

家里共同居住的有爸爸、妈妈；语言环境：普通话、广东话。东东日常主要由妈妈照顾，爸爸长期在北京出差，但每日都会跟东东视频或聊电话。东东最喜欢和父母、外公外婆、表妹一起玩。除了在校时间，其他时间东东都有家人陪伴。平时东东的家庭活动很丰富，父母会经常组织外出活动。

2. 生长史

东东，女，出生于 2006 年 9 月 28 日。妈妈第 1 次怀孕，第 1 胎，怀孕周期为 38＋4 周。其间健康、心理、生理、环境状况良好，足月剖腹产。生产过程良好，出生体重 2.9 kg。

东东 2 个月会抬头，会笑。6 个月会坐。9 个月会发音。1 岁会翻身。1 岁 9 个月会爬行。1 岁会说单词。3 岁会说词语。

3. 医疗史

半岁时家人发现东东有异常情况，2 岁半时东东在中山二院被诊断为运动发育迟缓。

2 岁半时东东在医院做康复及住院治疗。一直有去××路一个老师傅家做经络按摩，已经做了有四五年时间，进入小学后中断过一年，2016 年暑假东东突发高烧，20 多天不退烧，住院期间多次出现抽搐现象，后来又找老师傅按摩及开中药服用，进行四天按摩和吃中药后东东退烧出院，之后每天都会到老师傅家做按摩。东东妈妈认为即使没有太大的转变也没关系，目前以每日有保健的机会这样的想法继续这个按摩。

这次发烧过后东东仍有抽动现象，对看不清、突然出现的事物或提问东东容易出现抽动，另外食用寒性食物也容易抽动，如番茄、冬瓜、雪梨、西瓜、香蕉等。

4．教育史

3到6岁时，东东在启智学校太阳花班就读，进行语言训练、动作康复训练、融合教育学习。

2014年至今，在越秀启智就读，进行语言训练、动作康复训练。

二年级开始东东一直有去微光中心做音乐治疗。

三、教育诊断

1．学习态度

东东因动作受限，影响其活动参与和活动范围；在分组或集体教学活动中均能表现出一定的积极性，对老师的关注很好，愿意尝试老师提出的不同挑战，但对动作上有要求的活动有轻微的抗拒；耐性较好，能从事静态活动（如涂画、堆积木）较长时间。环境适应能力较好，能和伙伴友好相处，互相打招呼，在力所能及的事情上帮助同伴，面对新环境或者陌生人能表现出兴趣和热情。因视力情况不佳影响其眼手协调及手部操作，有时会有信心不足的情况，鼓励可激发其继续挑战的信心。

2．学习特点

东东的信息接收通道以视觉、听觉为主。认知阶段为半具体物（图片阶段），能指认生活中常见的人、物品、活动及图片。东东常用的表达方式是口语表达，有时说不出名称会用实物来协助他人明白她的意思。东东能适应不同的活动形式，能遵守规则参与集体活动。受动作因素影响，东东从事动态活动需要一定的肢体协助。课堂上容易受外界刺激影响（如突然进入教室的人、窗外较大的声响）。

3．兴趣及增强物

（1）喜欢在家中玩积木、涂颜色（能玩2个小时以上）。

（2）喜欢美食，很多水果、零食都喜欢吃。

（3）在学校喜欢玩游乐区的独木桥、滑梯，跟同学们一起唱歌跳舞。

（4）喜欢被口头表扬并能接受代币制约。

（5）最不喜欢别人的口头批评及责备。

四、学生/家长（就业/服务）期望

（1）发展自己的一个爱好或特长。
（2）在辅助器具的帮助下可以逐步提升生活自理能力。
（3）可以认识更多的字和写一些与生活密切相关的字。

五、安置措施与相关专业服务

表 4－6 东东的安置形式与所需的专业服务

	服务重点	负责教师
安置形式	特殊教育学校四年级	梁××、巫××、麦××
专业服务	动作康复	梁××
	语言训练	王××

与会人员签名：________________________________

____

六、评量结果综合分析报告

表 4－7 东东的评量结果综合分析报告

领域	次领域	现状摘要	建议
1. 智能发展	1.1 动作能力	痉挛型脑瘫，双瘫个案，肌肉张力偏高。 异常姿势：骨盆前倾、左侧足踝内旋、高弓足、内八。 辅具使用情况：儿童轮椅、足踝支架、内八带。 东东 2016 年暑假发烧 20 多日不退，反复出现抽搐现象，对脑部造成一定伤害，致使其动作退化，反应迟缓。 姿势控制、移动力：东东能独立行走，独立站立，但由于足踝的内旋、高弓足，致使下肢不稳定，独立站立的时间不长，目前至多可以保持 15 分钟。但是在短暂地扶一下物品后还可以继续行走。能双手扶扶手上下楼梯。 运动技能：东东能以坐姿完成 1 米内的抛接球，能靠近足球并小幅度踢球	1. 行走 15 分钟后可以适当地让学生简单的休息 5 分钟后再进行 2. 在行走到其他场室时，在有扶手的一边进行排队，可以让学生独自扶扶手行走

续上表

领域	次领域	现状摘要	建议
		手部动作：东东能拿取、摆放小件物品。前三指取放小物品（如握勺子吃饭），能旋转腕部操作（如用勺子吃饭，拧螺丝、开一下较大的盖子）。能主副手协调操作（如一只手按着固定，另一只手涂画、勺饭、擦桌子等）。能双手朝各个方向操作（手部舞蹈、延时视指不同方向）。 眼手协调：东东有斜视和弱视，受视力和动作稳定度低及手指肌力不足的影响，眼手协调是东东的弱项。能按压物品（如开关灯、水龙头开关），能堆叠物品（如积木，但只有两层），能一手按住一手撕开、撕下大约 4 cm×4 cm 的小件物品，如能撕小红花贴进 6 cm×6 cm 的小格里、能在个人课表里画钩表示完成，但可观察出对应画钩是有困难的，需较长时间才能完成，有时会有漏格情况。能稍微撕一下香蕉皮。能依照样本进行大致范围的涂色，拼贴小的物品有困难；用叉子叉块状水果也有一定困难。能脱鞋子，因为需要穿矫正鞋和运动鞋，穿鞋子对准穿时有困难，维持平衡和操作都需要帮忙，未能掌握/学会剥、切等能力。 使用工具：东东能使用生活中常用的勺铲类工具、容器（如杯、碗、碟，但因抽动，有时会洒出容器的物品），粘贴类工具（如双面胶、固体），夹取类工具（如衣夹、筷子、夹食物的大夹子）。能使用蜡笔涂颜色、拿油画棒涂色，能拿笔书写数字 1、2、7，以及方字，画钩时的顺序是倒着画的，虽能稳定认识 10 以内的数字，但在仿写上有一定的困难。 动作能力优势：东东能独立行走，能维持坐姿平衡，能有部分手部操作基本能力。 动作能力弱势：东东有近视和斜视的现象，会影响她判断目标的准确性，贴东西会有漏掉的现象，这些都对动作的品质有一定影响，动作的独立性欠佳，动作的转换和部分的手部操作需要协助	3. 凳子的设计（木箱）、移动的架子：洗脸、刷牙。厕所推到侧边 4. 平时的独立性提升 5. 下肢练习：坐位的踏步练习（100 下一次，5 ~ 10 分钟，间隔时间 1 分钟）
	1.2 感知能力	感觉处理：听觉、视觉、前庭觉、触觉处理能力正常。但本体觉处理欠佳。 感觉区辨：东东有适当的视觉机警度、视觉注意力及视觉区辨，能区分颜色、形状、图形与背景及空间关系	1. 在教学过程中，尽量将教具呈现在学生的右边，移动教具时将速度减慢

续上表

领域	次领域	现状摘要	建议
		能凭触觉区辨实物。能正确感知身体各部位、位置，但正确使力、模仿身体动作准确度欠佳（动作幅度误差超过15°；拿物品时用力大小控制不佳）。有坐姿平衡、保护性反应。 运用能力：东东能完成上肢双侧协调的活动（双手同时做一样的动作，一手扶物一手操作的活动），能通过视觉模仿身体动作，并能对着目标方向完成视觉与上肢动作整合的近端、远端对应的活动（近端：能对准目标操作；远端：能对准目标进行投掷），但准确度欠佳。 感觉统合：东东上肢动作模仿准确度欠佳，手部拿放物品稳定度欠佳（用力过大/小或不能稳定停留在悬空位置上），视动整合、下肢双侧协调及动作计划上的困难可能是由于身体异常肌张力和动作能力发展未达到该水平引起的。还有可能是由于东东眼睛斜视、左眼弱视引起的（例如：进行传接球活动时，不能接住快速传过来的球，或者是不能接住传到身体两侧的球）	2. 可提供视动整合相关的游戏与活动，例如：连续拍气球、地滚球、保龄球等
	1.3 认知能力	配对与分类：东东有一定的颜色、形状的概念，能根据物品或图片的颜色、形状、大小进行配对分类，老师提出要求后能将餐具进行分类，把彩色塑料的叉子放进一个篮子，跟它们不同的放进另外一个篮子。事物的关系（哺乳动物）等分类需要继续加强，依据符号进行分类的能力尚未发展。 记忆、比较判断、概念形成：东东能回顾生活中的物品，能记得复杂的组合动作，有一定的长时记忆能力，能回忆起见过的人和存放的物品位置，但很少对于事件进行回忆讲述，需要提问才能回答出一些相关信息。能比较物品的特征，判断物品的大小、多少与轻重。能在有差异性的物品中分辨异同，如在一堆食物中找到碟子。 排列、推理、解决问题：东东能分辨大小、长短，能明白简单的因果关系，如因为上课吵闹所以老师会批评吵闹的同学。有事情的先后概念，如先刷牙再洗脸，先洗手再吃饭，且当发现不对时能慢慢反应过来。对感兴趣的事物及生活比较主动，因动作受限，解决生活的能力较低，但能大致按照老师、家人教过的程序操作	

续上表

领域	次领域	现状摘要	建议
	1.4 语言 沟通	词汇理解：东东能理解常见的名词、动词、人称代词；能理解常见的形容词（长短、高矮、大小、颜色、形状、干净/脏、干湿、伤心/开心、冷/热等）；能理解水果、动物、餐具等，但无法理解交通工具和服饰。能理解抽象词语（宠物、风景、危险、喜事等） 短语理解：东东能理解简单指令，能理解常用的并列、偏正、主谓、动宾、介宾短语。 理解句子：东东能理解常用主谓宾式陈述句、否定句，能理解“有无、谁、什么、干什么，在哪里”的问句，但不能理解“怎么办、什么时候、为什么”的问句。能理解部分含关联词的复杂句“先……再……”“……和……”“要……不要……”，但对其他如“在……之前”“不但……还……”“因为……所以……”的理解就较弱。对把字句、被字句理解不足。 故事理解：东东能理解有图片和无图片的连续故事，并回答关于人物、事情、地点和感受的问题，但对关于时间的问题无法回答。 阅读理解：东东识字量较少，只能认常见的数字。 语言表达：东东能用简单句子表达需求，如“我想拍球。我不要××”，偶尔也能用复杂句，如“老师，我想喝水”。能维持主题的交谈在3个回合以内。 沟通动能：东东能在沟通前引起老师的关注，沟通动机强。沟通功能有要求物品、要求协助、回应询问、拒绝、社交互动。沟通效度好，意思表达明确。 口腔功能：东东下颌与唇分离不好，双唇常开，偶有流涎；舌头会侧送，舔上下唇，但不会弹舌；语速慢，当语速较快时，构音清晰度欠佳，无法完成语音轮替。 优势：东东的语言理解处于复杂句阶段，表达处于简单句向复杂句过渡阶段。记忆力制约其认知的提升。 弱势：东东的语言能力受其动机、身体状况、专注力的影响，因而表现出来的能力不稳定。 缺少自信心，会影响其与别人沟通的效度	1. 对于学生主动表达的简单词汇，可以给予更加丰富的语言回馈，如学生说“摔倒了”，老师或家长可以帮其扩充句长，如：小明摔倒了；摔倒了很痛；我不小心摔倒了。同时也可以多追问学生，增加学生对话题表达内容的量，如：谁摔倒了？他为什么摔倒了？在哪里摔倒了？ 2. 与学生沟通或要求他帮忙做事时，多使用复杂句，以提高学生的复杂句理解能力。如：在喝水之前，先擦桌子

续上表

领域	次领域	现状摘要	建议
	1.5 数理运用	数前概念：东东具有与自身生活有关的数前概念的意识，能区分有无、多少、大小、异同、轻重、快慢。 数的认识、空间与图形、常用的量、生活中的数学：东东能听、说、读20以内的数字、按顺序唱数1～20，能点数1～10，并说出总数。能辨认和命名同类的图形（圆形、三角形、长方形、星形）。能使用人民币进行购物，能认识5角、1元。能跟读日期，无周末的概念。时间概念能分清白天、黑夜，未能判断上午和下午。 运算、计量、统计数据：该方面能力尚未发展。 优势：东东具备点数概念，具备常见的形状概念。 弱势：东东尚未能清楚辨别左右及东南西北的方向概念	
	1.6 自我引导	需求表达：东东能以多种方式表达自己的生理和心理需求，对于他人和事物会发表自己的意见，如：我想做什么，我不喜欢听这首歌。 自我认识、选择与决定：东东能说出自己的名字，家庭成员（爸爸、妈妈），能积极参加日常的学习活动和自己感兴趣的事务，在支持下能参与不擅长的事务，如在照顾者准备好水杯及牙刷后进行刷牙。有自己的想法，如想吃什么早餐、穿哪件衣服等。具备自我控制能力。在支持下，能知道什么是选择、不同选择的含义和不同选择的后果。 生涯规划：该方面能力尚未发展。 优势：能表达自己的生理和心理需求，发表自己的意见，有一定的自我认识，能做简单的自我决策，如：参不参加、想进行什么活动	给予更多的机会让其表达自我需求和对他人的看法，提供更多的选择
2. 社会适应	2.1 情绪情感	情绪理解与识别、情绪调节：东东能知道表情背后隐含的信息，能辨别他人表情，体验各种常见的表情（喜怒哀乐）。能维持稳定的情绪，能调节自己的情绪使其与环境相符。 情绪的表达与应对、积极情感养成：东东能在情境中、符合社会规范下去表达各种情绪，能与家人、同伴保持良好的关系。在学习和生活中有时会缺乏自信，别人一直关注她时她会遮住眼睛，不回应	多与人交流，多接受正能量，培养乐观、积极向上的态度

续上表

领域	次领域	现状摘要	建议
		优势：东东有稳定的情绪，在人际交往中也能通过他人的表情判断别人的态度（同意、不同意、喜欢和讨厌）。 弱势：面对自己无法做的事情容易气馁，需要多多鼓励	
	2.2 人际关系	人际关系的建立与保持：东东能与家人、老师和同学保持良好的关系，有自己喜欢的朋友（本班同学黄贻安、韩欣杨），能做到不随便跟陌生人走，也能与同伴分工合作。 交往礼仪：东东能主动使用礼貌用语，并能表现出礼貌行为。接受别人的帮助后会表示感谢。 角色扮演、角色认识：东东能理解自己和他人在家庭和学校中的角色，了解具有血缘关系的亲属之间的角色关系，但未能认识各种角色的权利与义务和分寸	
	2.3 社区参与	学校参与：东东能参与班级开展的课堂活动和课余活动，能遵守学校的规章制度。 邻里参与、社区参与：能认识少数的邻里，在支持下能参与邻里间的活动，能有基本参与社区活动的愿望，认识并参加部分社区活动。 社区资源利用、社区服务：能了解社区部分可以利用的资源，能在照顾者陪伴下利用常用的政府资源（社区免费游泳池），未发展出社区服务能力。 优势：能适应学校的生活，参与发生在生活中的各项活动，如去 KTV 唱歌	
	2.4 社会权责	遵守规则：能遵守简单的规则，如上课时要安静坐好，到超市时要安静，排队给钱，等等。 认识权责：在熟悉的情境中知道自己有选择的权利，也了解自己的几项生活中的基本义务，如完成作业、物归原位。 履行契约、维权、道德伦理、参与公益：该方面能力尚未发展	

续上表

领域	次领域	现状摘要	建议
	2.5 安全防范	饮食安全：能辨别什么样的食物不能食用，如发霉发臭。 交通安全：知道过马路要走斑马线，看红绿灯过马路，并能遵守。 校园安全：在提醒下能避开校园内的安全隐患。 人际安全：能不跟陌生人走，不吃陌生人的食物。 消防安全：能不玩火，消防演习时能跟老师跑到安全区域。 网络安全、灾害防范、居家安全：该方面能力尚未发展	
	2.6 实用常识	东东尚不了解生活中的自然常识、社会常识、人文常识	
3. 生活实践	3.1 日常生活	个人生活、居家生活、社区生活：东东能独立处理自己的饮食事务（自己吃饭），能选择自己喜欢的衣服和配饰，能表达自己的如厕需求，并由照顾者帮忙完成。在支持下能自己洗脸、漱口、刷牙、处理就寝事务，可以参与简单的家务劳动，如递东西。在照顾者的陪伴下，能完成在社区的购物、消费、就餐等活动。 公益劳动、实用技能：东东能完成力所能及的值日任务，如擦桌子	
	3.2 卫生健康	心理健康：东东对身边的事物表现出兴趣，没有令人困扰的异常行为，会找到调控情绪的简单方法，不出现过激行为。 卫生保健、疾病防治：东东能保持手和脸的整洁，不挑食，有良好的生活习惯（生活作息规律正常），能说出自己不舒服的部位和感觉，出现伤病时会寻求帮助，能遵守家长和老师提出的防病要求，配合就医看病和服药。 性健康：东东知道有男孩和女孩，但有时会说自己是男孩子。对于不喜欢的人或者陌生人，会拒绝亲近。尚未了解青春期器官发育、处理性行为及如何与异性朋友交往等	

续上表

领域	次领域	现状摘要	建议
	3.3 休闲 娱乐	游戏活动、益智活动：东东能了解并遵守游戏的规则，参与团体活动，能坚持完成游戏，不中途退出。能运用益智活动进行自我休闲，如钓鱼游戏、叠积木、拼拼板，并能表达自己对活动的喜爱。 文艺活动、体育活动、旅游活动：东东对文艺、体育、旅游活动均能表现出一定的兴趣，但因肢体受限，东东在进行文艺、体育、旅游活动时需要借助移行的辅具，如轮椅。东东能遵守简单的体育运动规则，能欣赏和参与体育活动。能参与旅游活动并注意旅游安全，需要帮忙时能大声地告诉他人	
	3.4 信息 运用	未发展相应能力	
	3.5 职业 能力	未发展相应能力	
	3.6 环境 保护	懂得保护生态环境：东东能爱护公物，平时也会给花草浇水，把垃圾放进垃圾桶等，没有破坏环境的行为。 其余领域未发展	

1. 障碍影响程度

东东被诊断为脑瘫（痉挛型），现被怀疑有癫痫，有服用癫痫药物控制。

（1）姿势转换和移动能力受限，影响其活动参与和活动范围。

（2）手部力量和手部操作稳定度不佳，有近视和斜视，影响其眼手协调能力和手部操作能力，进而影响其阅读和执笔写画、生活自理。

（3）体重过重加重了运动的负担。

（4）小抽动比较频繁，发生抽动时容易摔倒，影响其上课的注意力，也会影响她参与课堂活动与日常生活。

2. 优势能力分析

（1）有一定的认知基础，如数量概念、物概念、比较概念、颜色形状概念。

（2）有一定的语言理解、表达能力，能明白50字左右的小故事，并能回答人、事、地、物等问题，能熟练使用陈述句、否定句与疑问句表达自己的想法和情感。

（3）听觉记忆较好，能记住别人讲过的话，有利于她在日常学习与生活中获得大量信息。

（4）学习态度积极，愿意尝试挑战，且耐性较好。

3. 弱势能力分析

（1）移动能力较弱，行走、上下楼梯需他人协助，影响日常活动的参与。

（2）手部力量和手部操作稳定度不佳，同时有近视和斜视，影响其眼手协调能力和手部操作能力，能握笔在小范围涂画且不出界，能使用勺子、筷子、胶棒等；其他能力，如握笔写字，使用复杂的工具如剪刀，尚未发展。

（3）对抽象词汇的理解仍有不足，口语表达的丰富性尚有不足，识字量少影响其文字的阅读能力。

4. 未来三年的发展期望

（1）每日有一定的动作训练的量，让东东有更好的力量进行活动。

（2）在辅具的帮助下，提升东东的转位和移动能力。

（3）提升手部操作能力，建立好书写技能。

（4）提升阅读理解能力，增加识字量。

（5）提升自我休闲能力，培养艺术方面的特长。

七、IEP目标及成效评估

表4－8　东东的IEP目标及执行成效

领域	长期目标	短期目标	预计执行时间	执行情境	表现		教学决定	
					教学前	教学后	决定	执行成果描述
1. 智能发展	1.1 提升核心肌力	1.1.1 能进行坐立起30个回合	一学年	大课间、体育课				
	1.2 提升下肢肌耐力	1.2.1 能扶物站立至少10分钟	一学年	动作康复、主题活动				
		1.2.2 能座位抬腿100下，至少完成3组	一学年	动作康复				

续上表

领域	长期目标	短期目标	预计执行时间	执行情境	表现		教学决定	
					教学前	教学后	决定	执行成果描述
	1.3 提升行走能力	1.3.1 能使用助行器行走 10 分钟	一学年	动作康复				
		1.3.2 能使用助行器在不同楼层行走，至少 10 分钟	一学年	动作康复				
	1.4 提升手眼协调	1.4.1 能连虚线作画	上半学年	美术课				
		1.4.2 能用不同的材料做简单形状的塑形，如圆球、长条、饼状	上半学年	美术课				
		1.4.3 能在 3 cm × 3 cm 范围内做拼贴完成作品	下半学年	美术课				
	1.5 提高使用工具的能力	1.5.1 自主配搭颜色进行涂色，至少 5 种颜色	上半学年	美术课				
	1.6 提升书写前备技能	1.6.1 能在 A5 纸内给镂空字着色	上半学年	主题课				
		1.6.2 能描写独体字	上半学年	主题课				
	1.7 提升阅读能力	1.7.1 能认读简单文字至少 10 个	一学年	主题课				

续上表

领域	长期目标	短期目标	预计执行时间	执行情境	表现		教学决定	
					教学前	教学后	决定	执行成果描述
	1.8 提升复杂句的理解能力	1.8.1 能理解含有因果关系的句子，如：因为……所以……	一学年	语言训练课、主题课				
		1.8.2 能理解含有顺序关系的句子，如：在……之前……	一学年	语言训练课、主题课				
	1.9 提升复杂句的表达能力	1.9.1 能说出含有选择关系的句子，如：要……不要……	一学年	语言训练课、主题课				
		1.9.2 能说出含有并列关系的句子，如：一边……一边……	一学年	语言训练课、主题课				
	1.10 提升话题丰富度	1.10.1 能围绕不同主题谈话，维持至少 3 个回合，如广州景点	一学年	主题课				
	1.11 提升数与量概念	1.11.1 能认读 30 以内的数	上半学年	主题课				
		1.11.2 能点数 30 以内的数，报出总数	下半学年	主题课				
	1.12 建立简单加法能力	1.12.1 能做 10 以内的算术题	一学年	主题课				

续上表

领域	长期目标	短期目标	预计执行时间	执行情境	表现		教学决定	
					教学前	教学后	决定	执行成果描述
2. 社会适应	2.1 提升居家安全意识	2.1.1 能了解简单的急救方法（使用创可贴、风油精）	上半学年	主题课				
3. 生活实践	3.1 提升性知识	3.1.1 能认识自己的性器官	上半学年	主题课				
		3.1.2 能了解青春期女性生理变化（乳房发育、月经）	上半学年	主题课				
	3.2 增加文艺活动的丰富度	3.2.1 能唱出至少4首歌曲	一学年	音乐课				
	3.3 能了解并正确使用乐器	3.3.1 能运用至少3种乐器做伴奏（非洲鼓、打棒、蛙鸣筒）	一学年	音乐课				

第五章

课 程 设 计

在西方，“课程”一词最早出现在英国教育家斯宾塞（Herbert Spencer）1859年撰写的《什么知识最有价值》一文里。英文的“curriculum”（课程）源于拉丁文“currere”，意为“跑”，“curriculum”是名词，意为“跑道”。据此，西方最常见的课程定义是“学习的进程”，即“学程”。① 课程是一个复杂的体系，处于不断发展变化当中，国内外学者的研究视角不同，以至于对课程的界定莫衷一是，相关的文献也不胜枚举，正如美国学者斯科特（Scotter，1979）所说，课程是用得最普遍却也是定义最差的术语。② 波斯纳（Posner，2004）总结了课程的相关定义，将其归纳为7种基本概念，分别是范围和序列、课程纲要、内容纲要、标准、教科书、学程及有计划的经验。③ 据最新版的《中国教育大百科全书》里的定义，从课程的基本事实出发，将课程定义为：“课程是以培养目标为依据、以科目和教学活动为表现形态而进行的规划、实施和习得的过程及其结果。从课程环节的角度，课程主要包括规划、实施和习得三个方面的基本事实。”④

课程是承载学校教育活动最主要的载体，越秀启智的“个别化—支持”办学模式也主要通过系统的课程和教学体系来实现。学校依托国家特殊教育课程改革，以课程为抓手，结合本校实际，着力打造课程的校本模式，以实现学生个别化的教育需求。

---

①④ 顾明远．中国教育大百科全书：第2卷［M］．上海：上海教育出版社，2014：1 205.

② SCOTTER V，RICHARD D. Foundations of education：social perspectives［M］. Englewood Cliffs，N. J.：Prentice-Hall，1979：272.

③ POSNER G J. 课程分析：第3版［M］．仇光鹏，韩苗苗，张现荣，译．上海：华东师范大学出版社，2007：6－12.

第一节　课程设计思路

越秀启智从1985年办校以来，一直实行传统的分科课程，虽然从2000年开始进行校本课程开发，也只是停留在校本教材的编写上。对于教材的开发，传统的分科教学不能满足每一个学生的需求。自2004年起，越秀启智招生生源的变化，必然引起教育和课程模式的变革。要提高教学质量，必须进行彻底的课程改革。在个别化教育理念的指导下，学校从2004年春季开始全面启动课程改革，对社会适应、康复、职业高中等课程及其运作模式进行探索，逐步形成了“以生活为核心、立足阶段特色、渗透生态课程、整合康复服务”的课程运作体系。

一、课程目标

学校课程设计集全校教师之合力，明确了课程规划应遵循的原则，与学校的办学宗旨和办学理念相一致，即促进特殊学生和全体教师的共同发展。课程总目标是“使学生具有良好的品德和健全的人格，在一定的支持下，能在家庭、社区独立生活和独立工作”。整个学校教育实行的是以生活为核心的教育，从生活多角度（生活、工作、学习、休闲、自我成长）出发，具体的课程目标包括：①生活教育目标，生活自理能力、居家生活能力、社会适应能力。②工作教育目标，工作态度、工作知识与技能、工作服务社会。③学习目标，学习动机、学习兴趣、学习策略与方法、学习习惯培养。④休闲教育目标，休闲技能的培养、个人休闲能力、团体休闲能力。⑤自我成长教育目标，自我身心健康、自我选择、规划、调控、管理的能力、自我学习、进步，良好信息素养、环境意识。

学校课程朝着让特殊学生过上有品质的生活的方向发展，由于个人物质及资源不同，生活功能可能会不同，但都符合“生活品质”的含义，生活品质的核心重点在于以下三点：①独立性，指尽可能独立自主地生活，被尊重，有选择个人事物的权利，安全无虑；②社会融合，指让特殊学生能居住于社区里，使用社区设施和与社区中的人有自然互动，正常消费，享有一般公民的权利；③生产力，指有足以维持生计的经济来源，能感觉对他人有贡献，有被需要的成就感。

二、课程设计思路剖析

在课程目标的引导下，越秀启智的课程设计思路体现在以下六个方面。

（一）课程基础：共同性与特殊性

学校课程设计以特殊学生发展的共同性和特殊性为基础。共同性是学校课程设计的基本定位点，它主要表现在特殊学生首先是人，是学生，他们与普通学生一样有相同的机体构成和心理发展基本规律，在生理结构上与普遍学生一样，而在心理活动上也同样能感知周围的人、事、物，并通过自己的头脑进行判断。即使他们视觉、听觉、语言、动作、大脑等存在障碍，但他们的身心形成与发展仍顺应普通学生的发展规律。学校课程内容的选择和顺序安排都要以普通学生身心发展为参照。由于特殊学生与普通学生共性的存在，普通教育与特殊教育间并没有无法逾越的鸿沟，融合教育的出现则代表了对两者间关系的新认识，所以特殊教育学校的课程应该加入“融合”的元素，课程的最终目的应该是能促进特殊学生更好地融入主流社会。我们在看到特殊学生与普通学生发展共性的同时，也应承认他们的特殊性，有与普通学生不一样的地方。

在生理上，特殊学生有感官动作或大脑受损带来的障碍，而且受周围环境的压力，可能使障碍的影响加大；而在心理上，他们发展基础弱，学习接受能力慢。在此基础上，教育目标定位应从他们的身心特点出发，特殊教育的课程、教材、教学活动强调适应性、功能性，以生活为核心，强调学生自理、独立生活、具备一定的生活能力。即使是在越秀启智，都是中重度的特殊学生，但这些学生也分智力残疾、脑瘫、自闭症、多重残疾等，也都存在各自的特殊性，尊重学生特殊性的最恰当的方式就是为他们提供个别化教育服务。因此，学校在制定课程时应记住“所有的个性都包含在共性中，离开共性的个性不存在”，做好共性与个性的平衡、协调、整合、并融，这也是特殊教育课程强调的根本性思维方式和行为方式。

（二）课程特征：障碍与潜能

特殊学生的发展中障碍是不可规避的事实，受身心条件限制，他们在学习、生活自理、社会交往等方面存在困难。课程发展建设既要尊重和承认学生的障碍，还要看到每个学生都有发展的优势，特殊学生也不例外，所以也要发展他们的潜能。在障碍方面，我们可以进行适时的缺陷补偿，因为特殊教育从某种意义上说就是不断帮助特殊学生补偿缺陷、克服障碍、实现充分发展的过程。一般来说，缺陷补偿是指在教育教学活动中，根据特殊学生的身心特点，综合地利用一切有利的因素，通过各种途径替代、改善、促进或恢复因障碍造成的功能性损伤，进而促进学生充分发展的活动过程。教育学中的缺陷补偿已远远超越了机体生物学的代偿特征，综合地运用了生物学、心理学、医学、社会学理论中的补偿原理，它反映的“是生物现象和社会现象的综合”①，“是在代偿的基础上进行的，是自觉的，它包括人的主观努力和社会的帮助”②。把缺陷补偿的原理与具体的教育教学活动相结合，是特殊教育活动的一项重要内容，也是指导特殊学生学习的基本策略和方法。对特殊教育学校课程设计而言，课程内容中要有能促进学生缺陷补偿的部分，并给予学生必要的支持，包括精神激励、技术辅助、功能替代等，这些都是教学中可采用的策略。

在潜能方面，每个人的发展都有无限的潜能，特殊学生也不例外。整个特殊教育的任务既要帮助这些学生以一切可能的形式去实现自我，使他们成为发展与变化的主体，更要成为实现自己潜能的主人。如果说缺陷补偿是促进生命发展的重要基础和手段，那么潜能开发则是实现生命发展的内容和目的。人的潜在能力是通过生物遗传和社会遗传的方式获得的，具有未发展、待发展、必然要发展的内在可能性。人的身体和心理的各种功能在尚未发展成外显性的能力之前，都可称为潜能。关于潜能，国外相关研究表明，人的身上存在着巨大的尚待开发的潜能，一个正常健康的人只运用了其能力的6%③；人在生活中也只发挥了1/10，或比10%更少的潜能④；即使是世界上最有作为、最杰出的人物也只开发了自身潜能的10%左右，与应当取得的成就相比较，我们不过是半醒着的。⑤ 但是人的潜能很少自动地表现出来，潜能的充分实现，必须通过教育、学习才能实现。正是在这个意义上，我们才强调要对特殊学生的发展以充分的信心，以及对特殊学生实现发展过程中重要条件的高度重视，特别是对这些儿童潜能开发意义的认识，是每个特殊教育教师必须具备的教育信念。发展特殊学生的潜能要求我们在课程教学中树立积极的学生发展观，要通过认真的教育诊断发现特殊学生潜在的能力强项，并能针对学生的差异，积极给予学习的适应性支持。

---

① 教育部师范司. 盲童心理学 [M]. 北京：人民教育出版社，2000：4.
② 黄希庭. 普通心理学 [M]. 兰州：甘肃人民出版社，1982：8.
③ 陈学敏. 科学记忆，每个人都有好记性 [N]. 羊城晚报，2008 - 11 - 24.
④ 奥托. 人的潜能 [M]. 北京：世界图书出版公司，1988.
⑤ 吴权. 克服惰性，彰显潜能 [J]. 科学24小时，2004 (1)：37.

（三）课程原则：个别化教育

特殊学生的潜能开发是以承认和尊重个体差异和不同的发展需要为前提的。每一个学生的潜能只有在特殊需要得到满足的教育条件下才能充分实现和切实展开。因此，个体潜能的开发在很大程度上取决于教育活动个性化的程度，即是否针对每一个独特个体的身心特点给予特定的适应性支持。个别化教育是实现特殊教育课程的主要依托，个别化教育也是当今世界各国特殊教育发展的必然进程，它主要通过个别化教学实现。个别化教学的理念源于西方，我国自20世纪80年代后期对特殊教育学校进行分类教育改革后，国外个别化教学的理念、经验和做法引入我国，并为广大特殊教育工作者所接纳。实践中大家纷纷以IEP为载体，为特殊学生实施个别化教育。个别化教育的具体过程是：首先通过教育诊断评量学生的学习需求，然后召开专门的个案研讨会，制订IEP和ISP，接下来是教学活动设计和实施，最后教学结束后进行再评价，修正完整的流程。无论是在集体、小组、个别的教学活动中，还是在家庭、学校、社区教育里，抑或是学前、学龄、职业教育阶段，个别化教育都是学校课程实施的基本原则。个别化教育针对每个学生个体的发展，不让一个孩子掉队，是对学生的尊重，是对教育公平正义的表达，是教育有效性、教学品质的保证。

（四）课程历程：阶段性与贯通生涯成长

不同年龄段儿童的成长呈现不同的特点，相应的，不同阶段的课程也应有各自内容的侧重点，这点对特殊教育学校同样适用。在特殊教育学校，低年级段学生的课程以促进学生的发展为主，因为大部分学生的学前教育效果不佳或完全没有接受过特殊教育，各领域还有一定的发展空间。适应性教育是为了帮助学生适应学校生活，促进他们各领域能力的基本发展，并期望他们在具备了这些基本学习能力后，能自然而然地去学习其他有益于生活的知识技能，但这并不会直接教学生怎样面对生活。经过低年级段的课程后，学生基础能力已经得到发展，而且随着年龄的增长，对他们来说，更重要的是掌握独立生活的技能。如果一再强调能力发展训练，让学生掌握独立生活技能的目标就难以实现，无形中会耽误学生。所以中年级段课程更强调实用性，更多地从环境、生活对人的发展的要求来规划课程，假想一个人要适应普通环境，需要具备什么能力，重视直接有益于生活的实用性目标。高年级段课程强调学生的社会适应发展，以促进特殊学生社会适应能力发展为目的，使他们经过学校教育后，能在一定的支持下独立地生活，并获得较高的生活质量。所以高年级段课程以学校和学生生活所在地区的生态环境为基础，强调学生生活经验的积累，为学生提供参与现实生活环境中劳动、社会活动和社会交往的机会。而高中阶段的职业教育学校则侧重于发展学生的职业技能。

除有对学生在不同阶段的课程发展重点的重视外，学校还考虑了学生在各阶段间的衔接问题，包括从幼年、儿童、少年、青年到成人阶段的贯通性生涯成长，对一生的生命生活的关照，并有对人生各转衔期，如从幼儿园到小学的衔接，从学校到职业的衔接等，都主张无缝对接。

（五）课程核心机制：支持系统与自我成长

在“个别化—支持”办学模式的引导下，学校课程与教学体系的建立本身就是对特殊学生发展的一种支持形式，而在课程发展的内在体系里，学校同样也强调课程实施中的支持。支持的目的在于对支持对象产生增力作用，帮助学生把外部支持转化为自我能力增强，形成自我选择意识以及自我决定、自我规划、自我调控等能力，促进自我成长和发展，从而获得有品质的生活。学校课程支持的原则主要包括以下五点：一是通过需求的调查和评量明确特殊学生个别化的需求，并以此为依据，才能做到有的放矢。二是支持从开始到结果均伴随评量，通过需求评量发现起点，拟订 ISP，通过评量督促 ISP 的执行和修正，通过评量监督支持的成果和效能。三是把握支持的程度，支持度的把握决定了支持的品质和效果，支持度需要在实际运用中拿捏得当方能收到实效，过度的支持往往出现负面结果。一般来说，支持强度分为间歇性支持、有限支持、广泛支持和全面支持。四是关注支持的有效性和个人成果及获益。五是跨专业整合性团队。特殊学生身心发展的需求对教育和康复有了新的要求，学校提供多学科跨专业相关服务是时代发展、教育现代化进程的必然选择。应在教育中引入康复，引入相关支持服务，包括物理治疗、作业治疗、语言治疗、艺术治疗、心理治疗、社会工作、科技辅具等，形成以教育为核心的新专业整合服务模式。

（六）课程环境：生态化

学校整个课程实施的环境立足于生态化的原则，它贯穿于特殊学生课程实施的所有层面。生态化体现在两个方面：一是学校要为特殊学生营造适当的生态环境，因为他们的身心成长置于一定的生态环境中；二是学校的教育目的是要帮助特殊学生适应当下的生态环境。在学校层面，特殊学生身体上的缺陷阻碍了他们心理的健康发展，更为严重的是他们在社会化进程中、在与环境交互影响过程中遭遇的压力（来自家庭、学校、班级、游戏、学习过程、邻里、人际交往）比普通学生更大、更频繁。他们作为特殊的群体被列入“另类”，有意或无意间减少“参与权”，经常地被否定和质疑，极少得到表扬和赞美，极少有成功的体验，也少有帮助他人的体验，社会设置的障碍比他们自身障碍的影响要大得多，这一方面强化了他们原本就存在的感知、思维、语言、动作、情绪、注意、记忆、意志等缺陷，产生凡事退缩的情况，促使障碍恶化；另一方面使他们正在形成和发展的心理活动受阻，影响心理的正常发展，屡遭挫折后特殊学生更容易自卑。所以减轻特殊学生身上过于沉重的压力，教他们去应对压力也是课程教学需要考虑的。既然学校教育目标强调让他们获得成功，那么学校就应运用积极行为支持提倡教师的爱心、耐心，建立一个平等参与、自信合作、和谐快乐、具有正能量的教育生态环境，即形成良好的家庭、学校、社会环境的运作模式，这都是对学生压力的疏解。

在帮助特殊学生主动适应生态环境层面，强调人与环境的相互关系，在生态教育观引领下以生活为核心，学习生活、学会生活，使教与学双方在频繁互动中根据社会发展需求和学生个别化教育需要，遵循生活基本规律探究并经历生存、生命，追求和谐、健康生活品质的过程，于是就有了学校生态课程的实施。

三、课程体系

我国自2007年在课程实验方案里确立了培智学校“以生活为核心”的课程设置理念以来，“生活”便成为整个培智课程发展的关键词。以生活适应为核心理论指导下的“实用性”和“应用性”等原则，不仅为20世纪90年代培智教育奠定了课程与教学基础，也为新世纪培智学校课程改革提供了理论指南。[①] 实践中，几乎所有关于培智教育课程改革的研究与实践都是围绕“生活化课程”进行的，“适应生活”也成为诸多课程改革培养目标研究的核心。越秀启智的课程设计也与国家课程相呼应，以生活为核心，从生活、工作、学习、休闲、自我成长五个方面确定了与生活相关的课程目标，提高特殊学生适应生活和社会的能力，并朝着提高他们将来生活品质的方向努力，这样在课程上逐步形成了“以生活为核心、立足阶段特色、渗透生态课程、整合康复服务”的运作体系。其中，“以生活为核心”是课程目标的基本生长点；“立足阶段特色”体现了学校从学前到职高阶段的纵向课程体系，无论是低年段（学前到三年级），还是中年段（四至六年级）、高年段

① 许家成. 以生活为核心，满足智障儿童发展的特殊需要［J］. 现代特殊教育，2007（6）：4－7.

（七至九年级）、职高段，每个阶段都有每个阶段的课程重点；“渗透生态课程”是为了帮助学生更好地适应学习、生活的生态环境，在学生与环境互动的过程中动态加入每个学生个别化教育的教育需求；“整合康复服务”侧重于康复类课程，立足特殊学生个别化的需求，进行缺陷补偿式的康复训练。在此模式下，学校的课程体系分为三大类，包括涵盖学前到职高的阶梯式阶段课程、形成性生态课程和康复课程。阶梯式阶段课程是学校课程的主体，贯通学生在校期间的整个课程体系，生态课程和康复课程都立足于学生发展的个别化需求。

第二节　阶梯式阶段课程

如图 5－1 所示，越秀启智在不同年级段使用了不同的课程，分别是学前阶段的融合教育课程、低年级（一至三年级）的发展性课程、中年级（四至六年级）的功能性课程、高年级（七至九年级）的社会适应课程及职业高中阶段的课程，由此形成阶梯式的阶段课程，使每一个学生都能享受适合的教育，让每个进入启智学校的学生都有进步，让每个孩子都学有所得。

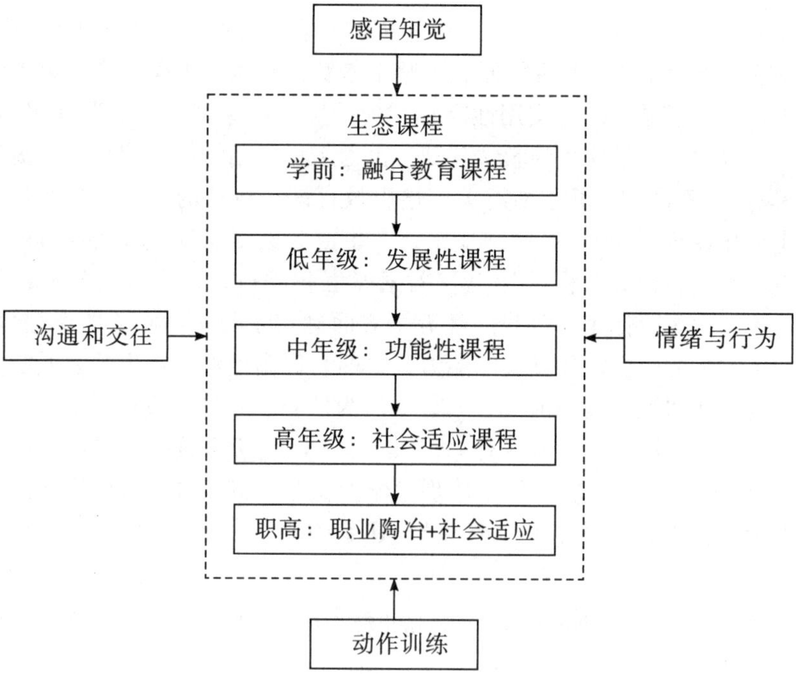

图 5－1　越秀启智的课程体系

一、 学前阶段的融合教育课程

越秀启智的学前融合教育按 1：3 的比例将特殊学生与普通儿童融合在一个班级里，儿童年龄跨度从 3 岁到 6 岁，即实行混龄制。融合教育课程以我国台湾地区的幼儿统合教育课程为参照，该课程认为幼儿教育最好的方法是“从做中学”，而非依照他人所说的刻板地反复练习，要求幼儿用想法和经验去探讨事物的功能性，用身体感觉（触觉、味觉、嗅觉、听觉、视觉）去了解事物间的关系，从而促进象征性、抽象性思考，进而激发创造力的发展。该课程强调创造多元环境来激发学生的学习动力，以音乐、游戏或故事的形式诱发学生的学习动机，让学生在自主探索、亲身体验中获得社交、认知及创造能力的发展。在此课程理念影响下，学前融合班课程以主题教学为主线，创设区角活动、主题活动、户外活动以及补救性教学等课程形式。区角活动是为了满足多年龄层次孩子的需要，减少集体教学的课程，并结合当月主题内容，尽可能利用有效空间创设多元环境，如开展丰富多彩的区角活动，在每个区角都按照学生的年龄层次、能力层次投放不同的学具、玩具等，让学生自己选择喜欢的活动及材料，通过自己的亲身体验、主动探索去认识环境，了解事物之间的关系。在主题教学方面，以音乐、游戏或故事作为学习动机，以五官感觉为架构，根据学生需求编排教学方案。户外活动是为了满足孩子大肌肉及多感官的发展，同时使其学习与他人相处的技巧及社会规则。补救性教学是为特殊孩子提供社交、语言、感知觉、动作等方面的教学，为他们更好地融入集体活动打下基础。①

二、 低年级段的发展性课程

发展性课程注重知识内在的逻辑性和系统性，它顺应一般儿童的发展规律，通过个别指导、学习策略教学及补救性训练使特殊学生赶上普通学生的发展步伐。低年级（包括学前和一至三年级）学生各领域能力还有一定的发展空间，因此以发展特殊学生的“自我认识”和“配合他人”的能力为主要目标，把学生培养成为情绪稳定、个性温和、有很好的自我认识、能配合他人动机和意愿的“好照顾”，为成为“好家人”打好坚实基础。其中“自我认识”指学生能感知自己身体各部分，能控制自己的动作，有稳定的情

---

① 吴群娣，陈霞. 学前融合教育模式初探：以广州市越秀区启智学校学前融合班为例［J］. 现代特殊教育，2015（11）：11－13.

绪，能了解自己与环境的关联，建立归属感，如了解自己的资料、物品，了解学校的资料、物品等。“配合他人”指能在生活或学习活动中听从指令，服从要求，逐渐建立日常作息规律等。

低年级段的发展性课程以台湾的《双溪心智障碍个别化教育课程》为蓝本，按照学生各种能力发展的先后顺序及低年级的培养目标编制，发展顺序及每个阶段有其发展的重点，综合而言，表现为能力深度与广度发展及能力间的互相影响及促进。学校将低年级段学生的发展能力划分为七大领域，分别是感觉、动作、选择沟通、自我、情绪、配合和学习常规，而每个领域里根据学生的能力又纵深发展出六个阶段层次水平，由此形成深度与广度的相互影响促进。具体的课程内容见表5－1。

表5－1　低年级段的发展性课程

项目		能力深度和广度发展提升					
		第一阶段	第二阶段	第三阶段	第四阶段	第五阶段	第六阶段
能力间的互相影响及促进	1. 感觉	触觉敏锐 触觉追视 前庭敏锐度 本体敏锐度	触觉理解 触觉辨别 前庭敏锐度 前庭理解 本体敏锐度 身体意识 视觉敏锐度 视觉追视	触觉记忆 视觉理解 视觉辨别 听觉敏锐度 本体与前庭统整	视觉记忆 听觉追源 听觉理解	视觉形象 背景视觉 空间听觉 辨别听觉 记忆听觉 形象背景	视觉顺序 视觉统整 视觉与本体统整 听觉与本体统整
	2. 动作	头颈 躯干（翻身） 上肢（撑） 肩关节活动 下颌稳定度	骨盆（高跪、跪走、半跪、交替半跪、半跪站立起） 肘关节活动 口唇封闭性	下肢（蹲、蹲走、单脚跳） 指关节活动（会指、按、压、捏东西） 舌头灵活度	下肢双手协调体能（包括肌力、肌耐力、柔软度、肢体协调、爆发力、平衡能力、技巧性动作的发展）	双手协调体能	眼手协调体能

续上表

项目		能力深度和广度发展提升					
		第一阶段	第二阶段	第三阶段	第四阶段	第五阶段	第六阶段
能力间的互相影响及促进	3. 选择沟通	趋向	趋向	直接拿	适当地回答自己的选择	主动表达	主动表达
	4. 自我	生理满足	有目的/意识的行为 环境与物品的探索	对自己喜好的认知 对自己姓名的认知	对自己姓名的认知 认识自己的所有物（知道自己的符号代表，如注意到镜中自己或相片的自己是本人）	跟自己有关的班级的人、事、物的认知	跟自己有关的班级的人、事、物的认知
	5. 情绪	有能被理解的情绪反应（不同的刺激有不同的反应）	情绪反应能被调节（如安抚、转移）	用适当的行为表达情绪	情绪趋于缓和（正向情绪较多）	日常生活中情绪稳定（没有意外的情况下）	日常生活中情绪稳定（没有意外的情况下）
	6. 配合（互相参照调控）	刺激情绪反应	被动配合	诱导下配合	诱导下配合	在生活或游戏中主动配合（调控可控制、设计的单一环境，如洗漱、饮食）	在生活或游戏中主动配合（调控相对开放的环境，如课堂）
	7. 学习常规	不干扰别人（在班级中是安全的）	观察别人的动作，在诱导下操作模仿	主动模仿别人的操作	操作记忆	预测行为的因果关系（短时）服从命令	发现规律，遵守作息

三、 中年级段的功能性课程

功能性课程是为了帮助特殊学生获得生活必需的适应性技能而发展起来的，它涵盖的范围非常广泛，包括社区参与、日常生活技能、使用交通工具、社会交往和自我决定等，这些技能代表了特殊学生在生活、工作和休闲娱乐领域中所需要的核心知识技能。[①] 功能性课程理论认为，特殊学生受能力限制，一般很难继续学业深造，因此没有必要学习高深的学业知识（如高等代数），但是需要理解功能性的学科知识（如要在数学课上学会认识金钱和时间），所以学生要通过参与功能性课程来确保其获得有利于将来发展的技能。

越秀启智的学生经过低年级段的学习后，此时他们的年龄介于 9 ~ 14 岁，已具备如"自我认识、配合他人"的能力，情绪行为也相对稳定。在未来三年的学习中，学生需要学习自我照顾、在短暂时间内安全独处、参与家庭活动并能协助家人完成相关的家务等，从而提升他们的生活品质，向家庭"好帮手"的方向迈进。中年级段的教学目标主要是根据学生的年龄、能力和需求，教学重点从"好照顾—好家人—好帮手"逐步提升，从"自我照顾、家务助手"两方面展开，即学生能掌握个人生活技能、社会生活的基本知识和时间技能，认识自己的身体和周围的事物，减少家人的负担，学习一些简单的家务技能，协助家人做简单的家务，在不同的时间、空间中参与家务和家庭活动，养成有规律的生活习惯，提升自我管理的能力和个人的家庭地位，培养乐观进取的精神、与人合作的态度和良好品格，为他们下一阶段升入高年级段适应日常居家生活和社区生活打好基础。中年级段学生的教育重点分为以下六个阶段：

第一、二阶段：学生从自我认识、被照顾，转向学习简单照顾自己的起居饮食；

第三、四阶段：进一步提升自我照顾的能力，学习简单的家务技能，能以小助手角色协助家人完成简单的家务；

第五、六阶段：培养学生成为家庭小助手，养成良好的生活习惯，能了解、认识、使用社区中与家庭生活有关的资源。

这样经过三年的教育，学生能做到在家独处留守、安排自己的居家生活，免除安全顾虑，能达到"好家人"的标准。中年级段的课程内容以

---

① SNELL M E. Teaching children and young adults with mental retardation in school programs: current research [J]. Behavior Change, 1997, 14 (2): 73 - 105.

"自我照顾、家务助手"为重点，具体内容分为穿着、身体清洁、餐饮、居家清洁、健康安全、休闲娱乐、金钱概念和家庭责任八个领域的内容，其中每个领域的发展又分为六个阶段。表5－2展现了部分课程内容。

表5－2　中年级段的功能性课程概要（部分）

内容	第一阶段	第二阶段	第三阶段	第四阶段	第五阶段	第六阶段
身体清洁	原则：以从被照顾到能维护自身生存所需的身体清洁工作为主		原则：以日常生活中的身体清洁、从事与家人身体清洁有关的助理事务为主		原则：有良好的处理一切与身体清洁有关的习惯；认识社区中与身体清洁有关的事物	
	会简单的身体清洁（会洗脸、洗手）	会简单的身体清洁（会擦汗、刷牙、洗脚、擤鼻涕）	1. 会一般的、日常的身体清洁（会洗澡） 2. 会帮家人准备清洁用品 3. 会帮家人从事部分的身体清洁工作（如帮忙开煤气、拿衣服等）	会较复杂的（非天天发生的）身体清洁（会洗头、清洗生殖器、更换卫生棉、剪指甲）	1. 会维持身体清洁，并养成习惯 2. 会使用身体保养用品（洗面奶、护手霜、润唇膏） 3. 会打扮自己	1. 有注重自己身体清洁的习惯 2. 知道社区中的理发店、美容院等获取身体清洁服务的场所
休闲娱乐	原则：以从被照顾到能维护自身生存所需的休闲娱乐工作为主		原则：以日常生活中的休闲娱乐、从事与家人休闲娱乐有关的助理事务为主		原则：有良好的处理一切与休闲娱乐有关的习惯；认识社区中与休闲娱乐有关的事物	
	1. 会选择自己喜爱的休闲活动 2. 愿意参与休闲活动（学校、家庭） 3. 在协助下有自己的休闲活动内容	掌握简单的休闲技能（自我选择电视频道）	1. 有某种休闲活动的技能/专长 2. 当家人休闲娱乐时会当帮手 3. 能与家人（同学）进行家庭休闲活动	掌握多项休闲技能（投篮、打羽毛球）	1. 会从事自己的休闲活动，自娱自乐（课间、独自一人在家时） 2. 有良好的休闲习惯	1. 能按时作息 2. 会与家人使用社区休闲设施

续上表

内容	第一阶段	第二阶段	第三阶段	第四阶段	第五阶段	第六阶段
金钱概念	原则：以从被照顾到能维护自身生存所需的金钱概念为主		原则：以日常生活中的金钱概念、从事与家人财物有关的助理事务为主		原则：有良好的处理一切与金钱概念有关的习惯；认识社区中与金钱概念有关的事物	
	1. 知道钱的功能 2. 知道消费时要付款	1. 会保管、存放或携带个人小额金钱 2. 消费时会付小额金钱	1. 努力挣取小额的金钱（强化物、代币、零用钱、奖学金） 2. 会合理花费小额金钱	会帮家人短暂保管小额金钱（如外出购物时）	会管理个人的小额财物（存钱、记账、量入为出）	知道社区中和金钱有关的活动（如参与卖废品）

四、 高年级段的社会适应课程

根据学生的年龄特点和需求，高年级段以发展学生成为家务主力为主要目标。所谓家务主力，就是使学生能独立完成家庭中的例行活动，并在这些活动中能从时间、空间、人力等方面进行合理的规划和安排。为让学生更好地完成居家生活，教导一些相关的、重要的社区技能是必需的。教学围绕学生日常生活的主要活动来展开，如家庭清洁和整理、烹饪、休闲活动、社区活动、购物等。另外，一个完整的生活也离不开休闲活动，有计划地培养学生的一些休闲技能也很重要。高年级段的教学任务是把一个在家中能自我照顾、家务助手的中年级段的特殊学生培养成一个能独立处理日常家务活动，并能参与一般社区活动的好帮手。教学目标不仅是居家生活和社区使用的技能，而且强调培养学生的责任感以及管理、规划活动的能力，为他们下一阶段的学习和工作做准备。

不同年级段的学生有不同的个性特点，因此他们的教育重点也有一定差异：

七年级（第一阶段）：侧重于培养学生的责任感，强调参与活动的意愿，不太强调事情完成的结果。

八年级（第二阶段）：教学重点是人际交往，强调培养学生与熟悉或陌生的人的交往技能，以及学生在不同情境中的自我控制能力。

九年级（第三阶段）：此阶段的重点是规划和管理，培养学生对日常家居事务的整体处理能力，这也是对以往习得各种知识、技能的统整。

这样经过三年的学习，学生成为家庭中的好帮手，能独立处理日常的家务工作，让家人可以享受其劳动的成果，体现学生在家庭中的作用。表5－3展现了部分课程内容。

表5－3 高年级段的社会适应课程概要（部分）

时间	内容	整理	烹饪	社区	休闲
第三学期	知识和技能	学校或家庭中小件物品的洗涤（如毛巾、枕头套、拖鞋等）	参与学校和家庭每天的烹饪活动——带技巧性：会用刀具切块（如切香肠、青瓜等）；会用电磁炉烧开水；会清洗一般厨具	认识和使用规范性较强的服务场所（如银行、医院等）；会到银行取叫号纸、宣传单等；会到医院听健康讲座等；认识和使用常用的交通工具（如公交车、地铁等）	会使用社区的休闲场所或设施（如公园、社区康乐器材等）；会参与社区的康乐活动
	情意	培养定期清洁家居的习惯	主动注意个人和家居安全	与陌生的人、在陌生的场所中控制自己的情绪和行为，有适当的表现	
第四学期	知识和技能	学校或家庭中一般物品的洗涤（如被套、脏衣服、球鞋等）	参与学校和家庭每天的烹饪活动——多个步骤的：会切片和粒；认识和会使用调味品，会拌肉片、排骨等；会烫青菜；会煮面条；会做水果沙拉	使用规范性较强的服务场所（如银行、医院等）；到银行存、取款；在家人陪同下或陪同家人到医院看病或体检	参加有时间性限制的社区活动（如博物馆、庙会等）
	情意	主动关注自己的仪容	形成有结构性、有顺序的工作习惯	自觉遵守社区活动场所的规章制度，并控制自己的行为	

五、 职业高中阶段的职业陶冶课程

职高班的学生年龄介于16～20岁，他们九年级毕业后，已经具备了初步的生活自理、基本的居家生活能力，即将进入社会独立工作和生活。职高班的课程以发展特殊学生的职业能力、独立生活能力为主要目标。在职高班的三年学习中，学生要从一个基本能独立处理日常家务活动的特殊青年成长为一个能在一定支持下独立工作，并能处理好自己生活，与社区进行一般互动的成年人；对于那些能力不足或家庭无意让其工作的学生，则通过三年的生活适应学习，从一个基本能处理个人生活的特殊青年成长为一个具备良好生活习惯，能完成部分家务劳动，具有个人爱好和兴趣，能够通过支持规划自己的生活的成年人。

对于具备一定能力、有意愿工作的学生，职高班以发展学生的职业能力、独立生活能力为主，让学生能够主动参与到职业生活中，符合职业的一般要求；让学生能够在最少的协助下，在家庭及其家庭附近的小区独立生活。教学是围绕学生未来毕业后的日常生活的主要活动以及未来职场的主要活动展开的，如各种不同类型的工作、家庭清洁和整理、烹饪、休闲活动、社区活动、购物等。对于能力不足或家庭无意让其工作的学生，通过职高班三年的教育，学生具备基本的独立生活能力及良好的生活习惯，并能主动完成力所能及的家务劳动；有个人的兴趣和爱好，并在一定的支持下过上丰富而有意义的家庭及社区生活。教学是围绕学生未来毕业后日常生活的主要活动展开的，如家庭清洁和整理、烹饪、休闲活动、社区活动、购物等。

对于以上两种不同发展方向的学生，职高部相应地采用两套不同的课程运作模式，分别是职业陶冶课程和社会适应课程。职业陶冶课程的教育过程分以下四个阶段：

工作适应期（第一学期）：让学生初步认识职教班的运作及管理，认识重要的社会角色，认识基本的职业种类及内容，建立基本的工作人格，训练基础工作技能，评估学生起点能力；

职业探索期（第二学期至第三学期）：让学生认识不同的工作性质，了解自己的工作爱好，建立遵守各项规章制度的习惯，进行基本的工作人格训练、工作面试训练，完成职业性向分析报告；

职业发展期（第四学期至第五学期）：发展学生专长的职业能力、独立生活能力、娱乐休闲能力，培养良好的工作人格；

就业转衔期（第六学期）：评估学生的职业能力，提出未来发展的可能，进行工作实践、独立生活能力训练，专于工作技能训练。

社会适应课程动作模式下，职高班学生的教育目标分为以下四个阶段：

习惯养成期（第一学期）：巩固学生学过的独立生活技能，养成一些良好的生活习惯，如固定作息、基本的家务等，并学会一些简单的棋牌游戏；

兴趣探索期（第二学期至第三学期）：在学生养成良好生活习惯的基础上，让学生学会提出自己的需求，知道自己的选择，并通过尝试不同的活动，探索、发掘及了解自己的兴趣爱好；

生活建构期（第四学期至第五学期）：在学生有一定独立生活及选择的能力后，让学生通过每日作息表的安排尝试建构自己的生活，提升学生掌控自己生活的能力；

转衔期（第六学期）：加强学生安排自己生活的能力，并能把自己的兴趣和爱好加入日程表，学会与家人共同设计并完成生活日程表，构建自己毕业后的生活，使自己的生活更加丰富和有意义。

在职业陶冶课程的培养目标下，经过三年的学习，学生在一定支持下成为能自食其力、具备独立居住能力的好公民。所谓“好公民”是指一般人的生活模式，即除了能参与家中和社区活动外，还能掌握某种职业技能。在生活适应课程的培养目标下，经过三年的学习，学生在一定的支持下能够具备基本的独立的生活能力及良好的生活习惯，并能主动完成力所能及的家务劳动；具备个人兴趣和爱好，并在支持下安排好自己的生活规划，过上丰富而有意义的家庭及社区生活，达到“好帮手”标准，即属于家庭中的得力助手。职业陶冶课程内容主要包括代币、糕点、事务、园艺、家政、手工六个工作小组，它们贯穿职高班各个学期的教学活动，但是在不同学期，围绕生活适应技能的学习目标会贯通其中，同一（次）领域的学习目标按由易到难、由简单到复杂、由具体到抽象的规律系统地提升。表5－4展现了部分职业陶冶课程内容。职高班的社会适应课程基本内容与高年级段的内容相似，这里不再赘述。

表5－4　职高阶段的职业陶冶课程概要（部分）

时间	内容	代币	糕点	事务	园艺	家政	手工
第三学期	知识和技能	会按照纸条上的数目把代币放到相应的盘子里	会以克为单位称量食材 称量完成后会保持用具清洁	知道填写任务单 能配合参与自己不擅长的事	会看工作提示图 能用工具播种子 能理解播种子的文字提示	会摘菜、洗菜 会切菜 会洗肉、切肉 会调味	会使用辅具 会依照步骤折手套

续上表

时间	内容	代币	糕点	事务	园艺	家政	手工
			会把称好的食材按要求摆放好	能表达自己的来意 能遵守工作中必要的简单规则 能承担少量的、特定的责任（如损坏要补偿）	—	—	会检查手套是否合格
	情意	能够按照要求完成工作 能够在枯燥的情况下完成工作	能够按照要求完成工作 能够在称量的过程中保持专注	能有主动工作的意识 能有服务他人的意愿 能够按照要求完成工作 能够在枯燥的情况下完成工作 能在完成任务期间不游荡	能自我控制不雅的习惯性动作或语言 能积极参与工作	能按程序工作，有身心保健的基本常识	能够保证一定的工作速度 能在工作告一段落后主动进行小收拾，以维持工作场所的整洁
第四学期	知识和技能	会把学生拿来的代币数好 会按相应的代币数量给学生兑换纸	会把各种称量好的食材混合 会用搅拌器搅拌食材 会在搅拌完成后清洁器具	能有基本的工作习惯（守时、守信等） 能在支持下分析比较工作需求 能在支持下填写任务单	会使用工具挖掘泥坑、播种 能在他人需要时提供适当的帮助	会冲泡速食品 会使用电锅蒸热半成品 会用电锅蒸熟食品 会使用煤气炉的代用品，如微波炉、电热水瓶等	会拿出小口袋 会把折好的手套装进小口袋

续上表

时间	内容	代币	糕点	事务	园艺	家政	手工
				能听从指令独立完成简单的任务 能在多次做某个任务后，发现其中的简单规律		会煮汤类食品	
	情意	能够严格按照兑换规程工作 能够有礼貌地对待兑换的同学 在被投诉时能够一如既往地工作，不发脾气	能够严格按照制作规程工作 能够根据教师的意见调整自己的做法	能够按照要求完成工作 能在别人拒绝沟通时不干扰别人 在出现错误时能虚心接受意见 能够根据教师的意见调整自己的做法	能按移植方法做事 能与同伴配合、反复1~2个动作完成工作 能遵守安全程序 能小心使用工具	临时有事时，能设法告知工作期间不能中途开溜 能小心使用火、电等	能在独立工作时不随意走动 能连续坐着完成工作 在与人同座时有礼貌行为

第三节　形成性生态课程

特殊教育生态课程是指在生态教育观引领下，以生活为核心，学习生活、学会生活；它是教与学双方在频繁互动中根据社会发展需要和学生个别化教育需要，遵循生活基本规律探究并经历生存、生命与生活，追求和谐、健康的生活品质的过程。生态课程是形成性课程，与真实生活、具体活动紧紧相连，具有弹性与动态性。生活有多丰富，生态课程就有多丰富；生活是有规律的、有自身的秩序结构，生态课程形成性建构便是遵循生活的规律，表达生活的丰富性与多样性。[①] 生态课程以教育诊断、评量为坚实基础，力争教育实据。该课程一经启动，形成性的运作体系由宏观至中观、微观，由一日至具体生活、学习场景，乃至更具体的活动，层层递进展开。课程以现在式、进行式、过程式呈现学生的生活、学习和劳动过程。生态课程随学生的生活变化而变化，伴随学生生活和生命的每一个阶段与全部生活历程，且贯穿于整个生涯的成长，前后衔接，有可持续性。生态课程的形成主要经过如下流程：首先是确定学生，然后分析学生的生活环境（包括学校、家庭、社区/人、事、物的多元分析），接下来呈现学生在某环境下与环境要素间的互动状态，最后形成教学目标和内容，并执行教学。

环境分析和工作分析是形成生态课程的两个主要途径，实际操作中两者常结合在一起使用。生态课程尤为重视人与环境的关系，一方面，人在环境中生活，要适应环境；另一方面，环境又影响和服务个体的发展，要被调整。生态课程离不开对环境的依赖、认知、理解、运用和融合，故环境分析的观念与技术成为生态课程形成性建构的基本保证。一般来说，从环境性质来看，可分为自然环境和社会环境；以环境大小来看，可分为宏观环境、中观环境和微观环境；以环境的范围来看，可分为家庭、学校和社区环境；以环境的时态来看，可分为过去、现在与未来环境；依学生的生涯发展来看，可分为早期生活环境、义务教育阶段的环境、职业教育阶段的环境和成人生活环境；依环境的顺序性来看，可分为一日生活环境、教室环境、课堂教学环境等。我们在建构生态课程时，主要依人与环境的基本结构关系，即人、时间、地点、与谁一起、做什么、怎么做、做得怎么样的框架来进行分析，并综合其他的环境分类，据此给出相应的教育建议。无论在怎样的环境里，学生都会进行一定的活动。我们通过评估了解学生在各项活动里的发展现状，再通过工作分析法按每项活动的顺序、水平和构成进行分解，分为小阶段、小步骤、小目标，通过教学帮助学生达到既定的教育目标。

一、 环境与活动分析

环境与活动分析指对学生每天主要的生活空间进行的各项活动的分析，包括对学校、学校附近的社区、家庭等。表 5 – 5 展现了一个学生完整的环境生态评估表。此表由教师和家长共同完成。

---

① 张文京，严小琴. 特殊学生个别化教育：理论、计划、实施［M］. 重庆：重庆大学出版社，2015：16.

表 5－5 环境生态评估表

家庭环境	重要活动	目前表现检核	
客厅和饭厅	□吃饭	□无合适行为 请说明：	■有合适行为 ■能独立做 □不能独立做 请说明： 1. 整体活动处于被动状态，包括基本的装饭、夹菜等，要口头提醒； 2. 特殊情况不会处理，如勺饭、烫，需要身体协助
	□休闲（通常在客厅或房间玩）	□无合适行为 请说明：	■有合适行为 ■能独立做 □不能独立做 请说明： 1. 会用 iPad 玩游戏； 2. 偶尔会安静发呆，增进其他的游戏技能
卧室	□睡觉	□无合适行为 请说明：	■有合适行为 ■能独立做 □不能独立做 请说明：
	□整理房间（整理床铺、折叠衣服、房间清洁）	□无合适行为 请说明：	□有合适行为 □能独立做 ■不能独立做 请说明： （时间、内容结构化） 1. 被动做、做不好、不会归类； 2. 能擦桌子，提醒丢垃圾、清洁
	□其他	□无合适行为 请说明：	□有合适行为 □能独立做 □不能独立做 请说明：

续上表

家庭环境	重要活动	目前表现检核	
客厅和厨房	□帮厨	□无合适行为 请说明：	■有合适行为 □能独立做 ■不能独立做 请说明： 1. 整体处于被动、需要陪伴协助（能洗碗、摘菜、端菜、准备碗筷）； 2. 增进其他的帮厨技能，如处理剩菜、剩饭
	□烹调	■无合适行为 请说明： 1. 家长有期望，满足个人生活需求； 2. 根据高年级段三年的规划增进学生的烹饪技能	□有合适行为 □能独立做 □不能独立做 请说明：
	□整理厨房	■无合适行为 请说明： 1. 餐具、厨具归位； 2. 简单清洁：擦拭	□有合适行为 □能独立做 □不能独立做 请说明：
	□其他	□无合适行为 请说明：	□有合适行为 □能独立做 □不能独立做 请说明：
卫生间	□洗漱	□无合适行为 请说明：	■有合适行为 □能独立做 ■不能独立做 请说明： 1. 其他基本都是被动，不独立

续上表

家庭环境	重要活动	目前表现检核	
卫生间	□上厕所	□无合适行为 请说明：	■有合适行为 □能独立做 ■不能独立做 请说明： 1. 大小便能独立，但要提醒冲厕所（勺水）； 2. 规定擦屁股的次数，准备对应套数的纸巾
	□洗衣服	■无合适行为 请说明： 1. 洗内衣、毛巾； 2. 使用洗衣机	□有合适行为 □能独立做 □不能独立做 请说明：
	□清洁整理（纸巾、沐浴露、洗发水等的更换，垃圾处理、拖地等清洁工具）	□无合适行为 请说明：	□有合适行为 □能独立做 □不能独立做 请说明：
	□洗澡	□无合适行为 请说明：	■有合适行为 □能独立做 ■不能独立做 请说明： 提供洗澡辅具，规定搓的次数、步骤，口诀式教导
阳台	□晒衣服	□无合适行为 请说明：	■有合适行为 □能独立做 ■不能独立做 请说明：
	□其他（种植、养殖、晾晒食物、药材）	■无合适行为 请说明：	□有合适行为 □能独立做 □不能独立做 请说明：

续上表

学校环境	重要活动	目前表现检核	
课室或功能场室	□上课	□无合适行为 请说明：	■有合适行为 □能独立做 ■不能独立做 请说明： 1. 需老师口头提示，大部分活动的参与都是被动的； 2. 会受门是否关上的影响，门必须关着； 3. 让学生有事做以减少自我刺激行为
	□课间休息（更换衣物、喝水、自我休闲、课前准备）	□无合适行为 请说明：	■有合适行为 □能独立做 ■不能独立做 请说明： 1. 基本都是被动，需要口头提示，例如喝水需要规定喝几口才能完成； 2. 自我休闲的活动单一（通常都是拿玩具敲嘴巴）； 3. 以跑开的形式逃避类似搬桌椅的工作任务
操场和活动区	□大课间（排队、做操、班级活动）	□无合适行为 请说明：	■有合适行为 □能独立做 ■不能独立做 请说明： 1. 基本都是被动，需要口头提示或者同伴示范协助； 2. 独立参与活动的持续性不强
	□体育课	□无合适行为 请说明：	■有合适行为 □能独立做 ■不能独立做 请说明： 基本都是被动，需要口头提示或者同伴示范协助

续上表

学校环境	重要活动	目前表现检核	
男/女厕所	□上厕所	□无合适行为 请说明：	■有合适行为 □能独立做 ■不能独立做 请说明： 1. 便后清洁不干净，规定擦屁股的次数，准备对应套数的纸巾，规定每套纸巾的格数，并在厕所门口进行提醒
	□洗手	□无合适行为 请说明：	■有合适行为 □能独立做 ■不能独立做 请说明： 1. 清洗颜料、留有污渍； 2. 不会使用洗手液（直接将洗手液用水冲走，不会搓）
楼梯和走廊	□上下楼梯	□无合适行为 请说明：	■有合适行为 ■能独立做 □不能独立做 请说明：
	□穿过走廊	□无合适行为 请说明：	■有合适行为 ■能独立做 □不能独立做 请说明：
社区环境	**重要活动**	**目前表现检核**	
饮食类场所（如餐厅、快餐店等）	□买盒饭	□无合适行为 请说明：	■有合适行为 □能独立做 ■不能独立做 请说明： 能听从指令配合，需教师陪伴及指导

续上表

社区环境	重要活动	目前表现检核	
	□吃桌餐（中餐厅就餐）	□无合适行为 请说明：	■有合适行为 □能独立做 ■不能独立做 请说明： 1. 整体活动处于被动状态，包括基本的装饭、夹菜，餐前洗手等要口头提醒； 2. 能将食物残渣放在专用碟子里，但是别的围餐礼仪还欠缺，如不等齐人就吃
	□吃快餐（茶餐厅、麦当劳等场所就餐）	□无合适行为 请说明：	■有合适行为 □能独立做 ■不能独立做 请说明： 1. 点餐、取餐需协助并提醒； 2. 碰上喜欢的食物会直接取食，不知道分享； 3. 餐后收拾有待提高
	□吃自助餐	□无合适行为 请说明：	■有合适行为 □能独立做 ■不能独立做 请说明： 1. 会使用餐具（叉、夹）； 2. 多数需口头提示和身体协助； 3. 取食礼仪和用餐礼仪需增进（排队等待要提醒、敲餐具、用餐具敲嘴巴、摇凳子等）
	□吃/买早餐	□无合适行为 请说明：	■有合适行为 □能独立做 ■不能独立做 请说明： 整体活动处于被动状态但配合度可以

续上表

社区环境	重要活动	目前表现检核	
购物类场所（如超市、杂货店等）	□超市/便利店购物	□无合适行为 请说明：	■有合适行为 □能独立做 ■不能独立做 请说明： 明白购物的流程，对人民币面值有一定的认识，对金钱的保管有意识，但购物的能力有待提高，如认识价格牌、钱币的换算等。整体需要提示、协助
	□买菜	□无合适行为 请说明：	■有合适行为 □能独立做 ■不能独立做 请说明： 整体活动处于被动状态但配合度可以
	□超市或杂货店购物	□无合适行为 请说明：	■有合适行为 □能独立做 ■不能独立做 请说明： 整体活动处于被动状态但配合度可以
	□买水果等（水果店或杂食店购物）	□无合适行为 请说明：	■有合适行为 □能独立做 ■不能独立做 请说明： 整体活动处于被动状态但配合度可以
	□充值	■无合适行为 请说明： 未尝试过	□有合适行为 □能独立做 □不能独立做 请说明：

续上表

社区环境	重要活动	目前表现检核	
休闲类场所（如公园、电影院等）	□看电影	□无合适行为 请说明：	■有合适行为 □能独立做 ■不能独立做 请说明： 会出现敲嘴巴、尖叫等一些自我刺激的行为
	□逛公园	□无合适行为 请说明：	■有合适行为 □能独立做 ■不能独立做 请说明： 需要提醒才能紧跟同伴，偶尔会出现走失的行为
	□到运动场打球等（包括约/租场）	■无合适行为 请说明： 未曾试过	□有合适行为 □能独立做 □不能独立做 请说明：
	□唱卡拉OK（订房、点歌、切歌、唱歌、呼叫服务员等）	□无合适行为 请说明：	■有合适行为 □能独立做 ■不能独立做 请说明： 1. 能情绪稳定地进入这些场所； 2. 对四周环境感到好奇； 3. 能在协助下完成，能独唱几句或一两首歌曲
	□去游乐场/游乐活动区玩	□无合适行为 请说明：	■有合适行为 ■能独立做 □不能独立做 请说明：

续上表

社区环境	重要活动	目前表现检核	
服务类场所（如派出所、办证中心、居委会等）	□办证	■无合适行为 请说明： 未曾经历过	□有合适行为 □能独立做 □不能独立做 请说明：
	□寻求帮助	■无合适行为 请说明：	□有合适行为 □能独立做 □不能独立做 请说明：
	□报警	■无合适行为 请说明：	□有合适行为 □能独立做 □不能独立做 请说明：
交通类场所（如街、巷、车站、地铁站等）	□乘坐公交车	□无合适行为 请说明：	■有合适行为 □能独立做 ■不能独立做 请说明： 1. 在口头提示下可以滴卡； 2. 乘坐时，基本能安静并遵守规则
	□乘坐地铁（包括乘坐手扶梯、电梯）	□无合适行为 请说明：	■有合适行为 □能独立做 ■不能独立做 请说明： 1. 在口头提示下可以滴卡并自己独自过闸； 2. 在口头提示下乘坐手扶梯时靠右边，站在两条黄线内，扶着黑色安全带； 3. 乘坐时，基本能安静并遵守规则； 4. 可以排队等候入闸、进入车厢

续上表

社区环境	重要活动	目前表现检核	
	□穿过街道	□无合适行为 请说明：	■有合适行为 □能独立做 ■不能独立做 请说明： 通常都是在他人陪伴下过马路，可以配合他人遵守交通规则，如绿灯行，在斑马线过马路等

二、 日常生活作息

越秀启智的生态评估包括两部分内容：一是了解学生每天的作息，二是了解学生在例行活动中的习惯，如喜欢吃什么、喜欢玩什么游戏等。这些资料可通过日常观察或访谈与学生相关的重要人员来获得。重要人员包括父母、兄弟姐妹、其他亲人、任课教师、生活辅导员等与学生有密切关系的人员，甚至也可以包括保姆、邻居、学校的保安等。目的是为了让教师在进行教学设计时尽可能考虑学生的日常作息和具体活动情境，以减少学生迁移的困难。具体来说，学生的日常生活作息可分为以下三方面：一是上学日的生活作息，即周一至周五的生活作息；二是休息日的作息，一般是周六和周日两天双休；三是一些额外的活动，在这些额外的活动中，他们可能涉及不同的作息。因此，他们的日常生活作息表包括周一至周五的例行活动时间表、周末活动时间表和额外活动时间表。表5－6和表5－7分别展示学生在周一到周五的例行活动和周末活动的评量表。

表5－6　周一到周五的环境生态评量表

学生姓名：叶××　　　　评价人：苏××、黎××、陈××

何时（大约时间）	何地	活动	活动完成效果与同龄人相比			若需教育请排序	说明	目前做法	建议做法
			好	差不多	差				
8：25	学校	进校拿胸卡	√					独立做	

续上表

何时（大约时间）	何地	活动	活动完成效果与同龄人相比			若需教育请排序	说明	目前做法	建议做法
			好	差不多	差				
		班级挂胸卡	√					独立做	
		放书包、交作业	√					独立做	
8：30—9：00	班级	晨间点名		√				独立做	
8：45	厕所	上厕所	√					独立做	
9：00—9：30	操场	大课间	√					独立做	
9：30—9：40	操场	跑步			√			需提醒	
9：40—9：50	班级	课间休息	√					独立做	
9：50—10：20	班级	主题课			√		过分自我刺激	会离开座位，到处走	动态教学
10：20—10：30	班级	课间休息	√					独立做	
10：30—11：30	班级	主题课			√		过分自我刺激	会离开座位，到处走	动态教学
11：30—14：00	家	午饭、午休			√	2		独立做，但吃得太慢	限定时间
14：00—14：35	学校	午点		√				独立做	
14：35—15：35	班级	艺能课			√		过分自我刺激	会离开座位，到处走	动态教学
15：35—15：55	班级	整理放学		√				独立做	
16：15	家	洗手、喝水		√				独立做	
16：25	家	收衣服		√				独立做	
16：25—16：40	家	自己拿衣服洗澡			√	1		奶奶帮忙洗澡	提供洗澡流程图

续上表

何时（大约时间）	何地	活动	活动完成效果与同龄人相比			若需教育请排序	说明	目前做法	建议做法
			好	差不多	差				
16：40—18：30	家	玩游戏	√			3	空白时间过多	独立做	帮忙做家务
18：30—19：30	家	吃饭			√			独立做，但吃得太慢	限定时间
19：35	家	餐后收拾		√				独立做	
19：40—21：00	家	自我休闲（发呆）			√	3	太多空白时间	独立做	丰富休闲活动
7：00	家	起床		√				家长提醒一两次，然后自己起床	
7：00—7：15	家	刷牙、洗脸		√				独立做	
7：20—8：20	家	吃早餐			√	2		独立做，但吃得太慢	限定时间

表 5－7　周末的环境生态评量表

学生姓名：　　　　　　　　　　　　　　　　评价人：

何时（大约时间）	何地	活动	活动完成效果与同龄人相比			若需教育请排序	说明	目前做法	建议做法
			好	差不多	差				
9：30	家	起床		√				家长提醒一两次，然后自己起床	
9：30—9：45	家	洗漱		√					
9：50—10：30	家	喝水、吃早餐			√	3		独立做，但吃得太慢	限定时间
10：30—11：30	家	玩游戏		√					

续上表

何时（大约时间）	何地	活动	活动完成效果与同龄人相比			若需教育请排序	说明	目前做法	建议做法
			好	差不多	差				
11：30—12：00	家	摘青菜		√					
12：00—12：10	家	餐前准备		√					
12：30—13：30	家	午饭			√	3		独立做，但吃得太慢	限定时间
13：30—14：30	家	午休		√					
14：30—17：30	户外	到公园玩			√	1		偶尔会自己到处逛，会出现走丢的情况	
17：30—17：40	家	洗手、喝水		√					
17：40—18：05	家	收衣服		√					
18：05—18：20	家	洗澡			√	2		奶奶帮忙洗澡	提供洗澡流程图
18：20—18：30	家	饭前准备		√					
18：30—19：30	家	吃晚饭			√	3		独立做，但吃得太慢	限定时间
19：30—19：35	家	餐后收拾		√					
19：35—20：35	家	写字		√					
20：35—23：00	家	自由活动：玩游戏、坐在沙发休息		√			太多空白时间	独立做	丰富休闲活动的内容

第四节 康 复 课 程

越秀启智的康复课程指相关服务类课程，主要包含六大类：物理治疗、作业治疗、语言治疗、心理治疗、社会工作和科技辅具。此类课程是ISP的重要组成部分，它基于特殊学生的发展需求，旨在提供支持服务。它是以原有的发展性课程、适应性课程为基础的拓展性课程，是走向更专业化的课程，是钟摆、螺旋、前进中提升的课程，是创新的课程，是多学科、跨专业的课程。

一、 康复课程的评价体系

在学校综合康复课程的架构下，学生的学习和训练目标是依据其评价的结果来制定的。评价体系旨在通过整合学校不同康复专业使用的评价量表和评价工具，形成适用于评价特殊学生各方面发展能力水平的多元评价体系，包括以下几项内容。

1．感官知觉

包括触觉、听觉、前庭觉、本体觉等，综合使用感觉矢量表、大肌肉动作发展技能表等检测工具，进行感知觉评估，寻找学生感知觉的核心障碍。

2．精细动作

通过MEPA动作评估内容，对精细动作发展阶段以及不同的精细动作内容进行评估，找到特殊学生在精细动作上存在的问题及所处的发展阶段。

3．语音功能

通过普通话语音测试工具进行构音评估，寻找学生发音中的错误音，了解学生的构音清晰度，判断学生的构音问题是由发音方式还是发音部位引起的。

4．语言理解与应用

整合语言治疗评估表及学龄儿童语言障碍评估表的内容进行评估，了解特殊学生语言理解及语言表达的方式、所处的发展阶段和核心障碍。

5．认知能力

通过《韦氏儿童智力量表（第三版）》和《自闭症儿童心理教育评核（第三版）》，了解特殊学生的认知发展水平。

6. 情绪表达

通过《人际关系发展评估》和《社会交往情绪调控全方位支持评量计划》，评估特殊学生的人际交往和情绪调控能力，了解学生所处的发展阶段和核心问题。

二、康复课程的结构体系

学校根据学生生理和心理发展需求，针对学生在动作、感知觉、言语和语言等方面的功能障碍，开展全面评估，制定并实施个别化康复训练方案。强调从学生现有水平出发，根据其生活和学习需求，通过科学合理的训练，提供自然支持和专业支持（包括辅具应用等），充分利用环境中的积极因素不断增强学生的整体能力，改善学生身心缺陷，恢复其活动和参与能力。康复课程坚持以人为本，以当代康复医学理论为基础，借鉴国内外康复训练经验，遵循学生身心发展特点和康复训练规律，设定训练目标和内容。为更好地优化资源，学校根据特殊学生的康复需求组成了康复组，分别探讨不同的康复训练目标和内容，形成了以下几个主要的康复训练课程功能模块（见图5－2）。

1. 感官知觉训练模块

这一模块包括视觉、听觉、触觉、味觉、嗅觉、前庭觉与本体觉训练6个部分，通过游戏活动以及例行性活动的设计，对学生感觉上的核心问题进行训练，也会对感觉处理问题进行训练，以满足日常生活及学习活动中对信息接收、运用等方面的不同需求。

2. 动作训练模块

这一模块包括粗大动作训练和精细动作训练。粗大动作训练分为姿势控制、移动、平衡和协调三个部分，一般通过神经平衡疗法对学生进行粗大动作训练。精细动作训练分为手部动作、手眼协调、握笔写画、使用工具四个方面，一般通过美工、例行活动、建构活动等对学生进行相关训练。目标是提升学生粗大动作能力和精细动作能力，以满足日常生活及学习活动中移动、工具操作等方面的需求。对于有辅助需求的特殊学生，则进行辅具评估，针对训练中的问题提供训练辅具支持，另外对于已过发展年龄段的学生，提供替代性辅具支持。

3. 沟通与交往训练模块

这一模块包括言语准备、前沟通技能、非语言沟通、口语沟通四个部分，目标是提升学生言语准备、前沟通技能、非语言沟通、口语沟通的基础能力，以满足日常生活及学习活动中沟通互动的需求。一般会从游戏、例行

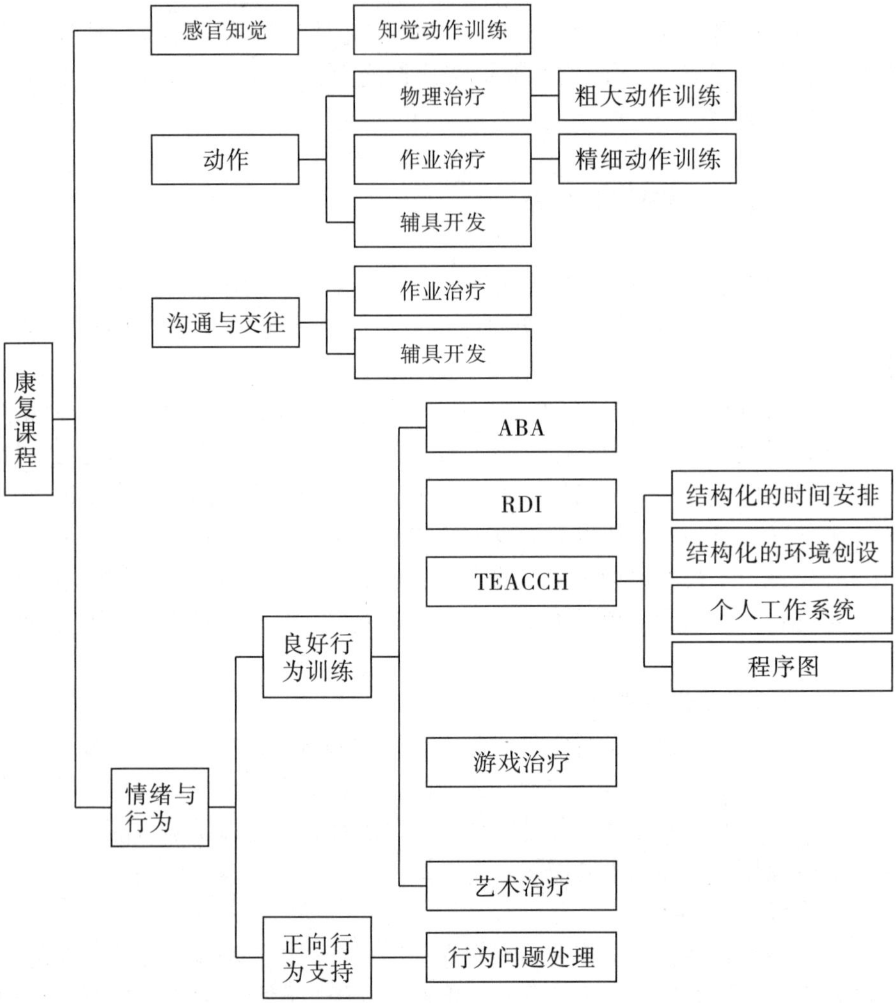

图 5－2　越秀启智的康复课程模块

活动的设计，对学生语言理解、语言表达、构音、口肌等方面进行训练；对于构音不清、沟通方式单一的学生，会提供辅助与替代沟通（Augmentative and Alternative Communication，AAC）系统辅具进行沟通训练。

4. 情绪与行为训练模块

这一模块包括情绪识别、情绪表达、情绪理解、情绪调节与行为管理五个部分。通过制定并实施积极行为支持方案，以减少或消除不适当的行为，目标是提升学生正确理解和适当表达情绪的能力，以满足日常生活及学习活动中人际交往的基本需求。情绪与行为训练一般会整合应用行为分析

(Applied Behavior Analysis, ABA)、人际关系发展干预(Relationship Development Intervention, RDI)、结构化教学(TEACCH)、游戏治疗、艺术治疗等方法,通过游戏以及例行活动的设计,对学生的社交沟通行为、自我管理进行训练。而采用正向行为支持的方法则是对行为问题的处理。

三、跨专业的综合训练

跨专业的综合训练以提升特殊学生的能力和促进其发展为目的,将动作、感知觉、沟通与交往、情绪与行为等内容进行有机整合,以使学生具备基本的学习及生活能力。跨专业康复训练坚持科学性、合理性、系统性原则,遵循"评估—训练—再评估"的模式。"评估"由专业人士或在专业人士指导下进行,选择合适的评估工具,了解学生现有水平,并以此为依据制订康复训练方案。"训练"是依据康复训练方案,采用合适的方法手段,开展针对性的康复活动。训练过程中应做好阶段性检测,适时调整目标和内容。"再评估"是对训练效果进行全面的检测,为下一阶段康复训练方案的制订做准备。康复训练不是隔离式的,而是尽可能结合日常生活和学习情境开展有意义的功能活动。跨专业的综合训练也不仅仅是康复专业间的整合,更重要的是把教育与康复有机整合。学校在跨专业整合研究中,在选择内容和实施教学环节时,在普通课程中融入了康复训练的策略和方法。普通课程与康复课程的融合包括以下项目:在例行活动中进行康复训练的(个案)研究;在主题教学中进行康复训练的(个案)研究;在体育课中进行动作与感知觉整合训练的(个案)研究;在音乐课中进行音乐、律动与情绪调节综合训练的(个案)研究;在美术课中进行绘画、手工与触觉、情绪调节综合训练的(个案)研究。普通课程与康复课程的融合贯穿于"选择内容"与"教学实施"的过程中,考虑了如何在普通课程中融入康复训练,以及在普通课程中无法完成的康复训练目标会通过个别化训练进行补救。

第六章

教 学 体 系

在课程体系和IEP的基础上，接下来便进入到正式教学环节。教学是学校实现教育目标的具体活动，是课程实施的基本途径。在"个别化—支持"办学模式下，越秀启智的教学也凸显出"个别化"的特点，既是为落实IEP里的发展目标，又是为促进每个特殊学生更好地发展与进步。

第一节 教 学 流 程

根据学校已有的课程体系，在不同年级段和不同类型里的教学也会有所不同，主要分为义务教育阶段的教学、职业高中阶段的教学和康复类课程的教学三类。以下将主要介绍这三种教学形式的流程。

一、 义务教育阶段的教学

在义务教育阶段，虽然低、中、高三个学段的课程重点有所不同，但它们的教学模式都是一样的。越秀启智在长期教学实践中，为更好地实施IEP，帮助学生实现IEP里的长期、短期目标，形成了以单元主题为核心的教学。一般说来，单元主题是指将内容相关、性质相似或一定范围内的问题放在一起，并以此为中心，组合成一个一个的单元，便于组织教学，也利于学生的学习。总而言之，它是以性质相近、目标一致的材料、内容或经验为单位实施教学的方法。学校单元教学活动分两类：一类是单元主题教学活动，周一到周四每天一节课，一周四节，安排主题的分化活动；另一类是主题社区教学活动，安排在每周五上午半天进行。两类教学活动密切相关，主题社区教学活动比单元主题教学活动更强调活动的整合以及在社区实践中的应用。学校主题活动一般以语文、数学的基础知识和自然、社会的常识、常规等知识为主，也会涉及这些知识在生活中的运用。同时，学校还会依照节日、季节等来规划，以此形成一日、一周、一月、一年的教学活动，使单元主题教学活动更具功能性、整合性和实践性。教学以班级的单元主题活动为主，用唱游与律动、运动与保健、绘画与手工等艺能科目配合主题活动的开展。学生在康复训练、小组课中习得的技能将在主题活动中进行泛化。学校单元教学活动的操作流程见图 6－1。主题社区活动会在第九章中详细介绍。

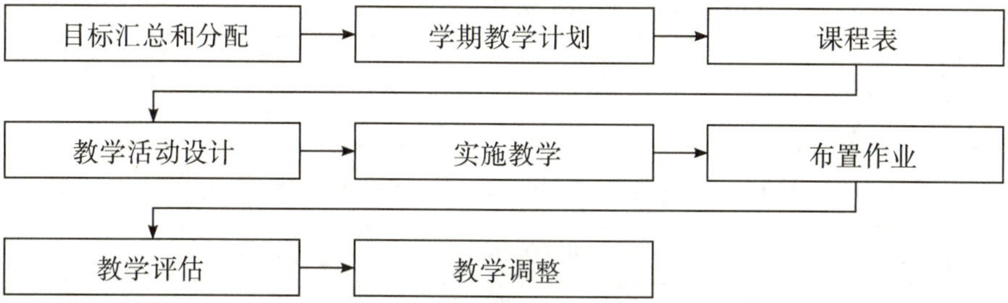

图 6－1　单元教学活动操作流程图

（一）目标汇总和分配

在为每个特殊学生制定了他们的 IEP 后，接下来教师要梳理汇总班级里每一个学生 IEP 里的短期目标并进行目标分类。一般来说，学生的短期目标会按照以下三个类别来分类：①常规教学活动；②单元主题教学活动；③分科及其他教学活动（艺能科教学活动、康复科教学活动、休闲活动、家庭活动）。对于那些较难归纳到以上三个类别里的目标则会在主题活动中进行整合，如果教学后有些目标没有达到预期的成效，则要进行补救性教学。一般要对班级里所有学生的 IEP 进行汇总，制定出针对性的教学主题活动和分组安排；要整理出全班同学的共同活动和个别活动，以及这些活动的时间、地点、预计进度和学生在活动中的学习目标，汇总班级的 IEP 目标。

（二）学期教学计划

根据汇总的 IEP，学期教学计划分为班级学期教学计划、康复训练计划和艺能科学期计划，一般学校定期（每两个月）检核学生的表现，并以此作为调整下一阶段教学的主要依据。

班级学期计划主要是为确立本班本学期的教学主题及每个教学主题的单元教学计划。通过制订班级学期教学计划，使教学活动的实施有依据，并使学生个别化教育目标得到落实。一般来说，班级教学计划包括以下几点要求：①确定学校整体活动计划（包括例行活动、大型活动、开放日等）；②确定学生每天在校生活的时间表（不含上课时间）；③确定课程表；④确定教学主题；⑤设置各科教学目标；⑥设计与主题相关的教学活动并准备所需资料。教师在每个主题教学计划中，应把目标落实到每月、每周、每天，且每个教学目标应根据学生的能力层次或学习需求进行分组，并做好教师分工。教学活动一般是有分组分层的，教给学生的每一项活动一定要有明确的教学计划。表 6－1 是班级学期教学计划的范例。

表 6－1　班级学期教学计划表（部分）

<table>
<tr><td>学期周次</td><td>一</td><td>二</td><td>三</td><td>四</td><td>五</td></tr>
<tr><td>主题教学周</td><td>1</td><td>1</td><td>2</td><td>3</td><td>4</td></tr>
<tr><td>日期</td><td>9 月 1 日</td><td>9 月 4—8 日</td><td>9 月 11—15 日</td><td>9 月 18—22 日</td><td>9 月 25—29 日</td></tr>
<tr><td>单元主题</td><td colspan="5">我能成为一名优秀少先队员</td></tr>
<tr><td>小主题</td><td colspan="2">我能遵守常规</td><td>我爱我的祖国</td><td colspan="2">我能按要求参与队列比赛</td></tr>
<tr><td rowspan="2">主要内容</td><td rowspan="2">一、穿礼仪服、穿白色运动鞋、戴红领巾，参与开学典礼
二、认识新教室、新班别名称</td><td rowspan="2">1. 认识我的班级（四年 1 班 307 室）
2. 认识相关场所及使用流程
3. 认识我的老师</td><td>我是一名少先队员</td><td colspan="2">队列比赛</td></tr>
<tr><td>1. 认识我的祖国叫中国，我的身份是一名少先队员
2. 优秀少先队员的要求</td><td>一、观看阅兵式，了解队列比赛流程
二、创作口号，认读口号
三、按要求参与队列练习</td><td>1. 站点：方位（前后、左右）；位置（黄色正方形）
2. 按流程参加队列比赛</td></tr>
<tr><td>统整活动</td><td>开学典礼</td><td></td><td>参观农讲所</td><td>小统整：四年级队列比赛</td><td>启智队列操比赛</td></tr>
</table>

康复训练计划一般根据学生学期的康复训练目标，合理规划康复训练，将目标落实到每月、每周的训练中，并定期进行检核，适当调整下一阶段的训练目标和内容。表 6－2 是康复训练计划的范例。

表 6-2 （动作康复）组个训计划

学生：方×× 训练时间段：2017 年 2—6 月 负责教师：梁×× 组长签名：______

IEP 长期目标	IEP 短期目标	学期计划	各月分解目标				
			2 月	3 月	4 月	5 月	6 月
1.2 提高行走的协调能力	1.2.1 能跨越障碍物	连续跨越 10 cm 障碍物至少 3 个	能站立维持至少 10 min	能在 80 cm 的宽道上行走至少 5 m	能上下 20 cm 台阶至少 20 个	能连续跨越 5 cm 障碍物至少 3 个	能连续跨越 10 cm 障碍物至少 3 个
月目标分解							
			能在站立姿下，完成躯干的活动，如弯腰、左右侧弯、转体等	能在道路上行走，当小邮递员帮忙送物品或当工作人员送物品到 T 台	能原地踏步至少 2 min	原地跨越 5 cm 障碍物至少 10 次，当工作人员把艺术节的物品放到障碍物的另一边	原地跨越 10 cm 障碍物至少 10 次，拿奖状走到障碍物的另一边派发
			能在站立姿下，进行上肢的操作活动：如抛物、接物、撕贴物、装物、放物、拍手、举手	能在100 cm 的宽道上行走	能上下 10 cm 台阶至少 20 个，能在高处维持站姿	能跨越 5 cm障碍物 1 个，行走到舞台表演处进行表演	能跨越 10 cm 障碍物 1 个，放假前整理好自己或课室的物品
				能在 80 cm 的宽道上行走	能上下 20 cm 台阶至少 20 个，能在较小高台上维持站姿	能连续跨越 5 cm 障碍物至少 3 个，行走到舞台表演处；拿道具到舞台表演处表演	能连续跨越 5 cm 障碍物至少 3 个，完成闯关游戏

艺能科学期教学计划也是按照班主任老师分配的 IEP 目标，结合班级主题活动及本学科的课程体系，合理规划，定期检核，适当调整下一阶段的目标和内容。表 6－3 是音乐科学期教学计划（2016—2017 学年下学期，部分）。

表 6－3　音乐科学期教学计划表（2016—2017 学年下学期，部分）

周次	一	二	三	四	五	六	七	八	九
日期	2 月 13 日—2 月 19 日	2 月 20 日—2 月 26 日	2 月 27 日—3 月 5 日	3 月 6 日—3 月 12 日	3 月 13 日—3 月 19 日	3 月 20 日—3 月 26 日	3 月 27 日—4 月 2 日	4 月 3 日—4 月 9 日	4 月 10 日—4 月 16 日
单元主题	传统之美				春天之美				
小主题	1. 奏新年祝福语（一） 2. 醒狮（二、三、四） 3. 贺年歌曲《祝福你》 4. 歌曲《海鸟的家园》 5. 歌曲《春天的交响曲》 6. 歌曲伴奏《狮王进行曲》				1. 歌曲律动《单簧管波尔卡》——种植（五、六） 2.《动物音乐会》合作、创编（七） 3. 歌曲学唱《大中国》（八） 4. 歌曲乐器伴奏《大中国》（九） 5. 木琴教学				

（三）课程表

在学期教学计划的基础上，各班可形成各自的课程表（见表 6－4）和学生个人课程表（见表 6－5）。班级课程表是把集体学习、小组学习和个别训练进行合理安排，同时对班主任老师的工作和职责进行合理分配的。学生个人课程表是根据每一个学生 IEP 里的学习需求，合理安排其一周的学习或训练。

表 6－4　班级课程表（六年级上）

时间	星期一	星期二	星期三	星期四	星期五
8:30—9:00	晨间点名				
	占××（康复） 潘××（情障个训）	潘××（感知个训）	高××（情障个训）		潘××（情障个训） 梁××（康复）

续上表

时间	星期一	星期二	星期三	星期四	星期五
9:00—9:40	占××(康复)	占××(康复)	潘××(语训) 占××(康复)	陈××(情障个训) 梁××(康复)	
9:50—10:20	电脑 潘××(感知个训)	性教育	电脑 潘××(感知个训)	换代币 潘××(感知个训)	
10:30—11:00	主题 梁××(康复) 高××(情障个训) 语训班级支持	主题	主题 梁××(康复) 潘××(情障个训) 高××(感知小组)	购物 情障班级支持 语训班级支持(双周) 高××(感知小组)	
11:00—11:30	主题 梁××(康复) 语训班级支持	主题 陈××(情障个训)	主题 梁××(康复) 陈××(情障个训) 高××(感知小组)	购物 语训班级支持(双周) 高××(感知小组)	潘××(感知个训)
14:35—15:05	绘画手工	体育 梁××(康复) 高××(情障个训)	社团活动	音乐 梁××(康复) 陈××(情障个训)	教师业务、政治学习
15:05—15:35	绘画手工	体育 梁××(康复)	社团活动	音乐 梁××(康复) 潘××(情障个训)	
15:35—15:55	一天回顾				

表6－5　学生个人课程表(叶××)

<table>
<tr><th>时间</th><th>星期一</th><th>星期二</th><th>星期三</th><th>星期四</th><th>星期五</th></tr>
<tr><td rowspan="2">8:30—9:00</td><td colspan="5">晨间点名</td></tr>
<tr><td>沟通组</td><td>晨间点名</td><td>知动组</td><td>晨间点名</td><td>沟通组</td></tr>
<tr><td>9:00—9:40</td><td>大课间</td><td>大课间</td><td>知动组</td><td>大课间</td><td>大课间</td></tr>
<tr><td>9:50—10:20</td><td>绘画手工</td><td>主题</td><td>沟通组</td><td>知动组</td><td>主题</td></tr>
<tr><td>10:30—11:00</td><td>主题</td><td>知动组</td><td>主题</td><td>主题</td><td>主题</td></tr>
<tr><td>11:00—11:30</td><td>知动组</td><td>主题
知动组</td><td>主题</td><td>主题</td><td>主题</td></tr>
<tr><td>14:35—15:05</td><td>电脑</td><td>体育</td><td>唱游</td><td>社团活动</td><td rowspan="3">教师业务、政治学习</td></tr>
<tr><td>15:05—15:35</td><td>电脑</td><td>体育</td><td>唱游</td><td>社团活动</td></tr>
<tr><td>15:35—15:55</td><td colspan="4">一天回顾</td></tr>
</table>

(四) 教学活动设计

明确了课程表后，下一步则是关键的教学活动设计。按活动形式，越秀启智的教学活动可分为集体教学活动、小组教学活动和个别教学活动三类。教学活动设计一般由教师、教学主管设计，家长和学生也可以参与设计。活动的一般程序是主题的确立、主题分析、配备个别化目标、制定教案、教学活动目标、教学步骤、教学内容、教学活动评量、教学方法、教学策略运用、教学环境选择、教学辅具等教学资源运用。

(五) 实施教学

教学就是运用教学资源，贯彻教学活动设计的理念，使每个学生的 IEP 都能有效落实。在实施教学过程中教师会采取各种教学方法，以便更好地达到学生 IEP 里的发展目标。具体的教学方法介绍见第二节。

(六) 布置作业

教学结束后，教师会布置作业给学生，以巩固和复习相关知识技能。学校的作业形式和内容多元，有课内和课外作业；有口头作业和实践作业；有学校作业和家庭作业；有强调操作性的作业，如会穿衣服、会帮家人打扫卫生；也可以是体验性作业，如表达对爸爸妈妈的感谢、对爷爷奶奶的爱等。

（七）教学评估

教学后学校还有相应的教学评估环节，以考查教师的教学效果。学校的教学评估可分为两大类：总结性评估和过程性评估。总结性评估是学期末对学生整体性发展水平的评估，主要依据课程和IEP执行，参与人员有老师、教学主管、学生和家长。考察本学期每个学生IEP的完成情况，分析未能达成目标的原因，如果有需要，则要重新修订学生的IEP（见表6－6）。过程性评估则包括每堂课的评估、每天的学习评价、每周学习评价；每个教学主题结束后都要对学生IEP进行评估和检核。这些都可以作为学生期末总评时的过程性资料。

表6－6　IEP目标修订表

学生姓名：________　　原计划执行期限：________　　修订日期：________

原有目标：

领域	长期目标	短期目标	修订原因

修订后目标：

领域	长期目标	短期目标	修订原因

与会人员签名：

（八）教学调整

教学调整是依据评估结果，对每一节课、每天的教学活动或一周的教学活动进行有效调整，具体的调整内容包括教学目标的调整，教学策略和方法的调整，教材、教学环境和教学态度的调整等。

二、 职业高中阶段的教学

学生进入职高阶段学习后，教师会对他们进行相应的职业评估和访谈，在充分尊重家长和学生意愿的基础上，为每一个学生规划三年高中学习课程。职高班课程以职业陶冶为主，但由于部分学生能力不足或家长无意让孩子就业，职高班还以生活适应课程为补充，相应的教学也可分职业陶冶课程的教学和生活适应课程的教学。整个职高阶段的教学运作流程见图6－2。

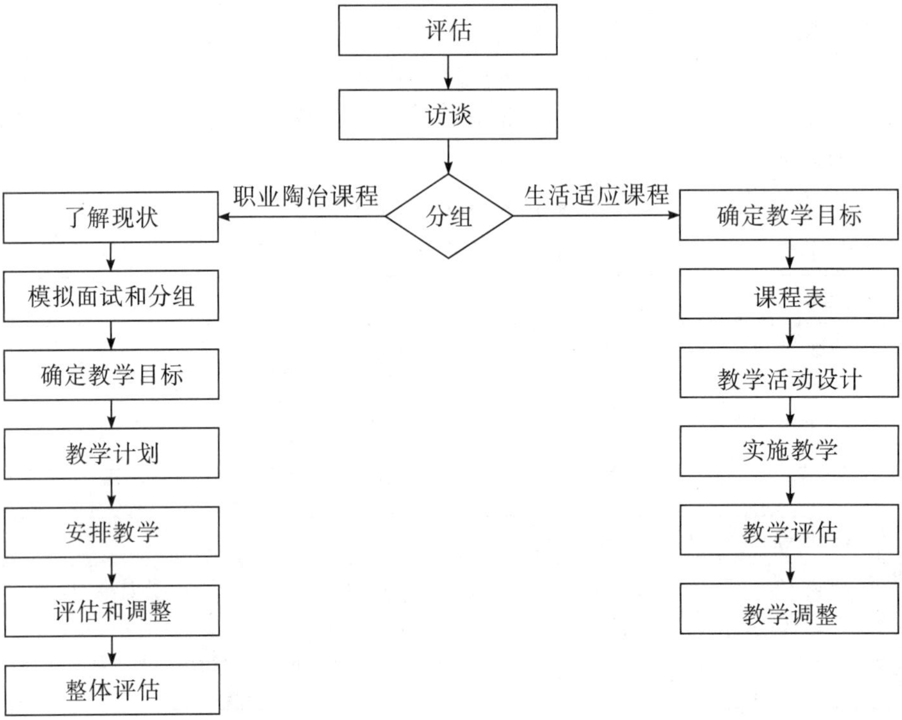

图6－2　职高阶段教学运作流程图

（一）评估和访谈

学生进入职高班后，教师首先要进行基本工作能力评估以及家长访谈，决定未来三年他们所要接受的职高课程，该评估项目在新生入学1个月内完成。基本工作能力评估指学生在所有工作当中通用的基础能力，如体力、耐力、手眼协调能力、移动能力、精细动作等。评估过程一般是通过让学生完成一系列活动，教师来观察、了解学生各方面的能力情况。评估结束后，如果学生 70% 的评量项目平均得分为 1 分，则不符合职业陶冶课程要求；50% ~70% 的评量项目平均得分为 1 分，则不建议选择职业陶冶课程，具体处理则要考虑学生及家长意愿。班主任在评估结束后会对学生及家长进行访谈，说明学生的基本情况及进入职高班后选择课程的建议，咨询家长和学生本人对将来的发展意愿。

（二）分组

结合评估和访谈结果，决定学生进入职高班后选择的课程方向，一部分学生选择职业陶冶课程，另一部分学生则是以生活适应课程为主。因生活适应课程的教学流程与义务教育阶段的操作相似，笔者不再介绍其教学，以下部分主要介绍职业陶冶课程的教学。

（三）了解现状

通过“职业陶冶课程评量表”对学生进行评估，了解他们的发展现状，召开 IEP 会议，确定学生职业陶冶课程的教育目标，制订专属的个别化职业教育计划。表 6 -7 是学生的个别化职业训练计划书（部分）的范例。

表 6 -7 个别化职业训练计划书（部分）

学生姓名：__________ 计划实施时间：__________ 教师：__________

目标	训练情景	完成情况	备注
A1 -1 工作期间按时出勤，不轻易缺席			
A1 -2 有事时要事先请假，获准后方可缺席			
A5 -4 能小心使用工具			
A5 -8 能注意自己的行动不会危及他人			
B12 -2 在晃动或移动中能保持身体平衡			
B43 -4 能借手/工具拴紧/旋开物品			
C2 -2 会使用扫帚、拖把，保持地板、走道等干净			
C7 -3 能妥善存钱于家中			
C29 -4 能在安全受到威胁时，及时呼救			

（四）模拟面试和分组

为了帮助学生将来更好地适应职场和有更多职业选择的机会，学校会安排对学生进行模拟面试。模拟面试环节中，除有一般的面试问题外，还会增加关于学生职业方向的问题，了解他们的职业发展方向。表6-8是学生职业陶冶课程面试表的范例。在了解了学生的职业喜好后，学校会根据学生的选择、面试情况和个别化目标，把他们分到不同的工作小组进行工作和学习。分组在每个月月初进行，并尽量让每个学生都能把每种工作做一次，尝试不同的工作职业。

表6-8 职业陶冶课程面试表范例

姓名	邓××	性别	男	出生年月	1993年×月×日
民族	汉	住址	广州市××××××		
电话	137××××××××	个人爱好	运动、旅游、摄影		

所选工作：☐校工
☐手工　☑办公室助理
☐家政　☐商场服务员

选择工作喜好：
- 工作环境（☑室内　☐室外）
- 团　队（☑单人　☐多人）
- 知识要求（☐简单　☑复杂）
- 社会交往（☐少　☑多）
- 体力要求（☑低　☐高）
- 工作程序灵活度（☐一成不变　☑灵活多变）
- 工作方式（☐站立　☑坐下）
（☑少走动　☐多走动）

其他喜好：______________________________

（五）确定教学目标

安排好学生分组后，教师会根据学生的个别化职业教育计划，结合他们所在小组的工作内容，制定出学生本月在该组的教学目标。

（六）教学计划

教师根据学生的教学目标，安排他们在小组里的工作和所负责的环节等，学生通过完成这些工作，即可学习到相应的教学目标。以“清洁组”内容为例，表6-9是工作小组训练计划及分工。

表 6-9 工作小组训练计划及分工

一、分工负责地段

1. 黄×：负责六楼教室。
2. 刘×：负责六楼陶艺室。
3. 陆×：负责六楼中楼走廊。
4. 胡×：负责六楼西楼走廊。
5. 陈×：负责六楼办公室

二、个人包干项目安排

1. 黄×：六楼教室窗、风扇、墙壁、椅子、凳子、地板、倒垃圾、工具摆放。
2. 刘×：六楼陶艺室窗、风扇、墙壁、椅子、凳子、地板、倒垃圾、工具摆放。
3. 陈×：六楼办公室窗、风扇、墙壁、椅子、凳子、地板、倒垃圾、工具摆放。
4. 陆×：六楼中楼地方、不锈钢护栏、走廊和墙壁瓷片、通道地面、倒垃圾、工具摆放。
5. 胡×：六楼西楼地方、不锈钢护栏、走廊和墙壁瓷片、通道地面、倒垃圾、工具摆放

三、清洁组训练内容

1. 认识使用工具、认识自己包干的地方、懂得注意安全、学会看时间操作。
2. 能按清洁步骤进行、能收拾东西摆放好、完成工作学会检查、懂得劳动的喜悦。
3. 能自我评价和总结

四、清洁工作完成标准

项目	日常清洁工作	每周工作	每月工作	工作要求完成标准
玻璃门窗	玻璃、门窗的擦拭和检查	清洁玻璃、门窗、清理灰尘、高位设施每周擦拭、巡回检查	清理擦拭污渍	门窗干净无灰尘，玻璃洁净明亮、无污渍
风扇	每日检查、随时保洁	高位设施每周擦拭、巡回检查	吊扇每三个月清理擦拭污渍	风扇干净无灰尘，无污渍
电视、电脑	每日擦拭，电视、电脑使用是否正常	电视、电脑擦拭、检查	干净无灰尘、巡回检查	电视、电脑干净无灰尘，无污渍
墙壁、瓷片	墙角无灰尘、清理蜘蛛网、瓷片无污渍	墙角扫拭、瓷片擦拭清理	墙角无灰尘、瓷片无污渍、擦拭清理、巡回检查	墙角无灰尘、无蜘蛛网、瓷片无污渍

续上表

项目	日常清洁工作	每周工作	每月工作	工作要求完成标准
柜台	清理灰尘、擦拭	检查使用是否正常	擦拭清理、巡回检查	柜台无灰尘、无污渍
椅子	清理灰尘、擦拭	检查使用是否正常	擦拭清理、巡回检查	椅子无灰尘、无污渍
凳子	清理灰尘、擦拭	检查使用是否正常	擦拭清理、巡回检查	凳子无灰尘、无污渍
地面	拖扫地面	拖扫地面、巡回保洁	地面保持干爽、洁净	地面洁净、无灰尘、无污渍
垃圾桶	清倒垃圾、坚持清理垃圾桶	清洗垃圾桶三次	每月清洗擦拭桶身一次	垃圾桶无污渍无异味、干净
收拾工具	工具摆回指定位置、收拾整洁			工具摆放整齐

（七）安排教学

确认小组目标和分工后，教师可着手进行教学。首先要布置好工作环境，如设计提示板、视觉提示以及准备好相关的工作材料等。然后在学生正式开始工作前，教师最好能以小组研讨培训的方式，确定所要教学的知识类目标。最后在学生开始工作时，教师从旁指导，以师傅带徒弟的方式，让学生完成相应的技能目标，并监督他们的完成情况，教授相关的工作态度类目标。

（八）评估和调整

针对每周和每月的教学，教师都要进行相应的评估，如果学生达到了既定目标，那可开始新一轮的教学；如果学生没有达成既定目标，或没有按照期望速度进步时，则需要修改教学课程。以超市组的收银工作检核为例，表6－10是学生工作检核表，含教学调整。

表 6-10　超市收银工作检核表

学生：×××　　　　学习时间：×××　　　　负责老师：×××

序号	工序	具体要求	评分标准		
			0	1	2
1	工作前准备	穿着工作服、外貌整洁、准时到达岗位	没准时到岗	能准时到岗	能准时到岗，并穿好工作服，整理好仪表
2	收银机准备	打开收银机，并登录收银界面	不能打开收银机	能打开收银机，登录收银界面	收银机出现问题，会找人员求助
3	引导客人	当前收银机没有顾客时，招呼在其他收银机处排队的客人前来付款	不会主动招呼顾客来付款	会举手提示顾客前来付款	会在顾客来付款时使用礼貌用语
4	条码扫描	把顾客要买的货品扫描进收银机	找不到货品条码，或不会使用扫描机扫描条码	能找到货品条码，并使用扫描机扫描条码	扫描不到条码时，会手工输入条码
5	货品摆放	扫描条码后，会把货品小心放好	扫描商品后，不会把商品放入已扫描区	会把已扫描商品放入扫描区	会把已扫描商品放入扫描区，并小心堆放好或装入购物袋中
6	商品结算	会告知顾客总价	不会告知顾客总价	会告知顾客总价	会告知顾客总价，并使用礼貌用语
7	会员卡录入	会扫描或录入会员卡	不会问顾客是否使用会员卡	会扫描会员卡	会手工录入会员卡
8	现金收款	会收取现金	不会收整钱，不会找零钱	会收取整钱	会找零钱

续上表

序号	工序	具体要求	评分标准		
			0	1	2
9	银行卡付款	会使用 pos 机收款	不会划卡	会使用 pos 机划卡，并输入货款，提示顾客输入密码，打印签单，并让顾客签名	会使用 pos 机划卡，输入货款，提示顾客输入密码，打印签单，并让顾客签名，并把签单夹好，放在相应的地方

检核结果分析：

具体表现：进行找赎金额时，难以算出正确金额
估计成因：数概念不熟，对 10 以上数的计算有困难

训练策略及调整：

项目	原策略及完成情况	调整的策略及完成情况
教学策略	让学生进行高密度的计算训练，提高学生的计算能力	改进拿取金额的步骤，让学生先取整 10 的金额，然后再拿取 10 以下的零钱
完成情况	未成功，学生 10 以上计算能力难以提高	成功，通过改进工序流程，减轻学生计算的负担，让学生得以顺利完成

（九）整体评估

到学期末，教师使用“职业陶冶课程评量表”评估学生的学习情况，与学期初的评估结果进行比较，以了解学生的进步情况。

三、 康复类课程的教学

康复类课程的教学模式包括两种，抽离式训练和支持服务，其中抽离式训练包括个别训练和小组活动，支持服务包括班级活动和家庭活动。表 6－11 是抽离训练目的与班级教学目的的区别。

表 6－11 抽离训练目的与班级教学目的的区别

专业组别	抽离训练目的	班级教学目的
动作康复组	提升姿势控制能力、移动能力、身体协调能力，为完成日常的基本活动奠定动作基础	辅助班级有需求的学生调整合适的学习姿势，适当地参与日常的生活和学习
感知觉组	增强学生的视觉、听觉、触觉、味觉、嗅觉、前庭觉和本体觉六个维度的能力，加强综合运用感知觉的能力，以满足日常生活以及认知学习的需求	辅助班级有需求的学生有适合的警醒度及良好的学习状态参与班级教学及日常生活
情绪行为管理组	建立基本的配合能力、人际互动的能力、独立参与活动的能力，为参与日常的生活和学习奠定行为的基础，同时解决或减少影响其生活或学习的需要处理的行为问题，支持其建立良好的行为基础	帮助班级有需求的学生建立良好的常规，同时将训练目标泛化到日常的教学中，改善部分学生的问题行为
语训组	建立基本的沟通系统，提升语言理解和表达的能力，为参与日常的生活和学习奠定交流的基础	依学生的语言理解能力，调整教师语言的难易程度，帮助班级有需求的学生理解班级生活常用对话，理解课堂学习内容。创设及增加沟通机会，让学生能与班级教师及同学通过多元化的沟通方式表达丰富的沟通功能，如表达需求、告知、分享等

抽离训练有相应的条件，表 6－12 是动作康复组抽离训练的条件。

表 6－12 动作康复组抽离训练的条件

序号	条件
1	不能独立坐
2	能坐，但在摆位下进行
3	能坐，但不能躺坐转换
4	不能独立站
5	能站，但在摆位下进行

续上表

序号	条件
6	需扶物才能站
7	能站，需扶物才能进行坐站
8	不能行走
9	能行走，但行走品质差，不能走一段距离（如 2 m）
10	使用轮椅，但需人扶坐到轮椅上
11	不能蹲
12	能蹲，但需摆位进行
13	能蹲，需扶物
14	能蹲，但不能进行蹲的转换
15	不能独立上下楼梯
16	能上楼梯，不能下楼梯
17	能上下楼梯，需扶物

支持服务主要通过班级例行活动、主题教学活动、艺能学科教学与康复课程融合的方式进行。相关课程伴随学生 IEP 进入学生一日活动，含家庭、学校、社区活动等，既包括一日的各项课程活动（如学科教学、音、体、美等），又包括一日日常生活活动（如进餐、如厕、就寝等），还包括一些潜在课程活动（如课间休息、班务活动、娱乐休闲等）。相关课程都自然融入其中，以丰富教学活动、拓展多元活动、增强教学能力、收获教学效果。

第二节　教学方法

教学方法是指为了达到教学目的，完成教学任务，在一定的教学理念和教学原则指导下的学习方法，既包括教师教的方法，又包括学生在教师指导下的学习方法，是教师教的方法和学生学的方法在教学活动中的高度融合和有机统一。教师的教学必须依据一定的方法，否则会因缺乏针对性和可行性而不能有效达到预期目的。虽然从理论上看来，教学方法包括教师的教和学生的学两个层面，但由于教师在教学过程中居于主导地位，理所当然地教师的教也处于主导地位。越秀启智教师在教学中采用的教学方法有很多，通过多元化的教学方法的应用帮助特殊学生有效达成 IEP 目标，以下仅就几种常用的方法进行介绍，包括协同教学法、情境教学法、渗透教学法、单元教学法、直接教学法、工作分析法和自主学习法。

一、 协同教学法

协同教学法是一种异于传统的班级教学，由两个或两个以上教师，若干辅助人员组成一个教学团体，发挥个人才能，共同计划，在一个或数个学科中应用各种教学资源来进行合作教学，重在改变教学形态的教学法。协同教学充分发挥教师们的个别差异，即充分发挥各科教师的专长，让教师能够深入钻研，精心安排设计教学活动，全面执行教学，在教学中能获得其他教师的支持和协助，确保教学成功。行政琐碎事务由辅助人员处理，教师更能集中精力于教学设计与活动。

越秀启智采用的是包班制，每班 10 名学生，3 位教师，含 1 位主教，2 位助教，教师的办公室就设在教室里，在功能室进行一对一训练。协同教学法的应用体现在一个班级之内，3 位教师共同完成学生相关评量工作、拟订 IEP、设计班级教学计划、实施教学等。更重要的是，它并不受传统包班制限制，打破班级界限，还包括各班级教师间的协作、教师与其他辅助人员的协作（如学习安全交通时的交警、义务交通员等）、教师与家长间的协作等，这样教学团体相关人员来源的多样化，使参与教学的人员增多，教学能力增强，教学领域扩大，确保教学效果。学校的教学设计由教师团体共同讨论决定，而教学人手的增多有利于对学生的辅导、关照，同时也可以运用大班教学、小组讨论、独立学习等多种方法。与其他教学方法相比，协同教学能更多地运用教学资源和各种教学器材。

在运用协同教学时，需要注意以下几方面的问题：①协同教学应让教师体会协作、经历协作、发展协作的教学心态和能力；②协同教学要让学生体会到团体教学过程中如何与团体相处；③协同教学必须考虑如何发展教师的个性；④教师需要确保协同教学中教学空间的灵活性；⑤当涉及其他人员当助教时，教师应事先与他们进行必要的沟通和交流。

二、 情境教学法

情境教学法是指在教学过程中，教师有目的地引入或创设具有一定情绪色彩的、以形象为主体的生动具体的场景，以引起学生一定的态度体验，从而帮助学生理解教材，并使学生的心理机能得到发展的教学方法。在诸多教学活动中，情境教学法为教师的首选，它最适宜以下的活动：需要长期、持续训练的目标；需要在适当场所、时间、具体事件中表现的；与生活密切相关的活动；与情意相关的一些行为的培养；与认知有关的目标。情境教学法依托一定的情境实施教学活动，让学生主动参与，融入其中，他们更能直观地看到所学知识和技能如何在自然的生活情境中运用，体现了以生活为核心的课程理念，加深特殊学生的理解。

情境教学分为有计划地利用情境、随机利用情境、创设情境三类。有计划地利用情境包括对校园环境、社区环境、家庭环境等的利用，教师在教学设计之初就考虑到了所教知识技能在这些环境中的应用，从而选择在这些情境中教学，寓教学、练习于真实的情境中。从教学形态来看，这属于教师的教学预设。教学预设是教师对教学所进行的有计划的引领、设想或预测，通过创设有利于学生学习的教学情境，撰写教学过程的脚本，它也是成功教学的基础和前提。与教学预设相对的是教师的教学生成，表现为教师随机利用情境，同时也是教师教学智慧的体现。与教学设计阶段的教学预设相对应，教师在实际教学中会有大量的教学生成。教学生成是教学的生长和建构，是教学本身的进行状态而产生的动态形成的活动过程，具有丰富性和生成性的特征。教学预设是教学生成的基础，教学生成是教学预设的补充和提升，二者相辅相成，[①] 教学就是一个动态生成的过程。教学过程本身就有很多不可控因素，教师不可能完全按照既定的模式教学，会依教学走向随机抓住周围的教学元素辅助教学，其中就包括情境的利用。创设情境则指教师目的非常明确，计划性也很强，人为地去安排、布置情境以引发学生相应的心理与行为，并就此进行教育，包括在单元主题教学过程中，会围绕单元主题内容有目的地布置教室环境。一般说来，情境教学的基本步骤是：调查情境、培养和调动情境、拟订教学计划、创设情境（或情境运用的处理）、进入情境教学、评量教学效果。在情境教学时，教师应有度地把握，时刻保持教师敏锐度。

三、 渗透教学法

渗透教学是一种教学行为，更是一种教学思维。它指教师在进行教学过程中，把某一门具体的学科作为教学实践的基础，然后有序而自觉地同时进行其他领域内容的教学活动。它既要求教师完成本专业相关的教学任务又还

---

① 张玉彬. 理想课堂的构建与实施：一个教研员眼中的理想课堂［M］. 重庆：西南师范大学出版社，2010：259－260.

要突破单一学科限制，有效扩展学生学习视野，提升学生素质。[1] 渗透教学包括单科向相邻学科的辐射渗透，也包括多门课程之间的互相渗透和综合渗透，它帮助学生把各领域的知识重新组合在一起，使学生认识到各学科内部知识间的联系，使知识从混沌走向有序，转化为能力。这样，即使是分科课程，但学生获得的知识技能也不是孤立的。[2] 在以往的实际教学中，人们往往只注意了分科课程的独立性，却忽视了它们之间的相干性和协同性，表现为各教各的课，只关心各自课程的考试成绩，而到底本课程与其他课程之间有无联系、怎么协同作用以提高学生整体素质和综合能力则考虑不多。渗透教学要求教师把兴趣从单纯关心本学科教学转移到不但关心本学科，而且关心与其他学科的联系与结合上来，这样学生获得的知识技能就不是孤立的，认知结构会由条状的“线型分布”逐渐转化为“网状”的非线性的“体型网络”。对特殊学生的发展来说，他们所具备的认知结构是不断和外界交换信息，处于形成期和发展期。教师需要渗透教学促进知识要素之间的协同作用和相干效应，以激发学生。

2007 年的《培智学校义务教育课程设置实验方案》明确提出采用分科和综合两种课程组织形式相结合的思路，特别是综合课程便于统整不同学科知识，形成完整的生活经验，得到大家的普遍认可。统整后的培智课程可以给学生提供更多的学习机会，并能提供真实问题的环境，让学生从学习过程中发展实用的知识和技能，解决实际问题；它还将零散分立的教材或活动加以整理，以适应学生的需求，并且促进学生将所学的知识与过去和现在的经验取得联结，达成有意义的学习。[3] 邓猛、雷江华也提出，培智学校课程要兼顾课程的整合和分化。统整的课程不仅符合社会生活真正的生活情景，而且有利于学生将所学的知识与过去现在的经验相联结，达成有意义的学习。培智学校的课程需要统整，以帮助学生将片段的、零碎的知识结合起来，解决实际问题，发展实用技能，适应社会生活。[4] 综合课程思路的提出就是不同学科间知识的相互渗透，提供给特殊学生完整的学习经验。越秀启智在 2007 年的《培智学校义务教育课程设置实验方案》颁发之前，早已开始综合化课程的改革之路，通过单元统整各学科内容，而在长期实践过程中，进

---

① 王冬弘. 跨文化教学背景下“渗透式”教学模式在高校音乐教学中的运用［J］. 中国教育学刊，2015（增刊）：223 – 224.

② 陈贵三. “渗透教学”浅议［J］. 教育探索，1996（5）：52 – 54.

③ 孙颖. 培智学校课程统整的实践研究［J］. 中国特殊教育，2004（4）：33 – 38.

④ 邓猛，雷江华. 培智学校课程改革与社会适应目标探析［J］. 中国特殊教育，2006（8）：17 – 21.

一步拓展了“渗透”的内涵。“渗透”不仅体现在不同学科间，而且体现在校园生活的方方面面。生态课程和康复类课程会通过渗透教学的方法实施，它们都在相应的情境中和个训活动中进行，这会加入到有意的课堂集体教学中进行。学生从每天早上进校到下午放学离校，毫不夸张地说，只要他们踏入了学校的大门，教学便开始了，在各项活动（也包括课间活动）中都时刻渗透着教师的教学思想和理念，它们都是有意义的教学行为。

四、 单元教学法

单元教学法是把内容相关、性质特点相似或一定范围内的问题放在一起，并以此为中心组成一个一个的单元，便于组织教学，也利于学生学习。单元教学法的目的是通过单元主题整合一些较为分散、零碎的活动，使单元内具体的活动之间有着较为紧密的关系和联系。这种方法适合特殊学生学习速度慢、知识统整能力差的特点，因此在培智学校里面得到了比较广泛的应用，特别是在综合课程思想的影响下，单元主题便是最直观的统整。

越秀启智的单元教学遵循以下几方面的原则：①以课程评量为依据，以特殊学生的需求为依据；②综合考虑学生家庭、社会和社区的需求；③建立在学生已有的知识、经验和兴趣上；④联系已有过的教育教学活动及教师的经验教学；⑤注意所选主题的本土化和乡土化，确保主题内容贴合学生实际生活；⑥单元活动内容结构应完整、有序，一般它包括准备、发展、综合三个阶段。准备阶段是整个单元活动的预备和基础阶段；发展阶段是单元活动的主活动，将单元主题展开、深入；综合阶段是对单元活动的清理、复习和整合。三个阶段首尾相连，各段中又可分为数个小活动，如在“认识警察叔叔”单元中准备活动阶段就由“认识公安/警察的服装”“认识标志”“与警察叔叔见面”几个小活动构成。单元教学活动流程一般包括以下几个步骤：确定单元主题、分析单元主题、拟定活动的内容及课时、设计单元活动教案、制定单元活动评量目标、实施单元活动、评量和调整单元活动。

五、 直接教学法

直接教学法是建立在斯金纳（Skinner）的操作性条件反射的理论基础之上，最初是由贝瑞特（Bereiter）和恩格尔门（Engelmann）为帮助 4 ~ 6 岁低收入家庭的儿童在学业上能够追上中产阶级家庭出身的儿童所设计的教育方案，现在的直接教学法可应用在许多学科。它是教师应用组织精密、层次分明的教材与有效的小组教学的方法，用于直接预防与补救学生学业及其他技能缺失的方式。直接教学法的基本观点是任何学生都能学习，只要教师给予有系统的教学，选择适当的教材，应用适当的教学法；对于低成就学生应“多教”而不应“少教”；让学生在短时间内学得多，保持久，能迁移类化到新情境。直接教学法的特点表现在以下四个方面：非结构式的，没有第二种答案；要求教师有充分的准备；教师一次只教一种新技能，学生容易习得；强调学生在教师引导下的充分练习，密集练习与分散练习相结合，集体练习与个别练习结合，教师协助与独立操作相结合，强化学生知识学习和能力形成，同时养成学生独立练习和工作的习惯。

直接教学法的教学过程分三个阶段，分别是介绍阶段、协助练习阶段和独立练习阶段。在介绍阶段，教师出示教材，注意焦点提示，示范教学内容和解决问题的策略、步骤；在协助练习阶段，教师协助学生做有组织、有系统的练习，学生应用所学知识技能，如果是新的范例，教师应给予适当的协助；在独立练习阶段，教师只给学生反应信号，学生独立应用所学技能解决问题，这是学习迁移和独立操作习惯的培养，同时也体现了教师“支持”“协助”的逐渐减少，直至完全退出，让学生能独立完成任务。直接教学法的课程设计分以下步骤完成：①课程设计依教学计划与组织安排；②确定教学目标，以行为目标的方式叙写，要求有目标内容、发生的情境和学生要达到的量化标准；③确定教学顺序、过程和方法；④教师给学生提供正例与反例两种范例；⑤教学顺序为先易后难，先教常例再教特例，先教学生适用的，先教基础技能，先教旧有经验，最后教易混淆、不易辨别的；⑥设计练习阶段，包括密集式与分散式练习、重点练习与系统练习、协助练习与独立练习等相结合，多种练习方式应均有考虑到；⑦注意教学中教学技巧的运用。

六、 工作分析法

工作分析法是指在建立一项新行为或活动的过程中，该行为或活动是一个整体的工作目标，依其工作程序或活动构成而做的分解，依据学生的情况，谨慎分析其工作程序及重要性，再设计出有效的工作程序，运用行为连锁原理依次将其串联起来，加上一些有效的教学技巧，以达到教学目的的教学方法。工作分析法是一种化整为零、化繁为简、步步为营，再化零为整、综合地分析和评量的工作，也是一种训练方法。工作分析法的依据是行为连锁原理，它是一种“刺激 S－反应 R”的连锁，借由一项辨别刺激，引发特定反应，而形成一个环节，每一个反应又为下一个反应引发另一辨别刺激，最终形成一连串的 S－R 环节。工作分析法用于建立一项较复杂的有连锁特点的新行为，比较适合技能性目标的教学，如粗大动作、精细动作、家事技能、生活自理等。对特殊学生，特别是智力落后的学生来说，他们短时记忆能力差，学过的知识在短时间内易遗忘，为更好地较长时间地保持所学知识，在教学时采用工作分析法把所学内容有计划地分成细小的步骤，然后按步骤进行教学和帮助学生消化，最后达到相应的目标。即使某一个教学内容经过这一步步的练习后已经掌握了，但在学习新的内容之前，教师要回过头来有步骤地复习以前学过的内容，当唤起他们的回忆之后，再学习少量的新内容，然后再复习、再巩固前面的内容，采取这样一种将学习和复习有机结合的循环教学方法，有利于学生有效地掌握技能。教师在采用这种方法教学时，其基本原则是由易到难，由浅入深，循序渐进，环环相扣，这种教学方法适合智力落后学生的身心特点，在培智教育里得到较广泛的应用。

以下是工作分析法的操作流程：①确定教学目标，包括教学的情境、内容和标准。②目标分析，将复杂的技能按完成目标行为的操作顺序分解为简单步骤。③动作设计，根据学生的发展现状，针对每一个步骤设计学生完成的动作。④确定协助方式，每一个动作确定四种协助方式，即从身体协助到示范完成、口头提示，直至独立完成。动作教学前，教师先要进行评量，评量顺序由难到易，即从独立完成到身体协助，了解学生的发展现状，然后从起点开始，按由易到难的顺序教学，最后期望学生能做到独立完成。⑤连锁训练。一般说来，连锁训练的方法有三种：第一种是整体呈现，学生在每次练习时，都要按步骤从头到尾完整地做一次，持续练习，直到精熟所有步骤为止；第二种是顺向连锁，也叫正向连锁，教学时教师先教学生完成第一个步骤，然后教第二个步骤，并把前面两个步骤联结起来，接下来教第三个步骤，并把前面的步骤连起来，一直教完所有的步骤；第三种是倒向连锁，也叫反向连锁，即以渐进相反的方向形成行为连锁，先建立最后一个步骤，再教倒数第二个步骤，并与最后一个步骤联结，接下来教倒数第三个步骤，并与最后的两个步骤连续，直到前面的第一个步骤。⑥记录与评估，主要是记录和评估学生的学习表现，并依此调整下一轮教学。

七、自主学习法

当前，特殊教育的教学范式在悄然发生改变，更加关注特殊学生的自主学习（self-directed learning）。[1] 自主学习指学生自主掌控自己的学习，包括事先计划和安排自己的学习活动，监督、评价和反馈自己的学习活动，调整和控制学习活动。在课程论领域，培养学生的自主学习能力被作为一项重要的课程目标；在教学论领域，自主学习被视为一种重要的教学方法；在学习论领域，自主学习被看成一种有效的学习方式。[2] 在过去50多年的时间里，自主学习将传统意义上的教师导向教学转向学生导向，帮助特殊学生调整自己的学习行为，积极主动地参与教学活动。自主学习的目的是为了让学生最大限度地成为自己生活的代理人（causal agents），教师的角色从为学生提供直接教学转变为提供支持帮助他们学业成功。重度残疾学生可能需要进行支架式教学（scaffolding）和更多的支持辅助。自主学习不仅帮助特殊学生独立自主，而且将学习的焦点由教师主导变为学生主导，这也符合当下我国特殊教育的培养目标，在2010年发布的《国家中长期教育改革和发展规划纲要（2010—2020年）》提出："培养残疾学生积极面对人生、全面融入社会的意识和自尊、自信、自立、自强精神。"因此，在学校里强调特殊学生自主学习，其实是为了学生将来更好地独立自主生活打下坚实的基础。

特殊学生的自主学习并不完全是学生一个人的学习，而是在一定的支持下的自主学习，这些支持包括教师和同伴辅导、辅具支持、教学环境创设等。待学生熟悉学习模式后，支持会逐渐减少，或他们主动要求提供支持，或表达自己所需的支持和支持的程度，直至完成学习过程。

第三节 教学资源的开发

一直以来，我国传统的教学模式都是教师以教科书为主要教学依据，学校教育评价也基本以教科书的系统知识为标准，并据此对一系列教学活动给予制约。这种狭隘的教学理念使得教师、家长、学生，甚至全社会都以教科书为主要课程和教学资源，甚至是唯一。在特殊教育领域，盲校和聋校尚有普通学校的教学资源参考借鉴，唯独培智教育领域缺乏适当的教材，更不能简单地照搬和调整普教资源，为丰富教学，为教师教学提供科学、有效的参

---

① AGRAN M. Student directed learning: teaching self-determination skills [M]. Pacific Grove, CA: Brooks/Cole Publishing Company, 1997: 29.

② 顾明远. 中国教育大百科全书：第4卷 [M]. 上海：上海教育出版社，2012：2634.

照，自主开发教学资源成为越秀启智的首选。越秀启智在长期发展过程中，已建立了内容翔实、完整的教学资源库，包括具有搜索功能的线上资源库系统、教材资源库和辅具。

一、 线上资源库系统

资源的搜索主要依靠关键字，搜索的效率要看使用者对关键字的了解及熟悉程度，只有当资源库的设计者与应用者的意图是一致的，资源才能得到有效应用，因此要让教师方便使用搜索功能，资源的组织方式必须根据教师所熟悉的东西去设计，而且资源设计的意图也尽量与使用教师达到一致。通过对特殊教育课程的分析和特殊教育教学的探讨，一个新的资源组织规律被总结出来，即依据特殊教育课程大纲的目标作为特殊教育资源的关键字系统，通过这个系统，各种资源能够在教师熟悉的范畴内组织起来，而对资源的设计和使用也不会有太大的歧义。教师只需要把要教的教学目标作为关键字搜索，就会找到完成这些教学目标的资源，真正做到资源库的应用面向教师、面向教学的目的。越秀启智在长期探索实践中，建立起了“教育 e 时代”教学资源库，它是特殊教育资源与个别化教学的辅助系统，内容和功能见表 6－13。

表 6－13 “教育 e 时代”教学资源库内容和功能

模块名称			功能描述
管理中心门户	学生管理系统	学籍档案管理	反映学生认知水平、需求倾向、学习接受程度、人格特质、儿童家庭背景等数据资料，包括成长历史档案和文字评价资料
		IEP 评量系统	用科学的理论和方法对学生进行测试，提供 IEP 学习能力的信息和专业性的数据
	资源搜索中心	IEP 制作系统	针对所选学生个别化教育目标的要求，对所推荐的内容进行整合、处理
		目标统合系统	对所选学生的具体情况提出教学目标的推荐意见，并且对意见进行编辑和校验
		学期主题管理	根据学生的情况，提出教学主题推荐选项，并且提供编辑校验，共享协调互动

续上表

模块名称			功能描述
	软件课件搜索中心	主题资源搜索	支持对特殊教育资源库的主题资源搜索功能
		教材教案搜索	特殊教育资源库的教材教案资源搜索功能
		综合搜索	特殊教育资源库的关键词、主题、目标资源搜索
	视频搜索中心	教师培训视频	特殊教育资源库的教师培训视频资源搜索功能
		个别训练视频	特殊教育资源库的个别训练视频资源搜索功能
		优秀课例	特殊教育资源库的优秀课例资源搜索功能
		康复视频	特殊教育资源库的康复视频资源搜索功能
		课件搜索	特殊教育资源库的课件资源搜索功能
	康复档案搜索中心	物理治疗档案	特殊教育资源库的物理治疗档案资源搜索功能
		语言治疗档案	特殊教育资源库的语言治疗档案资源搜索功能
		职业治疗档案	特殊教育资源库的职业治疗档案资源搜索功能
	家长资源中心	教育服务咨询	特殊教育资源库的教育服务咨询资源搜索答复
		家长图书馆	特殊教育资源库的图书馆搜索与下载功能
	学生园地	在线动漫	支持对特殊教育学生动漫创作与作品管理功能
		兴趣学习	特殊教育学生兴趣学习与作品管理功能
统计分析子系统	系统基础设置模块		设置系统的应用环境，配置系统参数
	用户权限管理模块		设置系统用户组以及用户权限配置参数
	系统接口管理模块		设置本系统与普通教育资源库的接口及参数
资源发布/审批模块子系统			用户进行资源发布，对已发布的资源进行审批
内部通信子系统			提供给本系统用户进行即时系统通信
数据交换平台			实现系统数据的导出、导入等数据交换

"教育e时代"教学资源库具有以下四个方面的特点。

（一）有机整合

以往资源库里的资源总是独立存在，缺乏有机整合，使用者往往需要多次搜索后才能找到相关的资源集合。为了提高资源库的搜索效率，让教师能够一次性地找到所需资源，必须把资源库里的零散资源有机组合起来，成为一个整体。通过对特殊教育教学的研究探讨，现在特殊教育的教学是以主题为单位开展的教学。因此，资源的组合依据在于主题，学校只需把零散的资源根据教学主题组织起来，教师在搜索资源时就能一次性地把所有的资源找到，提高资源库的搜索效率。

（二）面向教学

资源库的建立主要是为学生个别化的教学服务的，特别是IEP本身就是一个严谨的系统，包括学生的评量、个别化发展目标的制定和实施，每个环节对教师来说都是一个不小的挑战。重要的是，一个班级往往有六七个学生，也就是有六七份IEP，如何把这些目标有机整合起来，让每个学生能学到所需知识，是资源库需要解决的核心问题之一。因此，学校在教学资源库的开发中充分考虑到了这点，把整个IEP实施流程纳入其中，并在各个环节为教师提供所需的帮助。在学生档案资料管理阶段，把与学生有关的发展资料放在里面，方便教师查看和进行不同阶段的比较分析。在IEP的评量阶段，IEP减轻教师的书写压力，还可提供分析系统，为教师的准确评量提供帮助。在IEP的制定阶段，对全班学生的IEP进行分析，为教师制定班级教学目标、个别化训练目标提供帮助。在IEP的实施阶段，为教师提供实现班级目标的相关教学主题及资源的参考，让教师更容易设计教学主题，让学生得到更适当的教育。在教学设计和教材选用阶段，资源库则提供能够完成相应教学目标的教学设计和教材为教师参考，让教师在最低程度修改的情况下完成本班教学。

（三）内容丰富

特殊教育涉及的领域广阔，且每个领域里还有更加深入的发展，因此对于特殊教育教师来说，他们不能只满足于完成基本的教学，还要对更多的领域有所涉猎。资源库的建设也不会只停留在教师教育教学方面，还会为教师专业发展提供更多的帮助和支持，需要为资源库增加更多的教师培训资料和各特殊教育专业领域的相关资料。

（四）可持续发展

特殊教育资源库除为教师现阶段的教学提供参考外，还必须把一线教师的劳动成果转化为能够再次利用的资源，让教师的智慧结晶得以保存运用，提高教师制作新资源的积极性，因此资源库的设计要有一个可操作的、便于教师提交的资源入库规范及程序。通过对特殊教育教学主题设计和教材制作的分析和研讨，设计一个较为简单易用的资源制作程序，根据这套程序制作每学期的主题及教材，完成后能够依据资源及相关说明文件，比较容易地进入资源库，得到再次运用。

二、 教材资源库

教材是教师最直接的教学工具，虽然我们反对教师教学唯教材为本，但必须承认的是，它对教师教学内容的选择提供了一定的教学思路和途径，可作为有效参考。学校线上资源库的搜索也包括教材的搜索使用。

随着越秀启智招生生源的改变，学校实行“零拒绝”，且接收的学生的残疾程度越来越严重，原有的国家在20世纪90年代编写的培智教材早已不适应培智学校的教学需要，于是越秀启智组织教师团队，编写教材。学校教材编制的基本思路是考虑到适应生活是每一个人都必须具备的基本生存能力，而智力落后学生又是在智力功能和适应行为上具有显著限制所表现出的一种障碍，通过学校教育，这些学生至少要能适应家庭和社区生活。2007年的《培智学校义务教育课程设置实验方案》提出，培智教育“在课程功能上，强调学生积极生活态度的养成，注重对学生生活自理能力和社会适应能力的培养与训练，关注学生潜能的开发，培养学生的个人才能”。因此，教材内容的设置坚持以生活为核心、以单元主题活动为组织形式的原则。为突出生活适应的核心目标，主题设计和内容组织具有科学性、功能性、生态性、统整性的特点，并能兼顾生活语文、生活数学、生活技能等不同的知识领域，整套教材包括学生用书、教师用书和家长用书。学生用书教材编写体例是：第一部分是短文引入，要求以第一人称撰写；第二部分是技能知识，包括活动需要的图卡和字词卡片，活动的工作流程；第三部分是相关学科知识，包括生活语文、生活数学等学科练习单。教师用书教材编写体例是：第一部分是主题说明，包括主题目标；第二部分是教学策略建议；第三部分是单元教学设计范例。家长用书教材编写体例是：第一部分是主题说明，包括主题目标；第二部分是家庭活动建议——环境布置；第三部分是家庭活动建议——技能目标的工序分析；第四部分是家庭活动建议及注意事项；第五部分是训练目标检核表。

学校在选择教材内容时会考虑学生的教学目标层次，一般说来学校分为四个层次，分别是好照顾、好家人、好帮手和好公民。教材资源是以“好帮手”的能力目标标准来写的，教师在使用时要结合学生的能力向上、向下调整。教材的教学重点包括“生活实践”“社会适应”和“智能发展”中有关认知、语言、数理运用、手部动作、自我引导等方面的目标，教材资源以此为标准选材。其他教学目标，如粗大动作、感知觉发展等以康复训练的形式开展，不作为教材资源的内容。学校所描述的功能状态只从认知和技能考虑，情意态度的相关目标会在教学活动中培养，某些功能活动在培智学校不是常态活动（如眼保健操），因此教材里不会出现这些内容。因为学校里的公共空间，如走廊、楼梯、电梯等，在不同活动中都会使用到，所以会作为一个单独的场景来编写。

三、 辅具

辅具，又称为辅助产品、辅助器具，它是指为功能障碍者特殊制作的或一般可得到的任何产品（包括器械、仪器、设备和软件）。辅具的作用主要体现在以下三个方面：补偿作用，指通过辅具增强障碍者已减弱或丧失的原有身体机能来克服活动和参与的困难，使其在一定程度上得以功能恢复；代偿作用，指通过辅具使障碍者其他机能来代偿失去的机能以克服活动困难，使活动和参与功能可以实现；适应作用，指采用特殊的辅具来适应个体的障碍并创建无障碍的环境以帮助学生参与活动，如过马路时的语音提示等。

越秀启智的学生障碍类型越来越多，障碍程度也越来越重。随着人们对障碍认识的深入，越来越多的辅具进入特殊学生的生活，但由于市场上的辅具种类不足，且都是通用设计，没有根据特殊学生个别化需求设计，针对性有限。于是，学校于 2014 年 1 月成立辅具小组，专门负责辅具的评估、设计和简单制作。辅具介入教学后，许多学生的生活状态有了明显改善，如经改造后的轮椅或座椅，使学生身体直立起来，不仅使骨骼或肌肉张力维持正常状态，而且使学生维持功能性的摆位，使他们可以参与更多的活动。

辅具设计与使用的基本原则包括以下四项：①差异性。辅具设计是与 IEP 相匹配的支持性服务之一，它应该根据不同学生能力或需求的差异而具有针对性。如摆位椅需要根据学生的坐高、坐宽、坐深的身体特征调整尺寸，根据学生的能力和活动需求调整靠背后倾度、坐垫和靠背软硬度等。

②多样性。由于目前学校有不同障碍类型，除智力落后外，还有自闭症、脑瘫、语言障碍等，围绕学生的日常生活与学习，发展不同用途的辅具，包括摆位辅具、移行辅具、矫形辅具、生活辅具、沟通辅具、阅读与书写辅具、动作训练相关辅具、职业训练相关辅具等。③及时性。辅具作为支持性服务需要随时根据学生的变化而调整，它包括三方面内容：一是当发现学生有某些身体缺陷时，及时提供辅具，减少缺陷带来的问题。如当发现学生步态异常时，可提供足弓垫或矫形带解决问题。二是随着学生能力变化，对已使用的辅具及时调整。三是因学生发展需要特别支持时，及时提供相应的辅具，以提高学生生活和学习的功能。④适配性。从行业的长远发展来看，辅具需要有通用设计才能持续发展，但从学校的角度来看，我们更强调辅具的适配性，即每件辅具都要根据学生的身心发展特点量身定做。

辅具服务流程一般可分为四个，包括发现需求、评估、设计与制作、投入使用与相关服务。发现需求是定期全面调查学生在日常生活、学习中对辅具的需求，以及职业班学生在职业训练中的辅具需求，学校会借助“辅具需求调查表”（见表6－14）了解学生是否使用辅具或辅具使用情况。辅具的需求调查包括三个方面：一是新生调查，把辅具需求调查作为新生入学评估的基本环节之一；二是定期筛查，通过问卷、班级和家庭观察两种形式及时发现学生对辅具的需求；三是由班主任老师或家长提出需求。评估阶段学校选择或自编评估工具，了解学生个别化的需求，使辅具符合学生的发展需求和能力特点，不同辅具的评估有不同的要素，表6－15是阅读与书写辅具的评估要素。设计与制作阶段会根据学生活动和身体特征，设计有针对性的辅具。辅具的制作则包括调整原有辅具或量身定做两种方式。辅具投入使用后，定期观察学生的表现，及时调整辅具，以使其达到最佳效果。相关服务则包括辅具的借用、维修、回收、培训相关人员等。

表6－14　辅具需求调查表

一、基本资料
1. 姓　　名：＿＿＿＿＿　2. 出生日期：＿＿＿＿＿　3. 年　　龄：＿＿＿＿
4. 医学诊断：＿＿＿＿＿　5. 障碍类别：＿＿＿＿＿　6. 教育安置：＿＿＿＿
7. 是否于医疗系统接受专业治疗？
□是，地点＿＿＿＿＿＿
□PT　次/周　□OT　次/周　□ST　次/周　□心理治疗　次/周　其他＿＿＿
□否
8. 智力测试结果：测试名称：＿＿＿＿＿＿＿　日期：＿＿＿＿＿
9. 发展测试结果：测试名称：＿＿＿＿＿＿＿　日期：＿＿＿＿＿
10. 特殊病史或出生史：＿＿＿＿＿＿＿＿＿＿＿＿＿＿＿＿

续上表

二、辅具使用情况调查
目前是否有使用教育辅具：□有（请往下填建议项目）　□无 是否需要申请教育辅具：□是（建议项目请在评估结果与建议填写）　□否 摆位辅具：□站立架（□直立式　□俯趴式　□仰躺式）　□特制课桌椅 　　　　　□改良式学生椅　□可调高度桌子　□副木　□其他 移行辅具：□助行器（□步行训练器　□前推式　□后拉式） 　　　　　□轮椅（□一般轮椅　□特制轮椅　□电动轮椅）　□拐杖 矫形辅具：□有（说明：_____________________________）□无 生活自理辅具：□有（说明：_____________________________）□无 沟通辅具：□低科技沟通辅具（□图片　□沟通本　□沟通板　□其他________） 　　　　　□高科技沟通辅具（□红雀　□语音沟通板　□语音笔　□电脑/iPad 语音程序　□其他__________） 阅读与书写辅具：□有（说明：_____________________________）□无 职业辅具：□有（说明：_____________________________）□无
三、调查结果
□辅具提供符合学生需求　□辅具提供不符合学生需求
须调整项目及原因：____

表 6－15　阅读与书写辅具的评估要素

辅具名称	评估要素	说　明
握笔器	手指分化能力	前三指的分化情况决定使用笔的质量，手指分化不好时通常不能将笔握好，考虑是否加指扣，因此分化能力是考量的重要指标
	腕关节	腕关节能维持正常功能位是使用笔的前提条件
阅读板	角度	根据学生的身高，可调节 3 个角度来满足学生的需求，让学生视线尽可能垂直于阅读板

第七章
教师的专业发展支持

教师是学校办学的主体力量，在教学活动中起主导作用。一所好学校有了恰当的教育理念和发展方向外，还必须有一批教师去践行它的办学理念。2012 年，教育部等部门联合发布《关于加强特殊教育教师队伍建设的意见》，就加强特殊教育教师的建设规划、条件准入、培养培训、教师管理、待遇等方面做出明确规定，提出“到 2015 年，基本形成布局合理、专业水平较高的特殊教育教师培养培训体系；到 2020 年，形成一支数量充足、结构合理、素质优良、富有爱心的特殊教育教师队伍”。为贯彻落实党的十八大和十八届二中、三中全会的精神，深入实施《国家中长期教育改革和发展规划纲要（2010—2020 年）》，加快推进特殊教育发展，大力提升特殊教育水平，切实保障残疾人受教育权利，2014 年国家发布《特殊教育提升计划（2014—2016 年）》，明确提出要“加强特殊教育教师队伍建设”，具体包括完善教师管理制度和提高教师专业水平，以教师的专业发展作为提升特殊教育质量的重要途径之一。为进一步完善教师队伍建设标准体系，引领特殊教育教师专业成长，促进特殊教育内涵发展，教育部于 2015 年研究制定了《特殊教育教师专业标准（试行）》。近些年来，国家密集出台有关特殊教育教师专业发展的政策，这表明特殊教育教师在特殊学生教育中的重要作用和意义，需要国家政策上的有效引导和规范。

第一节　师资队伍发展现状

越秀启智的办学除注重“以生为本”外，还强调“以师为基”，学校最宝贵的财富是教师的专业发展。经多年沉淀积累，越秀启智逐步打造了一支优秀的教师队伍，既保障了教师的数量，又通过学校内部标准建设确保教师质量，并为教师专业发展提供充分的支持。

一、 师资队伍概况

20 世纪 80 年代成立初期的越秀启智只有一个智障班，教师数量不成规模。截至 2017 年 6 月，学校共有教师 171 人，按职责划分，可分为六类教师：①行政教师 17 人，主要负责处理学校的日常运作和管理，具体包括学校常规工作、掌握教学及学生动态、及时处理偶发事件、检查指导校园卫生和安全工作等。②班级教师 96 人，主要承担包班教学和对班级学生、各项事务的管理。③艺能科教师 13 人，主要承担音乐、体育、绘画、手工等课程的教学。④康复教师 41 人，主要从事物理治疗、作业治疗、语言治疗、心理治疗、社会工作和科技辅具等工作。⑤社工 4 人，主要辅助教师教学和协助日常事务运作。⑥生活教师/后勤人员 9 人，负责学生生活中的各项事务。各类教师各司其职，共同组成了一支结构合理、相对稳定的专业师资队伍，对特殊学生个别化的发展和教学起到了重要的保障作用。

从教师年龄结构来看，以中青年教师为主，他们精力充沛，有着丰富的教学经验，确保教学质量。具体看来，教师年龄小于 25 岁的有 19 人，25 ~ 40 岁的有 104 人，41 ~ 55 岁的有 48 人。从专业背景来看，学校特殊教育背景教师 5 人，普通师范教育教师 84 人，非师范教育教师 82 人，具体专业包括普通教育学、心理学、康复、社会工作、汉语言文学、生物、计算机等。广泛的学科背景使教师们能发挥各自优势特长，满足特殊学生多方面的发展需求。在学历结构上，中专学历教师 11 人，大专学历 48 人，本科学历 109 人，研究生学历 3 人。其中，以本科及以上学历为主，占比达到了 65%，高学历的师资队伍保证了教师的专业化水平。

二、 师资队伍建设特点

一支高水平、专业化的师资队伍建设并不是一蹴而就的，学校现阶段的师资队伍建设也是逐步发展的动态过程。

（一）师生比逐渐合理

师资队伍的发展首先要确保有一定数量的教师，接下来再谈教师专业"质"的提升。教师数量的增加能满足课程的教学需求，扩大教育规模，使课程与教学不断趋于完善，但教师数量的提升并不是随意增加数量，而是根据学校发展需求来定，确切地说，是根据特殊学生的数量来定。2009—2014

年全国特殊教育学校专任教师人数呈逐年上升趋势，截至2014年底，全国特殊教育学校专任教师48 125人，比2009年增加10 180人，增幅26.8%；特殊教育学校师生比从2009年1∶4.19上升到2014年的1∶3.86。[①] 但由于我国地域广阔，各地区经济发展差异大，政策落实不到位，导致地区间特殊教育学校师生比的差异。张胜利和李慧对吉林省29所特殊教育学校教师的结构与编制进行调查，发现总体师生比为1∶2.5；各个学校师生比中，最高的是1∶1.2，最低的是1∶6.7，可见各学校师生比差异很大。[②] 2013年河南省教育厅出台的《河南省特殊教育学校标准化建设标准》提出，在师资上，学校要按师生比1∶3配齐专任教师，按需配足教辅人员，如康复、医护、心理辅导、保育、炊事、保安等人员。[③]

2008年广东省编办、教育厅、财政厅和残联联合发布的《广东省特殊教育学校教职员编制标准暂行办法》（以下简称《暂行办法》），规定了特殊教育学校根据规模和学校类型，按照当年在校学生数的一定比例核定教职员基本编制，主要是根据学校类型，按照当年在校学生数的一定比例核定。招收盲生的学校，招收聋生的学校，招收智障学生的学校，招收自闭症、脑瘫学生，招收多重残疾学生的学校，普通中小学附设的特教班，教育矫治具有严重不良行为学生的学校，比例分别为1∶3、1∶3.5、1∶2.5、1∶2、1∶3.5、1∶5、1∶4。同时，它还规定了特殊教育学校教职员附加编制标准，即招收盲（聋）、智障、自闭症（脑瘫）、教育矫治具有严重不良行为学生的寄宿制学校每班可分别增加0.5名、0.8名、1名和1名编制。开设职业教育课程的特殊教育学校，每专业可增配1名编制。在校学生数在150人以上的学校可增配1名专职心理教师编制。2013年广州市人民政府办公厅发布《关于加强我市特殊教育工作的实施意见（2012—2016年）》，提出特殊教育学校应按照《暂行办法》的要求，配齐、配足教师，并在编制总额内合理配置康复、心理、培训等方面的专业教师。

在国家和地方政策的双重支持下，以越秀启智2003年和2016年的相关数据比较来看，2003年学校共有特殊学生人数96人，教师32人，师生比是1∶3；2016年学生人数达到了312人，教师人数153人，针对脑瘫和自闭症

---

① 教育部. 教育部发布特殊教育评估报告［EB/OL］.（2015-12-01）［2017-05-01］. http://www.spe-edu.net/Html/tjnews/201512/43161.html.

② 张胜利，李慧. 吉林省特殊教育学校教师结构与编制的现状调查［J］. 中国特殊教育，2015（12）：22-30.

③ 王灿. 特殊教育学校标准化师生比1∶3［EB/OL］.（2013-04-22）［2017-05-10］. http://newspaper.dahe.cn/dhb/html/2013-04/22/content_881952.htm?div=-1.

学生的师生比配置是1∶2，智力落后学生的师生比则是1∶2.5。因此，在十多年的发展时间里，学校学生人数增长了2.25倍，但教师人数则增加了3.78倍，远高于学生人数的增长速度，这表明学校对师生队伍建设的重视。同时，师生比也呈现相应的增长趋势，至今已达到广东省《暂行办法》的规定，并对不同残疾类型的学生区别对待，脑瘫和自闭症学生配置相对较高的教师数，师生比将逐渐合理化。

（二）分工逐渐精细化

特殊学生的发展需求是多方面的，特别是对于培智学校而言，学生的残疾类型复杂多样，且程度普遍偏重，为了满足他们个别化的教育需求，教师的专业发展也要走向更加精细化的道路，大家各司其职。2003年，越秀启智将教师划分为五类，分别是行政类、实用语文教师、实用数学教师、艺能科教师和劳动课教师。其中，行政类主要包括校长和副校长，负责学校日常管理和运作；实用语文教师主要担任班主任工作，以及承担语文、常识、品德课程的教学；实用数学教师主教数学学科；艺能科教师主教音乐、体育、美术、电脑等；劳动课教师主教职业训练，包括电工、缝纫、烹饪等。随着2007年教育部开始新一轮特殊教育领域的课程改革，越秀启智也对学校的课程和教学进行了革新。首先，学校不再划分过去使用的实用语文、实用数学类教师，而采用包班制教学，针对特殊学生的身心发展特点，更加注重知识的统整性。班级教师按所教年级段分为低年部、中年部、高年部和职教部教师，主教和助教协作进行课程设计，完成语文、数学、生活适应等学科知识的教学。其次，学校教师类型和相应的职责分工进一步精细化，确保学校各项事务运作走上更加专业化的道路。在人员结构上，行政教师除校长和副校长外，增加了办公室、教导处、科研处、德育处等行政办公室的人员，形成系统的科学管理体系，教科研两手抓，行政人员的职责分工更加清晰明了。最后，在教师职责上，学校专门划分出了康复教师、生活教师和社工。在康复教师类别下，根据每位教师的专业发展方向，又划分为感统训练教师、物理治疗教师、语训教师、情绪行为干预教师等，这样确保教师技能发展的专业性。2012年教育部等部门颁发《关于加强特殊教育教师队伍建设的意见》，明确提出“改革（特殊教育教师）培养模式，积极支持高等师范院校与医学院校合作，促进学科交叉，培养具有复合型知识技能的特殊教育教师、康复类专业技术人才”。康复教师的出现既是为了与国家“医教结合”/“教康结合”的发展政策相呼应，又是为了满足特殊学生康复训练的需求，实现个别化的教育目标。与2003年相比，学校还增设了专门的生活教师。由于招生规模的扩大和招生生源残疾程度的逐渐加重，学校需要除教学以外的专门的生活教师负责学生在校期间的日常生活。

三、 取得的成效与存在的问题

越秀启智在教师队伍建设上取得了很多突出的成效，但同时学校也存在一些问题，阻碍教师专业水平的进一步提升和发展。

（一）取得的成效

学校一直致力于打造一批优秀、专业的特殊教育教师队伍，教师数量不断增长，教师素质通过学校的各类培训项目不断提升，教师的年龄结构、学历结构、专业技能等日益趋于合理和多元。表 7－1 和表 7－2 是在 2014—2016 年三年里，学校集体和教师个人所获荣誉一览表。

表 7－1　2014—2016 年所获集体荣誉一览表

年度	奖项名称	授予单位	获奖数量
2016	越秀区小学大课间体育活动评比特别奖	越秀区教育局	1 个
2015	越秀区小学生歌咏评比特等奖	越秀区教育局	1 个
	特殊教育学校烹饪比赛	广州市特殊教育教学研究会	二等奖 1 个、三等奖 1 个、优秀组织奖 1 个
	越秀区小学办学水平评价特别教育奖	越秀区教育局	1 个
	越秀区中小学微课比赛	越秀区教育局	三等奖 1 个
	广州市中小学“十二五”课题	广州市教育局宣传与思想政治教育处	1 个
	广州市多媒体教育软件评比	广州市教育局、广州市教育工会	最佳组织奖 1 个
2014	越秀区小学生歌咏评比特别奖	越秀区教育局	1 个
	创建五好基层关工委先进集体奖	中共广州市越秀区教育局委员会	1 个
	越秀区小学大课间活动特别奖	越秀区教育局	1 个
	全国特奥足球比赛	中国特奥会	1 个
	全国首批特殊教育学校医教结合实验示范基地	教育部	1 个

表7-2 2014—2016年教师所获个人荣誉一览表

年度	奖项名称	授予单位	获奖人数
2016	《现代特殊教育》征文比赛	中国教育学会特殊教育分会、《现代特殊教育编辑部》	一等奖1人、二等奖4人、三等奖3人
	广州市越秀区优秀少先队辅导员	共青团广州市越秀区委员会等	4人
	越秀区微课制作比赛	越秀区教育局	二等奖4人、三等奖2人
	广州市优秀自制教具比赛	广州市教育局	二等奖5人、三等奖4人
	年度工作评优	广州市越秀区人民政府	4人
	多媒体教育软件评比	越秀区教育局	特等奖1人、二等奖1人
	在职培训研修班“优秀学员”	广州市教育研究院	5人
	多媒体课件评比	广东省教育厅	一等奖1人
	多媒体课件评价	广州市教育局、广州市教育工会	一等奖1人
	白云街社区综合治理先进个人荣誉称号	越秀区白云街综合治理委员会	1人
2015	越秀区微课比赛	越秀区教育局	一等奖1人
	年度工作评优	广州市越秀区人民政府	4人
	越秀区小学生歌咏评比特等奖	越秀区教育局	特等奖辅导奖1个
	全国小学信息技术与教学融合优质课比赛	教育部数字化学习支撑技术工程研究中心、全国现代教育技术中心	一等奖2人、二等奖1人
	特殊教育学校教师信息技术应用能力展示与交流活动	中国教育学会特殊教育分会	一等奖3人、三等奖1人
	班主任工作论文评比	广州市教育局	二等奖1人
	广州市班主任教育案例评比	广州市教育局	一等奖1人

续上表

年度	奖项名称	授予单位	获奖人数
2014	年度工作评优	广州市越秀区人民政府	4人
	广州市特殊教育教师讲故事比赛	广州市特殊教育教学研究会、广州市残联	二等奖1人
	全国初中信息技术与教学融合优质课	教育部数字化学习支撑技术工程研究中心、全国现代教育技术中心	二等奖1人
	广州市多媒体教育软件评奖活动	广州市教育局、广州市教育工会	一等奖2人、二等奖2人
	越秀区多媒体教育软件评奖活动	广州市越秀区教育工会委员会、广州市越秀区教育局	特等奖3人、一等奖1人、三等奖2人
	广东省计算机教育软件评奖活动	广东省教育厅	一等奖2人、二等奖1人、三等奖1人
	越秀区教坛新秀	广州市越秀区教育局	2人

由表7－1和表7－2可知，学校在发展过程中，既有集体荣誉，体现着学校发展中取得的进步，又有个人荣誉，说明学校重视教师个人专业发展，其中教师个体所获荣誉的数量和类型都多于集体荣誉，说明学校在努力打造高水平的师资队伍。在这些荣誉里，有与教学相关的奖项，如微课比赛、教具比赛、多媒体课件评比、优质课等，也有与科研相关的，如《现代特殊教育》征文比赛、班主任工作论文评比等，且以教学和科研类奖项为主，体现了教师扎实的教科研水平，以教学带动科研，科研促进教学发展。除此以外，教师还涉及在职培训、学生指导、社区综合治理等多方面的奖项，表明培训是提升教师专业水平的重要途径，并以专业水平的提升作用于特殊学生的发展进步。难能可贵的是，特殊教育学校作为社区的一分子，虽然在外人眼中是一个相对隔离的教育机构，但他们并没有把自己隔离开来，而是主动融合，借助社区资源教学，积极参与社区活动，也包括社区综合治理，以自己的方式践行融合教育。学校和教师相关荣誉的获得就是对他们努力和付出的最好肯定。

（二）存在的问题

虽然在师资队伍建设方面，越秀启智取得了一定的成效，一支专业水平较高的专业团队已经成长起来，但仍然存在一些问题，最主要的问题在于学校临时聘用的人员占了专业人员总数的大部分，在 2012 年这个数字达到了 2/5。[①] 表 7－3 是近五年来学校新教师入职与离职情况统计表。由表可知，虽然随着学校招生规模的扩大，每年都有一定数量的新进教师，且在 2015 年和 2016 年都达到了 19 人，但每年也都有教师离职，2014 年离职人员数目甚至多于新进人员数。师资队伍的不稳定性使教师在职培训工作成为一项周而复始的常规任务。此外，如何加快建立督导团队，监测保障特殊教育质量，以及教师如何调动家长积极性等问题，都需要学校在今后的工作实践中继续深入研究。

表 7－3　近五年新教师入职与离职统计表

时间	教师总人数/人	新进人员/人	离职人员/人
2012 学年	132	8	2
2013 学年	136	7	2
2014 学年	154	4	5
2015 学年	155	19	13
2016 学年	172	19	6

第二节　教师专业发展的要求

在国家政策层面，2015 年教育部颁发的《特殊教育教师专业标准（试行）》是促进特殊教育教师专业发展、建设高素质特殊教育教师队伍的基本保障。它的基本理念是"师德为先、学生为本、能力为重、终身学习"，从专业理念与师德、专业知识和专业能力三个方面规定特殊教育教师发展的基本内容。"专业理念与师德"包括职业理解与认识、对学生的态度与行为、教育教学的态度与行为、个人修养与行为；"专业知识"包括学生发展知识、

① 陈凯鸣. 跨专业合作模式在启智学校的实践［J］. 现代特殊教育，2012（12）：12－14.

学科知识、教育教学知识、通识性知识；“专业能力”包括环境创设与利用、教育教学设计、组织与实施、激励与评价、沟通与合作、反思与发展。在省级政策层面，在2011年发布的《广东省人民政府办公厅关于进一步加快特殊教育事业发展的实施意见》里，有关师资建设部分提出：“建设一支理论素养高、专业能力强的特殊教育科研骨干队伍，深入开展特殊教育研究，提高特殊教育科研质量和水平。研究掌握特殊教育规律，根据残疾学生的身心特点和特殊需求，加强教育的针对性。在教育教学和课程改革中，注重学生的潜能开发和缺陷补偿，培养学生乐观面对人生的意识和自尊、自信、自立、自强的精神，加强学生的法制教育、心理健康教育和安全教育，提高学生生活自理、与人交往、融入社会、劳动和就业等能力。继续开展手语、盲文研究和推广。继续深入推进特殊教育信息化和现代化。”在市级政策层面，2013年广州市发布的《关于加强我市特殊教育工作的实施意见（2012—2016年）》，其中对特殊教育师资队伍建设的要求是：“完善特殊教育教师资格的认证制度，未经特殊教育培训者不得上岗，连续两年考评不合格的特殊教育教师必须转岗……加强特殊教育人才培养。2016年前，重点培养几批广州市特殊教育名校长、名教师、医教结合复合型人才。”

越秀启智对教师专业发展的要求遵循国家和省、市级相关政策文件的基本要求，在此基础上，学校内部进一步提出教师的专业发展标准，力求以专业化的师资团队促进特殊学生的发展。特别是学校自2005年开始实施以IEP为核心的课程改革以来，对于教师的专业要求越来越高，而实际中招聘的教师来源广泛，并不是所有教师的专业能力都能达到令人满意的要求水平。于是，按照学校发展规划，学校拟定首先培养出一批教练级别的教师，以这批教师作为种子，来带动更多教师的专业发展，实现“以一带多”的教师培训模式，形成不同等级的专业化教师队伍。为了实现上述目的，学校制定了以“双师”制为核心的教师发展目标。在双师制的整体发展规划下，再制定各类教师的专业发展标准。

一、 双师制概述

学校双师制的目标主要包括两个方向：①培养一批能团结带领他人、具有专业性的教练型教师。②形成一套可行的培养教练级教师的培训方式和保障制度。双师制对教练级教师的考核标准为：①能团结他人，积极指导他人，具有良好的团队合作精神。②对于本专业有积极进取的精神，愿意为提升专业能力而参加理论培训，进行实践研究，撰写相关文章。③具有良好的专业水平。具体包括充分了解与本专业相关的理论知识，能熟练运用此理论进行教学实践；能对学生进行各种类型的评估（单纯实施本岗位相关的多种评估），分析评估、制订计划、实施本计划；能进行教学反馈，并及时调整教学；能依据本专业特点，对4名以内新教师进行为期一年的培训规划，并能进行分工合作，在专业上给予指导；能依据本专业所涉及的理论知识和实践经验，规划两个主题，每个主题设置为期三天的培训，并能独立完成培训；能够对本学校或者单位进行本专业方面的评鉴，并能提出改善的规划，同时能带领他人实施该规划。

学校双师制的实施流程是：首先招募双师制教师。双师制教师可以通过自愿报名或者他人、行政审核的方式进行招募。招募比例为教师总额的20%，共30人。人数可以依据每年具体情况进行少许变动。其次，学校依据教师特点和岗位需求，进行有针对性的培训。最后，每学期对双师制教师进行考核，调整培训计划和相关人员。同时，教师也从各个方面进行总结，提出需求。对双师制的考核主要从培训中积极发言的情况、作业完成质量、带新人的效果、与他人合作等方面进行。

为确保双师制的有效执行，学校确立了以下四方面的保障制度。

第一，提供有针对性的培训。因为双师制教师需要良好的与人合作的能力以及专业广度和深度，所以进行的培训要有所侧重。目前主要安排的培训有：教练式晤谈培训以提升教师亲师沟通技巧和教师合作技巧；核心团队跨专业合作，以提升专业广度；核心团队本专业目标体系、技能体系、训练活动等的专业梳理，以提升专业的深度。

第二，提供训练新教师的平台。学校依据自身情况，为双师制教师提供培训他人的平台，以提升教师培训的技巧和能力。主要的平台有：①外校教师跟岗学习平台。其他学校或者机构来学校进行跟岗学习，我们会尽量安排在有双师制教师的班级或者康复组、艺能课为教师进行练习的平台。②为教师提供外出培训的平台。如果教师有意向，同时有机会，我们会尽量为教师提供各种外出培训的机会，让教师能充分地练习如何讲课、如何设计培训、如何评估机构的设计修改方案等。

第三，提供较多助手，减轻双师制教师的日常工作压力。双师制教师因为要参加较多培训，进行实践研究，承担较多培训和指导他人的工作，所以相对其他老师而言，需要减轻日常教学的工作量。我们会在双师制教师岗位上，用增加一个副班、助理等方式，减轻双师制教师日常教学工作量。

第四，建立有效的奖励制度。因为双师制教师不仅承担了日常的教学工作，而且需要付出更多的精力指导新教师，也承担了部分科研项目，工作积极性高，压力大，所以需要制定有效的奖励制度，以期他们能有更高的积极性投入到工作中。学校会利用校长基金，每个学期为双师制教师提供一些补贴；在绩效工作年终分配中，对获奖教师以及双师制教师有一定倾斜；为跟岗培训的双师制教师提供聘书；对于各种可以获得荣誉的比赛，学校会给双师制教师提供更多竞争的机会。

二、 教师发展标准

双师制是学校打造专业化师资队伍的整体规划，它适用于各类教师的专业发展和能力提升。学校目前制定了康复组教师、艺能科教师和临聘教师的相关培养标准。

（一）康复组和艺能科教师培养标准

针对康复组和艺能科教师，学校对这两类教师的入职基本条件是要求必须遵守国家中小学教师道德规范和越秀启智的规章制度。在此基础上，针对不同级别的教师，有不同的标准要求，具体见表7－4。由表可知，学校根据教师初级、中级和高级三类职称，从工作态度、理论知识和专业技能三方面对教师的专业发展提出要求，体现了教师专业成长的阶梯性。

表7－4　康复组和艺能科教师的分级标准

项目	初级教师考核	中级教师考核	高级教师考核
1. 工作态度	1.1 能服从学校工作安排。 1.2 能完成班主任或组长、师傅布置的工作和任务。 1.3 能接受他人的指导，并及时做出调整。 1.4 能主动与班级教师、专业教师、艺能课教师反馈学生的情况、遇到的问题，并商量对策。 1.5 不穿奇装异服、仪表端庄，穿衣打扮符合要求	1.1 能服从学校工作安排。 1.2 能完成班主任或组长、师傅布置的工作和任务。 1.3 能接受他人的指导，并及时做出调整。 1.4 能主动与班级教师、专业教师、艺能课教师反馈学生的情况、遇到的问题、商量对策。 1.5 不穿奇装异服、仪表端庄，穿衣打扮符合要求	1.1 能服从学校工作安排。 1.2 能完成班主任或组长、师傅布置的工作和任务。 1.3 能接受他人的指导，并及时做出调整。 1.4 能主动与班级教师、专业教师、艺能课教师反馈学生的情况、遇到的问题，并商量对策。 1.5 不穿奇装异服、仪表端庄，穿衣打扮符合要求

续上表

项目	初级教师考核	中级教师考核	高级教师考核
2.理论知识	2.1 通过初级所具备的理论知识考核，笔试成绩在80分以上。 2.2 初级教师需掌握各专业组、艺能课所罗列的专业理论知识。 2.2.1 各种障碍类型学生概述。 2.2.2 初级儿童发展理论。 2.2.3 学校课程理念以及运作模式。 2.2.4 DTT 教学理论。 2.2.5 语言训练组：儿童语言发展里程碑、儿童口功能发展。 2.2.6 知觉动作：知觉动作教育意义和目标、感统失调的行为、动作表现、感觉处理问题的类型以及处理感觉问题的基本观念。 2.2.7 情绪行为管理组：视觉提示相关理论（个人工作）。 2.2.8 动作康复组：脑瘫学生的临床表现、特征、病因、类型等，基础解剖学、动作学习技巧、手术基础知识以及常用药物等。 2.2.9 运动保健：人体的生理结构及各组织肌肉的发展规律的相关理论、教学设计的书写。	2.1 通过中级所具备的理论知识考核，笔试成绩在80分以上。 2.2 掌握各专业组、艺能课所罗列的专业理论知识。 2.2.1 语言训练组：常见儿童语言问题；寓意、裕兴、语用三要素相关知识；常见的口功能异常以及处理方法；语言障碍评估工具的评估原理和使用方法；构音异常的特征；AAC 常用辅具的原理和使用方法；各种障碍类型（自闭症、脑瘫、智障个案）的语言沟通训练的策略和方法、PECS。 2.2.2 知觉动作组：详细的儿童发展里程碑；儿童游戏发展概述；各种感觉的功能；感知觉训练的内容和方法。 2.2.3 情绪行为管理组：行为处理的基本观念、ABA 中常用的各种方法；PEP－3 评估、PECS 理论；社会性发展方案；PCI/RDI 评估；思维理论中社会性能力的评估。 2.2.4 动作康复组：动作训练的基本原则、目的、方法。	2.1 通过高级所具备的理论知识考核，笔试成绩在80分以上。 2.2 掌握各专业组、艺能课罗列的专业理论知识。 2.2.1 语言训练组：言语机制与解剖生理知识；儿童言语学习策略；口功能异常的处理；评估与实施建议；音韵历程分析；AAC 辅具个案研究；多重障碍沟通训练的策略和方法。 2.2.2 知觉动作组：感统训练的内容以及方法；感觉餐单。 2.2.3 情绪行为管理组：正向行为支持；PRT；社交故事；想法解读；连环漫画。 2.2.4 动作康复组：动作发展顺序、方向、阶段的理论。 2.2.5 运动保健组。 2.2.6 绘画手工组：精细动作评估与实施建议、艺术治疗实例。 2.2.7 畅游律动组：戏剧与音乐、音乐治疗应用实践。 2.2.8 辅具组：掌握各种辅具材料的特性。

续上表

项目	初级教师考核	中级教师考核	高级教师考核
	2.2.10 绘画手工：《美术课程标准》《培智学校义务教育课程标准（2016年版）》、教学设计的书写、美术学（教学）相关理论、儿童精细动作发展理论。 2.2.11 畅游律动：儿童音乐理论基础、奥尔夫儿童音乐教学法初级（会用）。 2.2.12 辅具组：掌握知觉动作的基础理论	2.2.5 运动保健组：体适能的课程编写、大课间的组织与管理、早操与放松操的编排、教学设计的书写、评估学生的粗大动作并能给出具有针对性的训练建议。 2.2.6 绘画手工组：美术教学相关理论进阶、儿童绘画发展理论、儿童绘画发展评估、精细动作基础理论、艺术治疗基础理论。 2.2.7 畅游律动组：奥尔夫儿童音乐教学法进阶（会编）、鼓圈教学、绘本教学、会一种以上乐器、音乐治疗基础理论。 2.2.8 辅具组：了解人体肌肉关节的功能特性。 2.3 相关专业理论知识（各组教师依据需求进行考核）。 2.3.1 脑瘫摆位知识。 2.3.2 儿童游戏发展理论。 2.3.3 学生突发事件的应急处理（癫痫、自伤、攻击等）	2.3 其他专业理论知识（各专业组依据需求进行考核）。 2.3.1 因素分析的方法。 2.3.2 临床推理方法。 2.3.3 感知觉理论。 2.3.4 社交故事。 2.3.5 想法解读。 2.3.6 全人发展理论。 2.3.7 TEACCH。 2.3.8 语言行为教学。 2.3.9 鹰架式语言。 2.3.10 SCERTS 模式。 2.3.11 各种课程理念以及运作模式
3. 专业技能	3.1 能通过初级教师专业技能考试。 3.2 具有良好的上课常规。 3.2.1 能提前完成课前准备（场室布置、教具准备、明确目标）。	3.1 能通过中级教师专业技能考试。 3.2 初步具有本专业的基本操作技能。 3.2.1 能进行小组单一目标的训练。	3.1 能通过高级教师专业技能考试。 3.2 熟练掌握本专业的操作技能。 3.2.1 能进行小组多元目标教学。

续上表

项目	初级教师考核	中级教师考核	高级教师考核
	3.2.2 在课堂上能对学生进行管理（课堂常规、应对突发事件）。 3.2.3 具有课后收拾能力（物品归位、安全交接、反思小结）。 3.3 具有基本的教学技能。 3.3.1 能和学生建立关系，学生不抗拒上课。 3.3.2 能建立上课常规。 3.3.3 能依据单一目标，设计教学活动。 3.3.4 能进行单一目标训练。 3.3.5 能及时完成相关教学记录。 3.4 具有一定的个案研究能力。 3.4.1 能按照周计划开展教学和进行记录。 3.5 各专业组和艺能课专业技能。 3.5.1 语言训练组：具有良好的喂食技能（进行口腔按摩，喂饭）；教学技能（能与学生建立关系）。 3.6 辅具组：掌握所有工具的使用方法；掌握现有辅具的使用方法、注意事项	3.2.2 能使用本专业评估工具实施评估，并作基本的评估分析。 3.2.3 能完成目标分解。 3.2.4 能实现本专业目标。 3.2.5 能提供班级可操作的教学策略和方法，以便个训目标泛化到日常的教学中。 3.2.6 能应对课堂中出现的突发状况。 3.3 各专业组和艺能课其他专业技能。 3.3.1 语言训练组：常见喂食问题的处理、能按照设计好的模式进行个案研究。 3.3.2 能依据本专业要求进行个案研究。 3.3.3 运动保健：能依据本专业要求进行个案研究。 3.3.4 绘画手工：能依据本专业要求进行个案研究。 3.3.5 电脑：能依据本专业要求进行个案研究。 3.3.6 畅游律动：能依据本专业要求进行个案研究。 3.3.7 辅具组：能判断辅具使用的适配性，并能模仿制作现有辅具	3.2.2 能进行分层目标团体教学。 3.2.3 能进行因素分析推理之评估分析。 3.2.4 能撰写 IEP 目标、调整 IEP 目标。 3.2.5 能提供班级教师和家长常见问题的解决策略。 3.2.6 能进行课例示范。 3.2.7 能听课指导。 3.2.8 能独立处理问题行为个案。 3.2.9 能进行专题培训。 3.2.10 能进行专业技术梳理整合。 3.2.11 能设计和开展专业课题研究。 3.2.12 辅具组：能评估并设计出适合学生的辅具

（二）临聘教师

为了缓解日益扩大的招生规模，满足学生个别化的教育目标，弥补师资力量的不足，学校对外公开招聘不纳入正式教师编制的、临时性教师工作职位，这就是临聘教师。尽管临聘教师流动性大，相对不稳定，但学校为保证教学质量，还是对这类教师进行初级、中级和高级的分级，主要以考核教师的教学技能为标准，考核内容包括理论考试、课堂观摩以及综合不同教师的评分。具体的标准要求见表7－5，从工作态度、理论知识和工作技能三方面提出相应的分级标准，体现老师的专业性。

表7－5　临聘教师的分级标准

项目	初级教师考核	中级教师考核	高级教师考核
1. 工作态度	1.1 自觉遵守学校的规章制度（自学）。 1.2 服从工作安排。 1.3 保持良好的工作情绪。 1.4 主动按时完成班主任或组长布置的工作和任务。 1.5 积极学习，提升自己的专业水平。 1.6 准时接学生，准时上课，做好学生交接。 1.7 悦纳学生，与学生有良性互动。 1.8 虚心接受师傅教导、不懂则主动问。 1.9 仪表端庄，穿衣打扮符合工作要求	1.1 自觉遵守学校的规章制度（自学）。 1.2 服从工作安排。 1.3 保持良好的工作情绪。 1.4 主动按时完成上级布置的工作和任务。 1.5 知道自己的不足，积极学习，提升自己的专业水平。 1.6 准时接学生，准时上课，及时沟通反映学生情况。 1.7 主动和班级老师讨论学生存在的问题及商量对策。 1.8 悦纳学生，与学生有良性互动。 1.9 虚心接受别人的意见，并做出调整。 1.10 仪表端庄，穿衣打扮符合工作要求	1.1 自觉遵守学校的规章制度（自学）。 1.2 服从工作安排。 1.3 保持良好的工作情绪。 1.4 主动按时完成上级布置的工作和任务。 1.5 知道自己的工作需求，积极学习，提升自己的专业水平。 1.6 准时接学生，准时上课，及时沟通反映学生情况。 1.7 主动与相关老师讨论学生存在的问题、商量对策及提出自己的建议。 1.8 悦纳学生，与学生有良性互动。 1.9 虚心接受别人的意见，并做出调整。 1.10 仪表端庄，穿衣打扮符合工作需要
2. 理论知识	2.1 初步了解特殊学生的身心特点。 2.1.1 了解特殊学生的类型。	2.1 熟悉特殊学生的身心特点。 2.1.1 熟悉特殊学生的类型。	2.1 儿童发展里程碑。 2.1.1 了解儿童发展概论。 2.1.2 了解知觉动作发展里程碑。

续上表

项目	初级教师考核	中级教师考核	高级教师考核
	2.1.2 了解13种特殊学生的身心特点。 2.1.3 熟悉智障类、自闭症和脑瘫学生身心特点。 2.2 了解学校的课程及运作。 2.2.1 熟悉本班学生的基本情况及教育教学的注意事项。 2.2.2 了解本年段的教学白皮书。 2.3 了解基本的教学策略。 2.3.1 了解DTT基本概念和操作流程。 2.3.2 视觉提示基本概念和操作流程。 2.3.3 工序分析等基本概念和操作流程	2.1.2 熟悉13种特殊学生的身心特点。 2.1.3 熟悉智障类、自闭症和脑瘫学生教学策略。 2.2 熟悉学校的课程及运作。 2.2.1 能协助班主任制定个别化教学计划。 2.2.2 熟悉各年段的教学白皮书。 2.2.3 能独立根据教学目标设计教学活动（小组课）。 2.2.4 协助班主任讨论准备教学资料（学期规划、主题设计等）。 2.3 掌握基本的教学策略。 2.3.1 熟悉DTT基本概念和操作流程。 2.3.2 熟悉视觉提示基本概念和操作流程。 2.3.3 熟悉工序分析等基本概念和操作流程。 2.3.4 了解直接教学法、精熟教学法等基本概念和操作流程	2.1.3 了解社会互动发展。 2.1.4 了解认知发展里程碑。 2.1.5 了解儿童沟通能力发展。 2.2 特殊教育基本教育方法。 2.2.1 掌握认知目标单一教学法。 2.2.2 掌握情意目标单一教学法。 2.2.3 掌握单元教学方法。 2.2.4 掌握协同教学方法。 2.3 熟悉智障学校的课程及运作。 2.3.1 了解智障教育的课程（发展性、功能性、环境生态课程）。 2.3.2 能组织、规划、撰写班级学生的IEP。 2.3.3 能独立根据班级教学目标设计教学活动（班级课）。 2.3.4 组织主持准备教学资料（学期规划、主题设计等）。 2.4 掌握基本的教育方法。 2.4.1 了解ABA的理论及应用。 2.4.2 了解游戏教学、戏剧教学、创造性音乐等。 2.4.3 熟悉工序分析等基本概念和操作流程。 2.4.4 了解直接教学法、精熟教学法等基本概念和操作流程

续上表

项目	初级教师考核	中级教师考核	高级教师考核
3. 工作技能	3.1 课堂教学技能（小组课）。 3.1.1 能做好课前准备（准备好教具，做好环境布置）。 3.1.2 课堂教学的基本环节（导入、新授、练习、总结、布置作业）。 3.1.3 清楚教学目标。 3.1.4 清晰教学活动。 3.1.5 课堂基本常规（教学组织、常规管理），具备清晰的课堂结构（中阶）。 3.2 单一目标教学与训练（一对一或一对二）。 3.2.1 掌握 DTT 操作技能。 3.2.2 运用视觉提示策略进行教学。 3.2.3 运用工序分析的方法进行教学。 3.3 能按时按量按要求完成工作，得到班主任或组长的认可	3.1 课堂教学技能（班级课）。 3.1.1 做好协同教学的课前准备（教学目标、教学内容、辅助方式等方面）。 3.1.2 按要求独立完成教学设计（教学目标、学生分析、教学重点、教学难点、教学环节、教学反思等）。 3.1.3 具备清晰的课堂结构（导入、新授、练习、总结、布置作业）。 3.1.4 课堂基本常规（教学组织、常规管理、应急处理）。 3.2 单一目标多元活动的教学与训练（小组课）。 3.2.1 熟练运用 DTT 操作技能。 3.2.2 有效运用视觉提示策略进行教学。 3.2.3 有效运用工序分析的方法进行教学。 3.3 能按时按量按要求完成工作，得到班主任或组长的认可	3.1 课堂教学技能（班级课）。 3.1.1 做好协同教学的课前准备（教学目标、教学内容、辅助方式等方面）。 3.1.2 按要求独立完成教学设计（教学目标、学生分析、教学重点、教学难点、教学环节、教学反思等）。 3.1.3 具备清晰课堂结构（导入、新授、练习、总结、布置作业）。 3.1.4 课堂基本常规（教学组织、常规管理、应急处理）。 3.2 单一目标多元活动的教学与训练（小组课）。 3.2.1 熟练运用 DTT 操作技能。 3.2.2 有效运用视觉提示策略进行教学。 3.2.3 有效运用工序分析的方法进行教学。 3.3 能按时按量按要求完成工作，得到班主任或组长的认可

综上，学校对康复组教师、艺能科教师和临聘教师有专门的培养标准和要求，同时这些标准也可以作为我们衡量教师专业发展水平的重要指标项目。但从理论上看，学校的教师按职责类型可分为六类，目前还只有涉及三类教师的标准，而把康复组教师和艺能科教师的培养标准合并在一起，其实并不便于评价的操作，这些不足都有待于进一步的完善。

第三节　教师专业发展的途径

在职培训是教师专业发展的主要途径，这点在国家和地方层面的系列文件中已经得到了体现。在教育部等部门联合发布《关于加强特殊教育教师队伍建设的意见》里，第八条提出，“建立教师学习培训制度。实行五年一周期不少于360学时的教师全员培训制度，推行教师培训学分制度。采取顶岗置换研修、校本研修、远程培训等多种模式，大力开展中小学、幼儿园教师特别是农村教师培训。完善以企业实践为重点的职业学校教师培训制度……加强校长培训，重视辅导员和班主任培训。推动信息技术与教师教育深度融合，建设教师网络研修社区和终身学习支持服务体系，促进教师自主学习，推动教学方式变革”。在广州市《关于加强我市特殊教育工作的实施意见(2012—2016年)》里，第十四条提出，“全市普通幼儿园、小学、中学的在职教师接受特殊教育培训每年不少于12学时，担任特殊教育岗位教师接受特殊教育培训每年不少于24学时。对全市特殊教育学校教师、特殊教育巡回指导教师、随班就读教师、特教班教师和送教上门教师每3~5年进行一次短期特殊教育轮训。对特殊教育学校骨干教师、随班就读资源室教师每年进行定期培训。加强承担残疾人高等教育教学的师资队伍建设，采取支持进修、选送培训、互帮互带等方式，提升师资队伍的整体素质和水平”。

以上这些政策文件的出台充分说明了培训对提升教师专业水平的重要作用和意义，而越秀启智一直都强调培训的重要性，学校在长期摸索实践中，逐渐建立了一套比较科学、系统的培训体系。整体看来，越秀启智的培训体系可分为纵向和横向两个维度，见图7－1。

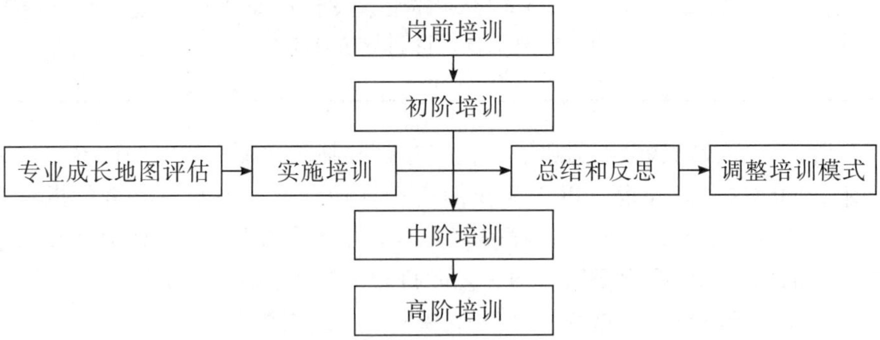

图7－1　**越秀启智的教师培训体系**

一、 纵向培训体系

纵向培训从新进教师的岗前培训开始，逐渐过渡到初阶、中阶和高阶的培训，体现了教师专业发展的渐进性和阶梯性。

（一）岗前培训

岗前培训主要针对新入职的教师，是为期 5 天的培训，培训目标在于：①初步了解特殊教育的理念、价值观、职业态度；②初步了解服务对象的学习特质；③初步了解学校的课程基本运作和学校管理要求。因为教师专业背景来源的多样性，并不能保证所有新教师都熟知特殊教育的基础知识和技能，所以岗前培训是基础，能帮助教师快速了解特殊教育、特殊学生、学校基本发展要求等。表 7－6 列出了岗前培训的课程。

表 7－6　岗前培训课程

课程	内　　容	时长
特教教师的职业定位	特殊教育的发展历程及发展趋势，启智学校的校史；当今世界先进的特殊教育理念和价值观；特殊教育的行业价值、特教教师的职业定位、职业态度，如何高效融入团队	6 学时
启智学校管理及课程运作	启智学校的规章制度（考勤制度、岗位职责、预警机制）；了解特殊教育教师的基本要求、注意事项（专业教养态度、着装要求、师生个人安全等）；了解学校的整体课程运作	
特殊学生的身心特点	特殊学生的类型、十三类不同类型特殊学生的身心发展特点	6 学时
课程概论	课程论的基础知识，了解特殊教育的课程类型及其特点	6 学时
教育诊断	教育诊断的目的、作用、类别及内容，了解常用的量表	3 学时
特殊教育基本教育方法	了解 ABA、视觉提示、情境教学、直接教学、工序分析等	6 学时
课堂教学基本要素	课前准备，课堂教学基本环节，课后的整理、反思与总结等	3 学时

由表7－6可知，它涉及的知识体系较为系统、全面，既有特殊教育的基础知识，包括特殊教育发展史、特殊教育理念和价值观等，也有与学校管理运作相关的内容。在专业知识上，它包括从课程到诊断、教育教学的系列培训，帮助新教师快速熟悉学校最核心内容的运作体系，迅速上手。

（二）初阶培训

初阶培训持续8天时间，旨在帮助教师了解学校历史和办学理念，认同启智学校的核心价值；了解各类障碍类型的发展需求；能充当教学助手，完成导师交给的任务。如表7－7所示。

表7－7　初阶培训课程

课程	内容	时长
启智学校的核心价值	校史、学校办学理念、学校的核心价值	3学时
各类服务对象的发展需求	智力落后学生的发展需求	3学时
	脑瘫学生的发展需求	3学时
	自闭症学生的发展需求	6学时
	常见异常行为的理解及处理	6学时
ABA（一）	目标细分及目标调整、预期目标及对学生反应的判断、指令、辅助、强化的原则和技巧	18学时
视觉提示	视觉提示的原则及注意事项	3学时
团队建设	有效沟通（共同讨论和遵守规则）	3学时

由表7－7可知，初阶的培训课程与上一阶段相比更进一步，注重教师专业技能的培养，特别是ABA占据了较多的学时，同时也涵盖了启智学校各类特殊学生的发展需求和行为处理。

（三）中阶培训

中阶培训持续12天，这一阶段的培训目标在于帮助教师深入了解启智学校常见障碍类型学生的身心特点和需求，能够按照《启智学校课程实施手册》的运作模式开展教育教学工作，包括教育诊断、课程评量、制订IEP，能设计教学活动、有效地执行教学活动或者能有效执行康复训练计划，能独立执行个别训练课，及时调整教学策略，做好学生行为管理。如表7－8所示。

表 7－8　中阶培训课程

课程	内容	时长
儿童发展里程碑	儿童发展概论	3 学时
	知觉运作发展里程碑	3 学时
	社会互动发展	3 学时
	认知发展里程碑	3 学时
	儿童沟通能力发展	3 学时
特殊教育基本教育方法	认知目标单一教学	6 学时
	情意目标单一教学	6 学时
	动作目标单一教学	6 学时
	单元主题教学	6 学时
	协同教学	3 学时
ABA（二）——正向行为支持（PBS）	正向行为支持的意义，行为处理观念的改变，正向行为的工作流程，行为问题的意义、类型、界定与观察记录，行为诊断、分析与处理，常用的行为处理策略	12 学时
视觉策略	如何用好视觉沟通工具、组织环境的视觉策略、促进环境间的沟通、多元环境的沟通、视觉工具的发展与使用	12 学时
课程评量	双溪发展性课程评量、重师功能性课程评量、社会适应课程评量、国家新课程评量	6 学时
个别化教育计划	确定学生的优先发展领域、长期目标的选定与撰写、短期目标的选定与撰写、依据要求撰写 IEP	6 学时
团队建设	有效获取相关资源（人员、物品等）	3 学时
课堂管理	课堂组织形式、课堂常规的建立、教学环境布置、材料准备、教师的教学风格等	3 学时

由表 7－8 可知，中阶课程体现了与上一阶段培训课程的衔接性和深入性，如 ABA 和视觉策略，同时也是理论与实践相结合，由“儿童发展里程碑”的理论自然过渡到认知、情意、动作等领域的目标教学，然后进入综合

操作，从课程评量到 IEP 制定实施、团队建设和课堂管理。

(四) 高阶培训

高阶培训持续的时间最长，所需学习的课程内容也最为丰富，这一阶段的培训目标是：能够综合各专业教师的评估结果做整理分析；能主持综合研判会议和个别化教育会议，能设计主题；能够整合资源，根据学生情况编写适合学生的教材。如表 7－9 所示。

表 7－9　高阶培训课程

课程	内容	时长
儿童发展里程碑	知觉动作发展理论	3 学时
	认知发展理论	3 学时
	临床问题与诊断	3 学时
	临床推理与个案讨论	3 学时
教育方法	游戏教学法	6 学时
	戏剧教学法	6 学时
	创造性音乐教学活动	12 学时
	中阶教学方法的案例研讨（录像）	12 学时
	主动式学习方案（ALP）	12 学时
ABA（三）	ABA 的理论及应用	12 学时
	图片沟通交换系统（PECS）	3 学时
正向行为支持（PBS）	行为诊断、分析与处理（个案研讨）、常用的行为处理策略（个案研讨）	12 学时
班级管理	班级管理的目的、内容与策略	3 学时
课程评量	双溪发展性课程评量（个案研讨）、重师功能性课程评量（个案研讨）、社会适应课程评量、国家新课程评量（个案研讨）	12 学时
教育诊断	工具的认识和使用	3 学时
综合研判	综合研判会议的目的、流程及注意事项，能将学生的评估结果进行分析与整理，能主持综合研判会议并在讨论后进行整理	3 学时
	个案研讨	3 学时

续上表

课程	内容	时长
个别化教育计划	个案研讨	12 学时
教学活动设计	班级目标汇总与分配、根据个别化教育目标制定主题、分配主题的教学时间与内容、设计教学活动、单元活动设计、个案研讨	6 学时
编写课文及作业设计	案例分享、实操	3 学时
团队建设	班级团队的组建（领袖能力的培养）	6 学时

由表 7 – 9 可知，作为教师培训的最后一步，这个阶段的课程体系最为丰富，也更强调内容的实操性，在前一阶段培训的基础上，有了更多的个案研讨环节，综合运用所学知识。

二、 横向培训体系

横向培训是学校如何科学建构现阶段的培训体系，以及它的实施流程。越秀启智现阶段的培训体系并不是一蹴而就，而是它也经历了一个从无到有、逐渐完善的发展过程。学校培训体系的搭建得益于 2005 年开始实施以 IEP 为核心的课程改革，与此同时，它对于教师的专业要求也越来越高。

学校横向培训体系的建构可分为以下三个阶段：第一，明确课程改革和教师培训的重要性的培训阶段。学校曾组织全校行政领导、教师与家长进行分批讨论，对学校发展状况进行深度的问题剖析，并最终聚焦于课程上，明晰如果不进行彻底的课程改革，学生的发展则没有希望，教师的职业生涯也没有上升的空间。通过系列讨论，教师逐渐明白了课程改革对特殊学生的重要意义，而学生的需求则进一步成为教师专业发展的原动力。第二，以问题为核心的专业培训阶段。由于特殊教育讲求实践性，对于教师的在职培训，学校的设计思路是从问题中来，培训是为了帮助教师解决实践中遇到的问题。为了增强培训效果，必须提供有针对性的内容规划。这一时期学校的培训策略是从问题出发，教师学习相关知识和技能并给予实践，再检验实践效果和修正实践，形成核心技术后再实践。具体说来，操作步骤可分为以下几步：①以做促学，撒播种子，设计教师横向学习的坐标。实施以个别化教育目标为核心的课程改革，让教师在工作中发现不足，要了解每一个学生的需要。②以学促做，小苗初露，设计教师纵向学习坐标。③广结善缘，能者为师，纵横交错吸取营养。④教学做合一，实践助长，形成专业队伍。⑤勇于承担，搭台成材，传播专业理想种子。第三，打造专业师资团队的培训阶段。学校反思过去的培训，发现作为听者，培训教师的参与度不高，导致培训收效有限。为改善这一状况，学校采用主动参与式的方式改革培训，由主讲者把要讲授的内容分为几个部分，每个部分都有各自主要的教学目标，针对这个目标，进一步设计学习内容、考核内容、考核标准等。教师根据各自的情况提交作业，主讲者根据教师们的作业情况给予评鉴，评鉴合格后，方可参加下一阶段的学习，如果未能通过，则提出修改意见，指导教师重新完成作业。这种培训形式充分调动了教师们的积极性，他们根据自己的情况和按照自己的能力，学习及调整。主讲者也不再是一味地灌输知识，而是扮演指引者的角色。培训流程可分为以下四个阶段。

（一）专业成长地图评估

学校为帮助教师更好地认识自己的专业能力，编制了专业成长地图。各专业组（如大知觉动作组、情绪行为沟通组）组织相关教师进行讨论，填写专业成长地图。此专业发展地图应包含了大部分教师的意见，真正的体现为了做好本组相关工作所需要的专业知识和技能。地图确定了专业教师需了解的知识及技能，且让他们清晰定位自己现阶段的专业水平位置，明确缺什么，需要补什么，以及如何补充这些知识。表 7 – 10 是情绪行为沟通组的专业成长地图的范例。

表 7 – 10　情绪行为沟通组专业成长地图

领域	第一阶段	第二阶段	第三阶段	第四阶段	第五阶段	第六阶段	参考资料
身心障碍儿童概述	理论基础						《特殊教育概论》
儿童语言发展	理论：语前能力发展；语用、语意、语形能力发展	评估：语前、语意、语用					《语言发展》《玩出表达力》、培训录像
儿童语言学习策略及教学策略	理论基础	有利语言沟通训练的情境（包括情境式教学）	不同时期语言能力训练的重点				培训录像、《玩出语言力》

续上表

领域	第一阶段	第二阶段	第三阶段	第四阶段	第五阶段	第六阶段	参考资料
RDI（ALP、PCI）	理论基础；介入方法、策略	评估	社会性能力方案				《解开人际关系之谜》《儿童活动手册》、录像
ABA（正向行为支持与分析）	理论基础、目标分解	DTT、泛化、强化	正向行为支持（个案）				录像、《身心障碍正向行为支持》《应用行为分析》
儿童语言常见障碍与方法		智障类儿童常见语言障碍（语言发展迟缓）	脑瘫儿童常见语言障碍（以口肌、构音为主）	自闭症常见语言障碍（重复性语言）			培训录像、《言语治疗学》《口部运动治疗学》《语言病理学基础》《脑性麻痹沟通》
结构化		理论基础	视觉策略个人工作	PECS、鹰架式语言	PEP评估与分析	社交故事、脚本、连环漫画	《小糖的故事》《结构化教学》
教学活动设计			目标制定、要求等	动作理论	感知觉	认知、游戏、情绪	
SCERTS模式			理论基础	评估			*SCERTS MODEL*
想法解读				理论基础	运用		《想法解读》
儿童发展里程碑				理论基础			录像、发展
脑神经心理学						理论基础	名次反射路径图

接下来，各个组员讨论并确定各个培训模板的培训者，确定培训时间并上报学校行政；同时，培训者开始准备培训资料，填写培训表格（见表7－11）。

表7－11　"特殊教育导论"培训计划

培训科目：特殊教育导论　　培训者：曹××　　培训时间：2013年10—12月

项目	学习目标	学习形式	考核方式	
			个人录像授课	小组授课
第一部分：了解特殊教育的发展历史及其理念的转变	了解特殊教育演变的历史概况	1. 通读《特殊教育导论》。 2. 寻找并观看一部关于特殊人士的，并能反映特殊教育存在的意义的电影	任务一：用文字说明特殊教育的意义是什么？ 任务二：观看一部电影，说一说里面关于特殊学生的教育哪些是可取的，哪些是有待改进的	任务一：集体辩论。特殊教育存在是有意义的/特殊教育存在是没有意义的。 任务二：集体看电影《海洋天堂》，讨论影片中哪些部分的教育是可取的，哪些方面需要改善
第二部分：了解各类特殊学生的特征及其产生的原因，以及相应的简单教学策略	1. 知道特殊学生的分类情况。 2. 能说出各种类型的特殊学生产生的各种原因。 3. 针对不同类型的学生，能使用简单的教学策略	1. 通读教授的讲义。 2. 进入班级观察	任务一：用表格列举特殊学生的类型、产生的原因、生理特征、学习特质、简单的教学策略。 任务二：拍摄一段教学录像，可以是一对一，或者小组课，针对特定类型的儿童，采用两种以上的教学策略进行教学。要分析使用了哪些教学策略，效果如何，以后的教学要如何修改	任务一：开卷考试，请列出特殊学生的类型、产生的原因、生理特征、学习特质、教学策略。 任务二：教学录像分析，请每个学员拍摄一段教学课，可以是小组教学，也可以是一对一教学，针对某一类型的儿童，采用两种以上的教学策略教学，并分析使用了哪些教学策略，效果如何，以后要如何调整。请学员上交录像之后，集体观看录像，并进行讨论

（二）实施培训

根据安排正式开展培训。根据以往的培训经验，很难找到大家统一的时间，所以在实施培训时学校灵活处理，采用录像授课和小组授课两种形式，每一个培训主题预计重复开课两次，开设时间根据上报学员的人数而定。当人数不足10人时，采用录像教学，根据每个人任务完成情况进行考核；当人数超过10人，则进行现场教学，根据任务安排小组讨论、考试等形式进行考核。

学校采用积分制对教师培训进行管理，每位教师都有一个积分卡，通过一个培训就在积分卡上进行登记，然后再进行下一个培训。教师参加培训的顺序根据组别的专业发展地图的顺序而定，他们必须在该科目规定的时间内完成通过培训（多少时间，由该科目的培训人员制定），学员具体所用时间，根据自己的实际情况而定，可以是几天，也可以是一个月。每一门课多少学分，由培训者和校行政共同协商制定。一个学期，每位教师必须修完6学分以上。表7－12是教师培训积分卡示例。

表7－12　教师培训积分卡

姓名：小明　　　　目前职务：班主任　　学期：2013年9月—2014年1月

序号	参加培训科目	通过与否	积分	登记时间
1	特殊教育导论	通过	3	2013年10月9日
合计				

（三）总结和反思

培训结束后，每组组织本专业培训的教师进行总结和反思，讨论自己在培训过程中遇到的问题、培训收获，以及对此次培训的建议等。同时校主管行政组织培训的主讲者也进行总结和反思，包括问题、收获以及需调整的部分。学校还将组织参与培训的教师进行讨论，这种培训形式对于自己的专业提升有什么帮助，与自己期望的培训有何差距，如何进一步改善培训。

（四）调整培训模式

综合以上的讨论和反思，把提出的问题进行总结和归纳，调整相关形式和内容，以期望在以后的培训中加以改进，目的是让教师喜欢且愿意积极参与培训，同时还要努力培养优秀的主讲者。学校经过多年的积累，已经积攒了大量的培训录像，这些培训录像几经调整，可供学校的继续教育课程使用。

在培训经费投入上，启智学校在越秀区教育局的大力支持下，培训专项经费较为充裕，早在2003年，学校每年有20万元特教专项基金（当时在职教师仅为32人），时至2017年，教师专项培训经费已达到160万元，用于教师的专业培训及专题学习。学校把培训作为教师的福利，采用“走出去、请进来”的方式，让教师外出参观学习，开阔老师们的眼界。教师外出培训回来后提交考察报告，且培训归来还需培训其他教师，从而形成定期二级培训制度。外出培训的教师通过二级培训，锻炼了自己，促进了成长。

第八章
家 庭 合 作

家庭是每一位儿童所受教育的启蒙和基础的社会生活单位，并且贯穿其成长的始终。良好的家庭教育是孩子成长、成才的前提和关键，学校教育则是在家庭教育起点上的延续和深化，社会教育是在家庭教育基础上的补充和扩大。因此，家庭是孩子发展的基础，是奠定人生之路的最基础教育，对人一生发展有着重要的影响。然而，对特殊孩子家庭来说，每当一个残疾儿童的到来，家庭都会经历震惊、混乱、否认、悲伤、焦虑、恐惧、愤怒、接受等一个长期的适应过程。同时，在长期的适应中，父母们在自责之际还需要承受残疾儿童给家庭带来的各种压力。这就需要学校在做好特殊孩子教育的同时，也要做好家庭的支持工作，与家庭一起合作促进特殊孩子的发展进步。重要的是，正是由于学校积极主动为特殊孩子家庭提供相关帮助和支持，赢得家庭的信任，也才会有家庭愿意配合学校的各项工作，并进一步支持学校教育教学工作的开展，使家庭也成为支持学校教育教学工作的主体之一。

第一节　家庭支持体系

越秀启智在30多年的办学实践中，深知家长在养育残疾儿童过程中的压力与无助，因此，针对家庭需要，学校设计并实施了家庭支持体系，旨在帮助家庭更好地完成残疾儿童的康复和教育，拥有更高的家庭生活质量。具体而言，越秀启智的家庭支持体系是在广泛借鉴国内外先进模式的基础上建立的。以美国为例，在美国50个州中，30多个州有家庭支持的法规，虽然其对家庭支持的定义各不相同，但都基于一个共同的理念，即采取一切可能的措施，维持和提升家庭照料身心障碍者的能力，使身心障碍者及其家庭能获得像普通家庭一样的生活；家庭支持意味着资源、服务、财政补助以及其他形式的帮助。学校一般会对家庭进行需求调查，调查形式包括问卷、面谈，或教师通过与家长的日常聊天，及时发现他们对孩子教育的需求，再据此提供帮助与支持。具体看来，越秀启智的家庭支持包括经济支持、资源支持、技术支持和家庭心理辅导四个类别。

一、 经济支持

经济支持是指对于有经济困难而造成学生成长有障碍或困扰的家庭提供经济方面的援助。学校的经济支持主要体现在以下三方面。

1. 介绍工作

当学生的家庭经济出现困难，而父母又没有工作，他们希望通过工作来提高家庭经济收入时，学校的社工会协助家长联系社区街道相关工作人员，帮助他们提供就业的机会。

2. 协助申请政府补助

当学生的家庭经济出现困难时，学校社工会提供相关资讯，协助家长联系社区街道相关工作人员，帮助他们获得所需的政府补助，减轻家庭经济负担。

3. 募集社会资助

当学生需要一些特别的支持而家庭经济又难以应付时，需要获得额外的社会资助，学校社工会联系社会各界资源，协助其解决困难。比如，学校某班双胞胎脑瘫学生，社工通过家访了解到家长同时带两个孩子上学、放学非常困难，社工马上制订解决方案，联系企业资助其使用出租车的费用，减轻家长负担。

二、 资源支持

资源支持指学校为家庭提供各种他们所需的资源。目前，学校为家庭提供过有关社区医疗服务的资源，当学生有特别的康复或医疗需求，学校会协助联系相关医疗机构，使学生及时获得高效的相关服务。服务的形式包括：定时在学校设立康复训练的服务点值班、依需求提供上门服务、设立绿色通道及时为学生提供急诊服务。学校还会协助家庭寻找社会保险资源，当学生家长未办理社会保险时，学校社工会提醒家长办理社会保险，帮助他们寻找办理资源。在越秀启智提供的资源支持里，最重要的是家长培训。

1. 早期干预阶段

大量研究表明，幼儿的脑部发育从出生到8岁期间极具可塑性，干预的效果也最为明显，而家庭干预是对残疾儿童进行早期干预的主要途径之一。许多国家都非常重视残疾儿童的家庭早期干预，并提供了一些比较系统、有效的家庭早期干预计划。比如，美国在1986年的《障碍者教育法修正案》中提出了个别化家庭服务计划（individualized family service plan，IFSP），通过向残疾儿童提供早期干预、特殊教育或相关服务（包括指导家人在家里进行训练或康复），可促使残疾儿童及早得到干预，促进他们认知、交流、社会/情绪和适应技能的发展，预防间接障碍；为残疾儿童的转衔服务（从家庭进入学校）提供前提基础；缓解家庭经济压力和社会负担；减少成年期对社会依赖的可能性，为残疾儿童的发展提供可能条件。① 英国卫生部、教育与技能部于2003年发布《开端合作》作为早期干预的服务指南。英国的早期干预服务体系被认为是最经济有效的服务方式，它确保家庭成员及保育人员全程参与服务计划，与家长建立良好的合作伙伴关系，强调家长在评估程序、设计和反思儿童的保育计划、地方特殊需要儿童服务的策略性讨论、计划和决策等方面的重要作用。② 尽管我国尚未将学前教育纳入特殊教育义务教育的体系，但是鉴于特殊需要儿童早期干预的重要性，越秀启智努力将家长培训与早期干预有机结合起来，确保学生在入学前能够得到最大限度的康复与训练。

为了让早期干预阶段的家长培训顺利、有效地开展，学校建立了以校长、德育主任、班主任以及家长代表为核心的家长培训学校，开发出一套系统的、针对性强的早期干预内容，着力为0～6岁的智力落后、脑瘫及自闭症学生家庭提供指导。目前越秀启智为学龄前特殊学生提供的早期教育主要是以融合学前课程的形式实施。学前融合班是以中国台湾地区幼儿统合教育课程理念为学前融合班课程理念的基础。该课程认为幼儿教育最好的方法是从"做"中去"学习"，而非依照他人所说刻板地反复练习，用身体感觉（触觉、味觉、嗅觉、听觉、视觉）去了解事物间的关系，从而促进象征性、抽象性思考，进而激发创造力的发展。该课程强调创造多元环境来激发学生学习动力，以音乐、游戏或故事的形式诱发学生学习动机，让学生在自主探索、亲身体验中获得社交、认知及创造能力的发展。具体到家长培训，一方

① 王萍，江琴娣. 美国个别化家庭服务计划及对我国的启示［J］. 中国特殊教育，2012（5）：10－13.

② 谭丹. 英国特殊需要儿童早期干预服务理念解析［J］. 现代中小学教育，2015（1）：121－125.

面在培训时向家长介绍正确的幼儿教育理念，启发家长在家庭教育中采用“做”中去“学习”的教育方法，提高家长的教育水平；另一方面，在学生评估以及制订 IEP 时，充分尊重家长的意愿，确定学生未来一年的发展方向。

2. 义务教育阶段

对于广大已入学的义务教育阶段的特殊学生来说，他们由于受自身发展条件的制约，生活空间相对狭小，除了学校以外，大部分时间都待在家中。特殊学生家庭由此承受了比正常儿童家庭更多的责任。[①] 因此，义务教育阶段的家长培训主要目的是：让家长更深入了解特殊学生的身心发展特征、学习特殊学生干预训练方法、优化教育方法，以此提高学生和家庭的生活质量，减轻特殊学生家庭的养育压力。表 8－1 是学校低年级段家长培训的内容。

学校一般在每次培训结束后，会请家长填写反馈问卷，及时了解他们在此次培训中的收获，了解他们对培训的意见和建议，以修改今后培训的内容和安排。

表 8－1　启智学校一、二年级家长培训计划

时间	内容	授课者
11 月 2 日 下午 2：30—4：00 （星期三）	介绍学校教学规模、教学理念、课程特色	陈老师
11 月 11 日 上午 8：30—11：50 （星期五）	介绍学校的教学理念 家长对孩子应抱有怎样的期望值	魏老师
11 月 18 日 上午 9：00—11：50 （星期五）	对各类特殊类型孩子的教育、教养方法（以沙龙的形式进行）	刘老师、 刘女士
11 月 25 日 上午 9：00—11：50 （星期五）	如何对孩子进行适度的性教育	吕老师

① 黄晶晶，刘艳虹．特殊学生家庭社会支持情况调查报告［J］．中国特殊教育，2006（4）：5－11.

三、 技术支持

技术支持是指对家庭教养方式不正确，或者是因为学生的障碍需要对家庭环境做出调整的家庭提供康复技术、环境规划等方面的支援服务。随着学校招收的重度残疾、多重残疾以及自闭症学生人数的日益增多，除了常规的家长培训内容外，学校正尝试着建立以家庭为中心的正向行为支持计划。家庭中心是指在专业人员支持下，家庭能参与并决定服务目标与内容，提升家庭处理目前与未来需求的能力。家庭中心正向行为支持所运用的原则，包括合作的伙伴关系、以家庭评量发掘优势、在家庭情境进行功能评量、执行符合家庭情境的行为支持计划、使用多元的正向行为支持策略、创造有品质的家庭生活形态、持续地评估和提供支持等。

特殊学生因认知能力、沟通能力及社交技巧的不足，常把习得的行为问题当作有效且快速表达需求的方式。有些家长对行为问题的反应，会让学生觉得行为问题是“有效的”，例如无口语能力的自闭症学生尖叫时，他的父亲赶紧帮她更换另一张影片播放；一个智力落后的学生出现自伤行为时，他的母亲就放下厨房的工作出来陪他玩，虽然这些做法很常见，也能在短时间内降低行为问题，但也可能让行为问题持续更长的时间。因此，家庭中心正向行为支持计划中，需要重新审视家长对学生行为问题的反应，教导学生正向的行为，让行为问题变为无效的。[①] 露西欣和凯塞认为依据功能评估的结果能找出行为问题的相关因素，包括行为问题发生的情境事件、行为问题的类型（自伤行为、不服从行为等）、维持行为功能的后果，发展行为问题的假设；接着分析家庭成员所期待的适当行为、功能等值的替代行为、维持行为功能的后果，再绘制出替代行为路径图。为了让家长清楚地掌握正向行为干预的方法，在系统培训家长的时候，培训者会提供相关材料及进行详尽讲述，并且要求家长通过模拟演练或口头复述等方法，证明其领悟干预方法的核心操作技巧，此外还会通过实时观察或者查看互动视频的方式，确保其符合忠诚度要求。[②] 经过持续不断地培训和反馈，构建的完整的家庭中心正向行为支持包括以下策略。

---

① 郑淳智. 家庭中心正向行为支持在特殊教育的应用［J］. 特教论坛，2015（18）：17－31.

② 曾松添，胡晓毅. 美国自闭症幼儿家长执行式干预法研究综述［J］. 中国特殊教育，2015（6）：62－70.

1. 生态环境改善策略

它强调学生的特质、生理状况、生态环境事件、生活形态等可能会引发行为问题的因素。例如，为自闭症学生提供视觉辅助工具；无口语能力的学生在身体不舒服时，可暂缓对他工作的要求，等其身体复原再完成；有些学生在家庭中缺乏自我决策和选择的机会，长期被动接受家人的支配，可能会产生情绪行为问题，则可以在日常生活中提供选择喜好的食物、饮料或工作的机会。

2. 前事控制策略

在家庭情境中常见的立即前事有：家长的要求、突然中断学生的工作、缺乏家长的注意、缺乏生活自理能力、转换情境、学生要求的物品没有立刻取得，都可能引发行为问题。对此，可采用事先约定、预告或提示替代行为的策略。近年来，应用行为分析学者相当重视动机操作的概念，强调在运用功能评估发展介入策略时，可以在前事介入策略中，运用改变行为问题的动机操作和触发行为问题的区辨刺激，以减少行为问题的发生。例如，某位学生在午餐前被要求洗手会发脾气，功能评估发现其发脾气的功能为逃避水的刺激，则介入策略可以将用水洗手的区辨刺激，改为用免洗洗手液干洗的方式，以减少水的刺激触发的行为问题，并减少早上的点心或在午餐时提供更多喜欢的食物，以动机操作的方式增加午餐的吸引力。

3. 行为教导策略

直接教导重要的沟通、社交或家庭中的生活适应技能，例如教导情绪调整和自我控制的技能，使学生能缓和激动的情绪；教导功能性沟通训练，以适当的沟通技能表达需求，让沟通技能取代行为问题；教导和家人协商约定的技巧，或轮流、合作的技巧；教导社会故事以增进和家人的社会互动技巧等。

4. 后果处理策略

后果处理策略的目的在于减少行为问题的效能（减弱、自然惩罚、非后效强化、区分强化），增加正向行为的效能（正强化、负强化、区分强化）及提示正向行为（赞美其他人的正向行为）为主。其中非后效强化是指学生出现行为问题时，不给予想要的后果，反而在尚未出现行为问题之前给予想要的后果；区分强化是用于强化其正向行为的出现，并削弱其行为问题。以消退为例，学生以行为问题引起注意，家长则忽略他；学生以行为问题逃避清洁工作，家长则要求他多做几次才能休息；学生以行为问题要求想要的东西，家长则延迟一小时或一天才给他，目的是尽可能减少问题的后果；有效的后果处理策略还包括轻微的惩罚，如口语训斥或取消特权，但不能使用让学生身体痛苦的体罚或自尊心受到屈辱的方式。

除行为支持外，学校还会提供辅具支持。当特殊学生有辅具需求时，学校社工可转介相关专业教师为学生提供服务。针对学生在家庭日常生活中遇到的困难，学校也会提供支持，如视觉提示。学生小周是学校初中部的一名自闭症学生，社工家访发现，小周还不会独立洗澡，家长在家教了很多次还是不会，为此他们感到非常困惑，不知如何是好。学校教师在了解情况后介入，为小周做了一套视觉提示系统。刚开始的时候，小周还是不会看着照片独立洗澡，于是教师建议家长把平时的提示录音，然后播放语音，如“看照片，第一步是开花洒淋湿身体”……通过听录音看照片提示，小周已经能掌握独立洗澡的程序，待他熟悉流程后，慢慢地，再撤销照片提示。

四、 家庭心理辅导

家庭心理辅导是指对因为学生的障碍造成的家庭关系紧张，包括亲子关系、夫妻关系等紧张，或者是家长心理受到伤害等提供的心理辅导。学校一般通过家访了解家庭成员间的关系，然后针对各自的情况为他们制订相应的干预和辅导计划。学校一般由专人进行家庭心理辅导，通过找家长谈心、团体辅导等方式进行，让家长明白良好的家庭关系对孩子成长的重要作用。如果是一般教师难以解决的问题，学校再请专业人士协助。

第二节 家庭对学校发展的支持

学校通过向家庭提供各种支持解决他们存在的问题，因此也得到了家庭的信任。家庭成员作为特殊教育的非专业人士，他们对学校最大的支持就是配合学校各项工作的开展和任务的执行；而在这些支持里，最重要的家庭支持无疑就是参与 IEP。IEP 在启智学校教学体系中占据重要地位，是教师课程和教学设计的重要依据，保障有特殊需要的学生能够受到合适的、高质量的教育。IEP 的制定和实施单凭教师是无法完成的，必须借助家长的合作才能落到实处。美国 1975 年颁布的《所有残疾儿童教育法》，即94－142 公法以及后来修订的 IDEA① 对于 IEP 有着详细与明确的规定，这些既是儿童教育和身心全面发展的总体构想，又是对儿童实施教育与相关服务的具体方案，主要包括：现有教育表现水平描述；应达到的短期与长期目标；应提供

① 1990 年，美国通过了《障碍者教育法》，简称 IDEA。

的特殊教育服务设施及参与普通教室活动与教案；实施的日期与期限；评估措施与日程安排等内容。①

一、 家长参与 IEP 的重要意义

大量研究认为，家长参与制定与实施 IEP 有着积极的作用，主要表现在以下三个方面：①促进了学校、教师与家长的关系，加强了家校合作。由于制定 IEP 必须由家长、教师、专业人士、学生、行政人员等相关人员的共同参与，因此，家长有机会和大家一起讨论、规划儿童的教育计划，监督儿童的共同进步。大多数参与制定 IEP 的家长对 IEP 的制定程序持肯定态度，认为这样制定的 IEP 是能满足儿童需要的好计划。家长还可以带来很多教师无法了解的儿童发展信息，特别是孩子在家庭里的表现，并在家庭教育中帮助儿童达成相关目标。②帮助教师更好地制订教学计划。制定 IEP 的过程，可以促使教师更好地分析和思考自己的教学，更好地关注儿童，对儿童进行适当的评价，全面规划其在一学年要达成的目标，一些教师认为 IEP 对制订长期教育计划是有用的，即使法律不要求，他们也会继续制定。大多数普通教师认为 IEP 是准备特殊学生课程的有用工具，并积极参与 IEP 的制定与实施过程。③IEP 是提高学校特殊教育绩效的重要管理工具，有助于表现出教师的教学绩效及学生的进步情况。②

二、 家长参与 IEP 的影响因素

1. 政策导向

众所周知，1975 年，美国的 94－142 公法在法律上明确要求了为每位接受特殊教育的残疾儿童制定 IEP，并对 IEP 的功能、内容、制定人员与程序等进行了严格的规定。从此，美国学校开始依据法律的要求，为每个残疾儿童制定 IEP。反观国内，大部分特殊教育学校的 IEP 的制定都是自发的，是顺应特殊教育发展趋势的一种自觉行为，在我国相关的政策法规文件里从未提及过一定要为特殊学生制定并实施 IEP。因此，无论是 IEP 的制定程序，还是 IEP 小组的人员组成，我们多是借鉴与模仿他国的成功经验，并无法律

---

① 邓猛，郭玲．西方个别化教育计划的理论反思及其对我国特殊教育发展的启示［J］．中国特殊教育，2010（6）：3－7．

② 于素红．个别化教育计划的现实困境与发展趋势［J］．中国特殊教育，2012（3）：3－8．

规定与约束。为了避免让IEP流于形式，且真正发挥作用，越秀启智的IEP制定严格按照程序执行，IEP会议由班主任主持，所有任教的教师、康复组教师、家长、行政人员等都要参加。IEP如同协议书，所有与会者都要在计划书上签名，在以后的教学中共同为学生达成目标而努力。特别是家长参与IEP，为学校多年来能坚持成功执行IEP奠定了重要的发展基础。

2. 家长态度

家长不仅是孩子的第一任教师，同时也是学校教育任务的执行者。启智学校学生的认知能力、辨识能力、记忆能力都比普通孩子较弱，更需要家校合作。儿童在学校接受教育和训练，只有得到家庭及时的帮助与教育，才能巩固和发展所学的知识和技能。目前，启智学校的家长对孩子的态度主要可以分为四类：一是过度溺爱。家长觉得孩子本身存在缺陷，出于补偿心理给予他们加倍的宠爱。家长过于溺爱的孩子，相应地他们也更自私，以自我为中心。二是不闻不问。有些家长认为残疾孩子不可能有出息，并不重视孩子的成长，更没有予以孩子成长过程中必需的温暖。三是只管温饱。有些家长只管孩子的温饱问题，对孩子冷漠，没有感情的交流，不了解孩子的情感需求，只有孩子闯祸的时候才进行教育。四是高度重视孩子。① 家长对待孩子的态度直接影响到家校合作的开展，特别是在制定IEP时，家长的态度和期望不仅决定着目标制定的适合与否，更决定着目标执行的成败与否。如果家长对孩子的发展没有信心或是漠不关心，那么再“完美”的计划，也将沦为空谈。正是鉴于家长态度的重要性，学校高度重视家长对于参与IEP的积极性，并适时在家长培训时，耐心细致地向家长讲解IEP的重要性，引导家长学会与学校、教师及其他专业工作人员的合作。

3. 教师态度

教师，特别是班主任教师对于IEP与家校合作的态度也影响着IEP的实施效果。如果教师认为IEP是“困难的、生硬的、费时的、费事的”②，或是对于家长参与IEP持消极甚至否定态度，那么即便IEP可以按照流程制定出来，在实施的过程中也会大打折扣。特别是当IEP目标与课程目标对接出现困难的时候，教师更会觉得IEP是烦琐的、多余的。为了让越秀启智的IEP制定工作顺利、有效地开展，学校在IEP启动之初，便做了积极的试点和培训准备工作，将IEP由点及面全面铺开。教师对于IEP，对于家长参与的认可，使得学校在家校合作上迈向了新高度。

---

① 李晓英. 浅谈培智学校的家校合作［J］. 现代特殊教育，2015（2）：57－58.

② 连福鑫，陈淑君. 理想与现实：特殊教育学校个别化教育计划实践个案研究［J］. 中国特殊教育，2015（7）：3－9.

三、促进家长参与IEP的主要措施

合作是融合教育实施的前提和关键，也是特殊教育发展的必然要求。IEP中相关人员的合作，特别是教师与家长的合作，能够全面地将家长和其他家庭成员的不同教育需要及时表现出来。学校促进家长参与IEP的具体措施主要包括以下几点。①

1. 了解特殊需要儿童家庭的整体特征和需要

了解和掌握特殊需要儿童家庭的特征和需要，包括了解他们的家庭组成、家庭成员的健康状况、家庭的社会经济地位、民族特征、家庭内部各成员的关系等。特殊教育者要从家长的角度出发，了解特殊需要儿童家庭的整体特征。在为特殊需要儿童制定和执行IEP及早期干预方案的同时，必须要考虑孩子的家庭背景，依靠现有的和潜在的家庭资源，满足家庭的基本需要为目的，和家庭成员一起，帮助整个家庭接受、接纳特殊学生。此外，各个不同的家庭需求也有所差异，有的家庭需要特殊教育专业人员提供详细、完整的康复训练和培训，而有的家庭则只有在辅导过程中遇到问题时，才会向专业人员咨询，这些都应被列入特殊教育者的教育干预方案中，以便工作的顺利开展。

2. 掌握必备的沟通策略，开展以家庭为中心的教学

开展以家庭为中心的教学，这就要求特殊教育者需要掌握必备的沟通策略，为家庭各成员传授必备的在家指导特殊学生的知识和应急措施，并主动与各成员交流沟通，晓之以理、动之以情，帮助他们建立合作意识，积极鼓励他们加入教学中。特殊教育教师还可以与家庭共同开展各种形式的沟通与交流活动，如与家庭保持书面联络、家访、电话沟通、布置家庭参与性的作业等。

3. 尊重、信赖特殊需要儿童的家庭，明确双方共同的教育目标

与特殊需要儿童的家庭建立积极、平等、多元的合作关系并不是件容易的事情，教师和家庭中的成员如果对彼此反感，甚至总是相互指责的，合作也就成了天方夜谭，这对双方都没有好处。因此，合作的前提是尊重和信赖彼此，教师和家庭就孩子的成长有着共同的教育目标，这样才能确保合作关系长期保持下去。

---

① 胡晓毅. 论特殊需要儿童家庭与专业人员合作的几个核心问题 [J]. 中国特殊教育，2005 (12)：7－11.

第九章
社区支持

社区是指进行一定的社会活动，具有某种互动关系和共同文化维系力的人类生活群体及其活动区域。社区作为社会的一部分，对社会实现整体良性运行及协调发展，起着重要作用。学校属于社会生态系统的一部分，学校的运作既要立足自身，促进内部发展，又要处理好与周围生态系统里各要素间的关系，这就集中表现为学校与社区间的关系。越秀启智早已意识到了社区对学校办学的积极意义，与社区合作，建立良好、积极的互动关系。

在西方国家，社区是儿童学习的“第二课堂”。以美国为例，学校从社区获得课程资源主要有两种途径：一是把课堂延伸到社区中去，二是把社区融入学校中来，[①] 通过这两种途径体现社区支持。把课堂延伸到社区，指学校与所在社区政府或民间团体、文化团体、服务机构、工商企业等建立相对稳定的友好合作关系，学校可以组织孩子们到当地的工厂、农场、商店、美术馆、图书馆、博物馆、动物园、科学馆等参观访问，实地考察，或者利用社区各种机构的设施、场地进行教学。把社区融入学校是指基于学校和社区的友好关系，将社区的人士、资金、资源等吸纳到学校的课程与教学中来，以丰富学校的课程教学资源。[②] 越秀启智在办学实践中，也逐步形成了类似的社区支持途径：一是学校对社区课程资源的利用；二是社区对残疾和学校的认识、理解与支持性服务。

---

① 孙建荣，冯建华，等. 憧憬与迷惑的事业：美国文化与美国教育［M］. 北京：中国社会科学出版社，2000：155.

② 刘丽群，张文学. 美国社区课程资源开发及其对我国教育的启示［J］. 学前教育研究，2007（5）：53－54.

第一节　学校对社区资源的利用

学校利用社区资源既是学校课堂范围扩大化的表现，拓展学生的学习空间，又是学校和教师教学智慧的体现，学校或课堂能教给学生的知识和技能是有限的，无形中也窄化了特殊学生的学习视野，只有利用一切可利用的资源，包括最大限度地利用社区资源，以社区资源促进学校的课程和教学实施，才能更好地实现学生个别化的发展目标。越秀启智对社区资源的利用主要表现为以下三个方面：开发社区教学资源促进教学、参与社区活动、与普通学校共促融合。

一、 开发社区教学资源

社区教学资源是指学校吸取社区中一切可以用于教学的素材来源与实施的条件。社区教学资源开发有两层内涵：一是把社区资源用于教学，把那些具有教育意义但未被充分认识和利用的自然资源及社会资源纳入课程教学的范畴；二是社区相关资源的再次开发，充分利用，使其利用程度最大化。学校要做的就是借助这些教学资源进行教学，帮助特殊学生把课堂上所学的知识技能运用到真实生活情境中，并能让学生看到课堂所学是如何在现实生活中得以运作的。实际中，越秀启智位于车水马龙的白云路旁，地理位置优越，学校周边有许多商铺，有大型超市、广场，也有小型商店，如文具店、便利店、面包店等，离学校不远的地方还有地铁站、公园、电影院等。学校结合自身地域优势，坚持以"学校小社会、社区大课堂"为主要理念，充分利用学校周边的社区资源开展社区生活适应的教学活动。学校与社区机构间的合作途径有建立长期合作关系的，如社区中心、普通学校、休闲广场、公园等，也有根据教学主题建立短期或一次合作关系的，如超市、购物中心、邮局、便利店等。学校努力开发社区教学资源主要是为了帮助学生认识社区、联结课堂教学和适应社区。

（一）认识社区

我们生活在一个瞬息万变的社会，每时每刻它都在发生改变，早在1996年联合国教科文组织就提出，"科学与技术从未像现在这样突出地显示出它们的威力和潜在力。在20世纪的后半期，知识正以惊人的速度向前跃进，变化正在无限地加速"，并将人类未来称作是"眼花缭乱的未来"和"令人兴奋而又可怕的前景"[①]。我们在惊叹科技为人类社会所创造的巨大财富的同时，却又不得不注意社会变革大幕下特殊学生的适应问题。要适应这样的社会，首先要充分认识社会，而要认识广阔的社会，要从认识身边的生活社区开始，再由点到面，逐步迁移到更大范围内的学习。在大多数人眼中，特殊教育学校是一个相对隔离的环境，实行全封闭式管理，学生进出学校有家长和教师带领，进了学校有教师全天无缝隙管理，不得随意出校，踏出校门有家长时刻看管，而从学生将来的发展来看，一旦他们长大成人，离开学校，步入社会，马上面临的就是独立生活的问题，因此在学校期间帮助他们认识并熟悉社区里的人、事和物显得格外重要，这也是一项基本技能。为此，越秀启智在以下两下方面做出了努力。

第一，学校主动从每个学生生活的社区里寻找课程和教学资源，对学生进行生态评量，从中提取个别化的发展目标写入 IEP 里，形成生态课程，再在课堂和课外教学。学校主要从学校附近和学生家庭附近的社区着手进行生态分析，明确每个学生的学习需要，教学有的放矢，更有针对性。通过整合每个学生社区认识的需求，确定班级社区教学的内容和重点，帮助学生熟悉自己学习和生活的周围环境，为更好地适应社区打下坚实的基础。第二，学校组织教师团队开发了专门的《社区》系列教材，包括认识居委会、派出所、邮局、医院、银行、理发店等基本社区机构，以及相关的人和活动。教材编写过程力求还原学生的真实生活，教材里的图片几乎都是实物拍摄，以学生熟悉的人和物为拍摄素材。

（二）联结课堂教学

课堂教学只是学校教学实施的一部分，课堂外的社区课堂也是教学的重要组成部分，它与班级的单元主题和每周教学活动密切联结，于是就有了社区本位教学。社区本位教学是在自然或者真实世界的环境中教有意义或者功能性的技能；它倡导将社区当作一个课堂，在社区中教授与职业、日常生活、社区或者休闲娱乐等课程，主要围绕自然环境的使用和功能性技能教学两大内容展开。[②] 一般说来，班级的单元主题教学活动在周一到周四排课，每周五上午半天便是主题社区活动。主题社区活动更强调单元主题教学活动

① 联合国教科文组织国际教育发展委员会. 学会生存：教育世界的今天和明天［M］. 北京：教育科学出版社，1996：117－121.

② THOMPSON S. The community as classroom［J］. Educational Leadership, 1995 (8)：17－20.

的整合及在社区实践中的运用，这可看作是课堂教学的练习巩固。另外，不是所有的目标都适合在课堂内进行教学，学校一些大型的实践活动，如春游、秋游、游园活动、自助餐、运动会等都能体现生态意义的活动，适合让学生在真实的情境中学习，这样把主题教学融入活动中，充分利用社区资源，能更好地完成 IEP 目标和单元教学任务。但需要注意的是，强调利用社区资源教学并不是说课堂教学不重要或没有必要，社区教学一定要建立在学生对社区有基本认识和对需要他们完成的任务有基本了解的基础之上。为更好地掌控社区教学效果，课堂教学是基础，让学生明确出去后要做什么、操作步骤是什么、有哪些注意事项等，然后再根据社区里学生的表现反馈了解后面课堂教学的重点，因此课堂教学和社区教学应该是相辅相成、相互促进的关系。表 9 – 1 以学校组织学生去东湖公园进行春游野餐活动为例，说明是如何利用社区资源进行教学的。

表 9 – 1　东湖公园春游教学活动安排

教学活动摘要	社区资源	涉及知识技能
社区购物	超市、便利店、水果店、菜市场	认识社区机构、做选择、规划购买物品、匹配物品与所在地点（或区域）、使用金钱
乘坐公车	公交站台、公交车	选择公交线路、看公交站牌、认识公交车、向陌生人问路、与司机交流
公园野餐	公园（含休闲设施、游乐设施、广场）	与游客交流、使用公园游乐设施

（三）适应社区

从长远发展来看，特殊教育的最终目的是让学生适应社会，并能独立自主地生活，而在特殊教育领域，社会适应和社区适应的区别主要有广义和狭义之分，社会适应需要在社区中实现，社区适应则是学生社会适应的基本步骤。因此，学生要适应社会应先从适应相对狭窄的社区开始。为了让特殊学生适应社区，学校需要立足社区里的各项活动，进行详细的分析，了解这些活动对特殊学生提出的要求，以此作为教学依据，并成为 IEP 目标的来源之一。也就是说，学校的教学活动需有一定的前瞻性，把学生将来在社区中可能遇到的各种问题或困难都联想到，解决基本的适应问题，然后在这个基础上，再进行深入探讨和挖掘，朝着提高生活品质的角度出发，教他们学会更多的技能。表 9 – 2 以“邮局”“医院”“银行”三个主题为例，介绍学校为帮助学生适应社区所安排的教学活动。

表9-2 适应社区教学活动安排

主题	教学活动	活动内容
邮局	认识邮局	1. 认识学校或家附近的邮局（含邮局位置、标志、工作时间认识、工作人员、邮政车）
		2. 认识邮局的功能分区（服务区、等候区、其他区域）
	办理邮政业务	1. 收寄挂号信（收挂号信和寄挂号信的方式）
		2. 收寄快件（寄快件和收快件的方式）
	取汇款	取款和汇款步骤
	订阅资料	订阅资料步骤
医院	场景认识	1. 认识医院的功能分区（门诊部、急诊部、住院部、挂号处、收费处、药房等）
		2. 认识医院的各种人员
		3. 认识医院里的各种检查工具
	看病	了解看病的流程
	探望亲友	了解探病的流程
	体检	了解体检的流程
银行	认识银行	1. 认识各种银行
		2. 认识银行的设备和区域
		3. 认识银行的工作人员
	使用自动柜员机	1. 认识自动柜员机
		2. 认识银行卡
		3. 在自动柜员机存取款和转账
	到柜台办事	1. 认识银行存折
		2. 在银行柜台开账户
		3. 在银行柜台存取款
		4. 牢记自己的重要信息（身份证和密码）

由表9-2可知，在每个主题下，学校不会只满足于学生对社区机构的认识层面，而是会分析与机构相关的系列活动，从适应社区的角度出发，教会学生在机构里所要完成的相关活动，不放过每一个可能的教学细节。如在“邮局”主题里，教学生如何订阅资料，图文并茂地说明如何订阅资料的步骤：①首先，自己想好要订阅哪类杂志，具体的刊名是什么；②查找报刊目

录，找到自己要订的杂志的邮发代号；③付款，索要收据，注意保存好。交代相关的注意事项：①订阅时间，一般上半年是5—6月，下半年是10—12月，破季订阅的杂志很少，如果来不及订阅，可以向杂志社邮购；②订阅地点，一般邮政网点都能办理，有些小的邮政代办点可能不办理，可选择去稍大点的邮局办理；③有不明白的地方或填写单据时遇到困难可咨询邮政营业员。

二、参与社区活动

（一）特殊学生参与社区活动的意义

社区自身就有丰富多彩的活动，学校除主动开发社区教学资源，帮助学生认识社区、联结课堂教学和适应社区外，也会积极主动参与社区的各项活动。特殊学生通过参与社区活动获得的发展是校内教育难以给予的，它主要表现有以下三个方面的意义。

第一，有利于特殊学生社会交往能力的发展。一个人具备良好的社会交往能力，会得到更多被帮助的机会，在遭遇挫折、烦恼和困惑时，通过良好的社交技能能够及时宣泄和化解负面情绪，建立乐观、积极进取的心态，促进身心健康发展。对培智学校大多数特殊学生来说，他们渴望交往，但苦于缺乏有效的交际手段，而参与社区活动便能起到“催化剂”的作用，帮助学生培养良好的社会交往能力。一方面，社区活动为学生的社会交往提供了机会。在特殊学生的日常学习生活中，他们多在教师和家人的庇护下成长，与外界接触的机会有限，但并不意味着他们不愿意交往，而是机会受限。因此，学校组织学生积极参与社区各项活动，也是为学生提供了更加广阔的社会交往机会，而且这种交往形式与学校里的交往不同。在学校里学生接触的教师、同学、同学的家人、来学校的客人等大多都和蔼可亲，但现实社会是非常复杂的，有形形色色的人，让学生尽可能地接触到各类人群，及早遇到问题，寻求解决方案，这比他们将来遇到问题时束手无策要好一些。另一方面，社区活动能教会学生社会交往中的技能技巧。在特殊教育学校，特殊学生社会交往能力的发展主要依靠相关的语言、沟通与交往的训练等，但受学习速度慢、记忆能力差的特点影响，训练成效慢。通过参加社区活动，特殊学生既能看到平时在学校训练的内容是如何在现实生活中运用，又有了更多向普通群体模仿学习的机会和榜样，这比单纯的学校训练效果更佳。

第二，有利于特殊学生应用所学的知识和技能。社区的各项活动是真实社会生活的写照，虽然教师也会在课堂教学活动中注重所教知识技能的运用，且会通过社区资源开发进行教学，但这些教学活动都是以学校和教师的主动为主，难以避免地带有“设计”“预设”的成分在里面，为学生“量身定做”。当学生以参与者的身份参与社区活动时，也就意味着这些活动的主动权不在于学校和教师，而在于社区，由社区来决定开展什么活动，此时的学生需要做的是适应活动，在适应的过程中，他们可以展现自己平日所学知识和技能，这也可以看作是一个巩固、练习的过程。

第三，有利于特殊学生更好地融入社区。社区活动既丰富社区居民日常生活，又是展现社区文化的机会。学生参与社区的各项活动，有利于他们深入了解所生活的社区，熟悉社区里的人、事和物，更好地融入社区，获得身份认同，把自己看作社区一分子，朝着学校所提倡的“好公民”的培养目标发展。

（二）特殊学生参与社区活动实例

近些年来，随着我国对环保问题的日益重视，国家和居民的环保意识也越来越高，“垃圾分类”开始走进大家的日常生活。垃圾分类，指按一定规定或标准将垃圾分类储存、分类投放和分类搬运，从而转变成公共资源的一系列活动的总称。分类的目的是提高垃圾的资源价值和经济价值，力争物尽其用。2011 年 4 月 1 日，《广州市城市生活垃圾分类管理暂行规定》（以下简称《规定》）正式施行，广州成为国内第一个立法实施城市生活垃圾分类的城市。依照《规定》，广州的生活垃圾分为可回收物、餐厨垃圾、有害垃圾和其他垃圾四类，垃圾分类将贯穿垃圾产生、投放、收运和处理的全过程。一时之间，广州市民都在热议“垃圾分类”，广州市内各个垃圾分类试点社区的市民也已积极投身到如火如荼的生活垃圾处理之中。越秀启智所在的街道正好处于广州的垃圾分类试点街道，垃圾分类也成为学校工作的重点之一。为响应市政府的号召，学校也积极开展了垃圾分类工作，并把这项任务融入课堂教学中，主要从以下三个方面实施。

第一，有意识地培养学生的环保意识。学校通过组织学生学习相关的环保知识，让学生树立牢固的环保意识，在相关的教学活动中渗透环境和环保知识的学习。一方面，学校通过国旗下讲话、德育活动、大学生志愿者进校园、校园文化宣传、居委会来校指导等活动，进行垃圾分类的倡导宣传活动。另一方面，教师的主题教学里有意设计一些环保活动，如在讲授《灰姑娘的新房子》一文时，教师会强调保护树木和小鸟的重要性；在教《宝石和泥巴》时，它让学生认识到泥土的重要性，钱不是万能的，如果没有粮食，即便有再多的钱，人类也无法生存，从而教导学生要保护环境；再如《水怎么变脏了》教育学生不要乱扔垃圾，看到垃圾要及时放到垃圾桶里。

第二，创设良好的校园环境。学校在培养环保意识的同时，还加大了对校园环境建设的投入。在教室里，创设与环保教育相适应的环境；在学校的电子滚动屏上留有环保教育的一个版面，每周更换内容，向家长和学生宣传环保知识；在校园内，随处可见积极向上的环保标语，时刻提醒大家要环保。除强调环保意识外，学校为减少校园垃圾，带领学生们制作了"分类垃圾回收箱"，让学生把废旧物品带到学校来，进行分类放置，并变废为宝，利用一些可改造垃圾让学生制作玩具，提高学生游戏时的积极性，拓宽玩具的可选择范围。在学校组织的主题活动里，如"化装舞会""环保时装秀"等，各班充分利用塑料袋、报纸、蛇皮袋、纸皮等日常废旧材料，和家人一起制作成衣服，穿在身上进行时装表演。

第三，落实垃圾分类行动。为了将垃圾分类落到实处，2012 年 6 月，学校成立了志愿服务队，在社区居委会的带领下进行垃圾分类工作，每周不定期地对学校周边小区的垃圾进行分类。

三、 与普通学校共促融合

在融合教育背景下，融合教育的实施不仅是教育的问题，而且是一个社会问题，融合教育应该起着改变人们对残疾、缺陷的负面认识的作用，从而在整个社会营造融合氛围，建立融合社会。在这个过程中，学校有着不可替代的重要作用。虽然我国的学校依主要招收对象可大致分为普通学校和特殊教育学校，但融合教育的实施场所不应该只在普通学校，特殊教育学校也可以成为融合教育的场所之一，这就需要相对"隔离"的特殊教育学校主动走出去，提供给特殊学生与外界接触、交流的机会。越秀启智走进社区，开发社区教学资源和参与社区活动是学校做出的改变和努力，也是融合教育的一种形式，但为了更大程度地发挥融合教育的作用，以教育变革带动社会的变革，学校还需要与普通学校建立合作关系，共促融合。通过两所学校间的融合活动增加普通学生对特殊学生的了解，改变观念，同时还创造特殊学生参与同龄学生活动的机会，借助榜样的作用，为他们以后参与社会活动奠定基础。

（一）融合活动流程

越秀启智与普通学校的融合活动要保证每月至少一次，学校对此类活动有着系统的规划，一般会在学期初由两所学校的教师依据学校计划共同商量活动内容，签下活动协议书。融合活动的开展不是一蹴而就，而是考虑到普通学校及其师生对特殊学生的逐渐接纳，是一个渐进和逐步发展的过程，因此在安排活动时要体现阶梯性，逐步渗透。

1. 科学认识，理性接纳

在活动初期，学校会对普通学生进行问卷测试，了解他们对残疾、特殊学生、特殊教育学校的认识。结果表明，大部分普通学生都没有接触过残疾人或特殊学生，从而对特殊学生的认识存在偏见或误解，如有学生认为智力残疾学生等同于精神病人，并认为“智力残疾”会像感冒发烧一样传染给其他人，现实生活中对这类学生通常是避而远之；也有学生认为“智力残疾”是上辈子作孽而致。正是由于普通群体对特殊群体存在的这些误解，越秀启智的教师会介绍残疾的类型，特殊学生的身心特点、学习特点、学习内容、个人喜好等，然后让普通学生自由提问，回答他们心中的疑问和恐慌。重要的是，要让他们明确与特殊学生交往时的注意事项，知道“智力残疾”并不是一种会传染的病，只是这些孩子身心发育问题导致学习能力差、学习速度慢，而残疾的原因也有很多，包括先天的和后天的，但不是作孽导致的。特殊学生都很纯朴善良，但有时会以一种常人难以接受的方式与人交往或表达。同时，学校还要让普通学校的师生清楚认识到，只要我们为特殊学生提供有效支持，就能改善他们的功能表现，让他们有机会像普通群体一样生活。“支持”在生活中是很平常的事情，正如近视需要眼镜的“支持”、外出需要交通工具的“支持”等，这都是支持的形式，只是我们自身很少会意识到这点而已。因此，越秀启智的教师只有解释说明清楚残疾人和特殊学生的身心特点，打消他们的顾虑，才能让庞大的社会群体慢慢接纳他们。

2. 参观校园，深入了解

因为要了解特殊学生，只了解他们的身心特点是不够的，还要了解他们日常学习和生活的环境，所以融合活动里特意安排了参观校园的活动。越秀启智的教师会带领普通学校的师生参观学校校园，介绍学校的教室、功能室、课程设置内容、日常运作等。通过实地参访学习，普通学生们得以深入了解到特殊学生的生活和学习，也更能理解他们的缺陷，了解到特殊学生也和普通学生一样要上课和做作业，只不过他们学习的内容偏重于技能。

3. 活动体验，理解接纳

在对特殊学生的身心发展有了基本的了解之后，学校接下来设计了一系列的体验活动，让普通学生体验特殊学生在日常生活中遇到的困难，如“视觉之旅”让特殊学生体验盲人的感受，“阅读之旅”体验阅读障碍学生的感受等。在这些活动中，学生们能感受到盲人生活中的不易，阅读障碍学生学习时的困难等，感同身受，更能理解特殊群体。

4. 名人效应，转变观念

学校还会向普通学生介绍他们熟悉的名人，这些名人也都属于特殊群体，如爱因斯坦、爱迪生、毕加索、洛克菲勒、尼克·胡哲等，或因阅读障碍，或因精神障碍，或因肢体障碍等而给他们的生活带来不小的影响，成为成长道路上的羁绊。但到最后，他们勇敢地克服了自己的障碍，加上有来自家庭和周围团体的支持，促进了他们的成长，最后在各自领域里取得了成功。这些名人励志故事告诉普通学生只要我们不放弃，给予一定的支持，人人都可以学有所获，有发展的潜能。即使是智力残疾学生也不是一无是处，他们也有自己的专长和优势，尽管教育的作用不一定能确保他们最后都像那些名人一样取得辉煌的成就，但通过我们的共同努力可以为他们提供优质的教育和收到来自社会各界的共同关怀，只要跟现状相比，他们能取得持续进步，并能积极作用于将来的成人阶段的生活，这就是成功的。

5. 活动载体，增进友谊

前面几个阶段的活动都是以特殊教育学校为主导，主动促进普通学生对特殊学生的理解和接纳，而这一阶段的活动则更进一步，两类学校均以活动为载体，邀请对方参与自己的活动，如春游、秋游、运动会、成果分享等。活动双方的教师一般会提前做好沟通与计划工作，设计好活动方案，让普通学生和特殊学生都能参与其中。设计活动时，普通学校教师要听取特殊教育学校教师的安排，特别是涉及参与活动的特殊学生的能力特点、注意事项等，避免活动中意外情况的出现；双方学校教师一起设计好活动的每个环节，让普通学生和特殊学生都能参与其中，创设更多的互动机会，充分接触和交流，促进普通学生对特殊学生的认识，同时也让特殊学生学会与他人沟通交往。活动结束后，两所学校教师各自如开主题班会，分析并反思活动中各个环节的处理，普通学校教师还要带领学生分析特殊学生的表现，发现他们的优点，特殊教育学校教师则要带领学生回忆活动，重点是如何更好地与人沟通交往。

（二）融合活动的影响

1. 对特殊学生的影响

特殊学生受身心发展限制，生活中常常遭到冷遇、讥笑、讽刺、挖苦等，久而久之造成他们自卑心理，在生活中缺乏勇气，不敢与人交往，而融合活动的开展可以给他们带来积极影响。第一，融合活动增多了特殊学生参与群体生活的机会，让他们有了被接纳和被尊重的情感体验。特殊学生和普通学生一样，也有团体生活的需求，需要同龄普通同伴的理解、接纳、帮助、尊重等。重要的是，他们可以模仿学习普通同伴的优点。第二，融合活动有利于培养特殊学生的社会适应技能和道德规范。通过特殊学生和普通学生的交往，特殊学生学会邀请其他孩子一起玩耍、学会礼貌用语、遵守游戏规则、不与同伴争抢等，逐步培养他们的沟通交往能力。同时，学生参与活动的机会增多，空白时间减少、兴趣增多，问题行为也随之减少，间接培养他们的社会适应技能。第三，融合活动有利于巩固特殊学生已有的知识技能。特殊学生在真实、有意义的活动中学习，学习的内容是自己感兴趣的，是主动求学的过程，记忆牢固，不易遗忘，直接把课堂所用迁移到与同伴交往的过程中。第四，融合活动有利于提高社会对特殊学生的接纳度。特殊教育的最终目的是让特殊学生平等参与社会生活，特殊群体本来就属社会的弱势群体，他们需要来自家庭、社会、学校的交流，而社会大众对他们的接纳是他们回归主流、参与社会活动的重要前提。特殊学生有机会与同龄普通学生一起活动，这在他们社会化的进程中起重要作用。特殊学生的成长，同龄普通学生也一同成长，他们会影响自己的父母对特殊群体的态度，进而扩大到更加广阔的群体对特殊人群的接纳，带来整个社区，及至整个社会对特殊群体的接纳。

2. 对普通学生的影响

义务教育阶段是广大中小学生成长的关键时期，也是对他们进行道德情感、心理品质和行为习惯养成的最佳时期，抓紧这一时期的道德教育对学生优良品德素质的形成有着积极作用。在日常生活中，对广大普通学生而言，特殊学生可能是可怕的同伴对象，也可能是他们嘲笑、歧视、厌恶的对象。现在的儿童是未来国家的公民，让普通学生在社会活动中了解、接纳、关心和帮助特殊学生，不仅能促进普通学生的道德情感发展，更是建立和谐社会发展的需要。

实践证明，在融合活动进行过程中，普通学生也在悄然发生变化，他们从不接纳、抗拒到能与特殊学生高兴地进行“手拉手”活动，高兴时会给予热烈拥抱，一切都是那么自然、和谐，孩子们都在努力拉近与特殊学生的距离。孩子们在互动过程中，学会了在理解中接纳，学会了包容；在帮助别人的过程中，学会了责任和义务；在生活的对比中，学会了珍惜和同情。据普通学校教师反映，学生比之前更爱学习了，考虑事情也会多考虑别人而不只顾及自己，班级每一次搞活动，会有许多同学主动提出邀请启智学校的同学前来参加，包括学校的春游和秋游活动也主动邀请特殊学生参与其中；每年六一儿童节活动，普通学生不仅邀请特殊学生参与联欢，还会准备礼物送给特殊教育学校的朋友们。

第二节　社区对学校发展的支持

从特殊学生个别化发展的角度出发，越秀启智为更好地帮助学生达成IEP里的目标，借助社区力量辅助教学，既满足了教学需要，又能给学生发展带来新的支持动力。在特殊教育学校与社区关系上，显然特殊教育学校和特殊学生的发展需求相对更高一些，因此最初都是学校主动出击，寻找资源，与社区建立相应的合作机制，但随着活动的深入，社区也对特殊学生这一群体有了更加深入的了解，于是慢慢地会由过去的相对被动变主动，主动帮助特殊教育学校的教育教学。有了社区对学校发展的支持，这就由过去特殊教育学校单向主动变为现在的双方积极互动。

一、 社区与学校的互动

进入21世纪后，我国明确提出构建社会主义和谐社会的战略任务，并在党的十六大报告里第一次将“社会更加和谐”作为重要目标提出。所谓和谐，是指融洽、协调的状态，它包括五个层面的和谐：一是个人自身的和谐，二是人与人之间的和谐，三是社会各系统、各阶层之间的和谐，四是个人、社会与自然之间的和谐，五是整个国家与外部世界的和谐。和谐社会的一个重点特征就是对弱势群体的关注，特殊教育也正是对和谐社会、公平社会和文明社会的体现。无论是特殊教育学校还是社区，他们都是广阔社会生态系统中的一员，也都承担着共建和谐社会的使命，因此两者建立积极、良性、有效的互动是和谐社会的基础，更重要的是，良好的互动能促进双方共赢。

在融合教育背景下，特殊教育学校冲破原有的“隔离”走向社区，双方通过合作从对方获益，都成为赢家。就特殊教育学校来说，他们需要社区中的人力和物力资源为学校的课程、教学、管理、师资队伍建设等提供资源性条件。现在学校的发展已不是孤立于社区的办学主体，学校开展社区课程、特殊学生的实习实践和融合活动的开展都离不开社区的支持。就特殊学生发展来说，他们也需要走进社区拓宽社交面，发展社会交往能力和适应能力。就社区来说，每一位居民都有责任和义务去保护弱势群体，营造良好的社区氛围，同时还能提高居民的公民意识，加深对残疾和残疾人的认识，加快社区内涵式发展与建设，建立融合社区，从而为建立融合社会打下坚实的基础。

二、 社区对学校支持的内容

社区对特殊教育学校发展的支持主要体现在人员支持、物质支持、情感支持和就业支持四个方面。

（一）人员支持

社区会有各类人员辅助学校开展活动，这些人员可分为三类：一是专职工作人员，指在社区党组织、社区居委会和社区服务站专职从事社区管理和服务，并与街道（乡镇）签订服务协议的工作人员。他们主要负责协调、安排学校与社区的各项活动，既包括学校进入社区，又包括社区进学校开展活动。二是各社区机构的工作人员，指各商铺老板、员工等，他们负责接待学校的相关活动，或进学校与特殊学生联欢。三是义工，指在不为任何物质报酬的情况下，为改进社会而提供服务、贡献个人的时间和精力的人。在这三类人员里，义工与学校、教师和学生直接接触的机会较多，他们工作服务的范围极其广泛，包括教学、作业、教学资料、休闲及教学充实、校园安全、辅导、社区教育和联系等方面。以社区教育及联系为例，义工的服务包括协助学校与家长保持联系、协助学校与重要人士的联系、协助学校与其他学校或机构的联系、邀请家长或社区居民访问学校或座谈、协助宣传学校及老师的做法与行政措施、协助学校有计划地开放学校场所供社区居民使用、协助组织社区健康娱乐活动、配合时令季节、时事协助举办有意义的教育活动（亲职教育、爱国教育、社会教育、环境教育等）、协助学校办理区域性的各项比赛活动、邀请或鼓励社区居民积极参与学校的活动、协助学校发掘好人好事等。由于义工广泛参与了学校的各项事务，特殊教育班级对义工有一定的要求，他们既要对特殊教育有一定的了解，对特殊学生有正确的态度，了解特殊学生的身心特点和一般学习、生活情况，还要学习专业的特殊教育知识与技能，培养坚持性，遵规守纪，维护教学秩序。

（二）物质支持

社区会为特殊教育学校的教育教学和特殊学生的发展提供物质支持，包括每年会为学校捐赠活动资金；每年提供奖助学金，用于补助家庭困难的特殊学生；为校内生活技能训练等捐赠物资；为学生的学习生活提供玩具、文具；为学校教育教学提供专门的场所等。虽然有些物质学校也能提供，但由社区相应的人员或企业提供，拉近了学校和社区的距离，从融合的角度来说特殊学生也得以在真实的生活环境中学习训练，更有利于他们的发展。

（三）情感支持

社区志愿者会在节日期间慰问特殊学生家庭，不仅给他们提供物质支持，而且更重要的是精神或情感支持。一般说来，特殊学生所在家庭的家长心理压力比较大，生活中他们难免会遭受周围亲朋好友和邻居的不理解，有时候也需要向他人倾吐生活的各种遭遇和不愉快，或是接受外界的鼓励和正能量，而社区志愿者正好可以为这些家庭提供这种情感支持服务，包括倾听家长的烦恼，为他们排忧解难，帮助协调生活中的各种关系等。

（四）就业支持

为了特殊学生将来更好地生活，融入主流社会，发展职业教育是诸多特殊教育学校的一大特色，越秀启智也不例外。特别是对一般的培智（或启智）学校来说，大多数智力落后学生难以接受高等教育，所以寄未来的生活于职业教育是众多家庭的选择。学校为学生进行基本的职业知识和技能教学，然后由社区的相关企业提供实习或直接就业的机会，这也是社区对特殊教育学校支持的一种体现。学校在长期办学过程中，与一些企业建立了长效合作机制，包括广东永旺天河城商业有限公司、广州欧派橱柜企业有限公司、中国移动通信集团公司、胜佳超市（东川店）及其他外资、民营企业和个人等。

三、学校提供的志愿服务

启智学校在享受社区资源和志愿服务的同时，作为社会的一分子，它也会承担相应的社会责任，回馈社会，包括提供志愿服务，如中高年级部和职高班会探访社区老人院的老人、承担老人院的清洁任务、表演节目等，也会探访社区环卫工人，派发学校倡议书、环保知识宣传手册、垃圾分类资料等；校舞蹈组、美术组、非洲鼓队、肚皮舞队等参加企业的宣传活动，为他们义卖、表演才艺，也会参加省、市残联组织的各种社会倡导活动等。这样，在学校与社区的关系上，学校最初是为达成特殊学生个别化的发展目标，出于教学需要主动走向社区，利用社区各类资源，与社区建立初步的合作关系；慢慢地，待社区了解和熟悉特殊教育学校后，他们会主动提供各类支持帮助特殊学生的发展；作为回馈，学校也会提供志愿服务。由此，最终形成相对稳定、和谐的学校与社区的互动机制（见图9－1）。

图9－1　学校与社区的互动机制

第十章
学校管理体制

启智学校的良好运转离不开科学、高效的管理体制，需要一定的方法来有效地管理学校的教育教学事项，完成特殊教育要求的任务，并达到一定的目的。特殊教育管理方法是用来达成特殊教育管理目标、实现管理过程的方式方法，与特殊教育管理原则相辅相成，不可分割。特殊教育管理原则是方法的基础，是方法必须遵循的指导原理；特殊教育管理方法则是实现管理原则的手段。因而，启智学校的特殊教育工作者，尤其是特殊教育管理者，需要对特殊教育管理方法有基本的认识，以促进和改善学校的运行管理效率。本章立足启智学校的管理体制，从启智学校管理的方法概述、管理体系架构等方面展开。

第一节　启智学校管理方法概述

学校管理者要切实扮演好自身角色、践行科学的学校运行机制的前提，是必须掌握一套行之有效、结构清晰的学校管理方法。一个灵活掌握了管理方法的启智学校管理者，必然能够使学校的各项工作有条不紊地进行，能够灵活地运用多种管理方法来解决学校管理工作中的具体问题，进而凝聚学校教师的士气，明确各级人员的权责，丰富学校的文化与内涵，提高自身的办学质量，从而赢得更好的社会声誉。在实际工作中，往往是“有什么样的校长，就有什么样的学校”，这充分说明了一所学校的管理者在学校发展中所起的作用和意义。启智学校管理方法一般包括行政层面的管理方法、思想教育层面的管理方法、经济层面的管理方法、法治层面的管理方法、咨询参与的管理方法、数理统计的管理方法等。

一、 行政层面的管理方法

行政层面的管理方法是启智学校管理者依托校长为首的各级组织机构以及自身的权力，通过发布命令的方式，直接对学校师生及其他员工产生影响和作用的管理手段，也称为行政管理方法。一般以命令、指示、规定、计划、规章制度等方式来体现。

启智学校可以看作是一种科层组织，学校中各级各类组织及其人员的职责和权限有严格的规定，各层次之间的关系明确，各级成员的能力也足以胜任对应的岗位工作。由于职责和权限、职务和能力相称，启智学校的管理秩序也就容易形成，行政管理方法的有效性便有了保证。需要明确的是，行政管理方法的本质特征是以权力为基础，依靠组织权威直接指挥下级的活动。行政管理方法具有权威性、强制性、时效性、垂直性、稳定性等特点，其优点主要体现为：① 能够统一行动，便于集中领导；② 有助于充分发挥启智学校行政的管理职能；③ 在启智学校中发生的意外或矛盾，设置以校长为首的行政组织，有助于及时高效地处理各种突发事件。同时，行政管理方法的缺点也是显而易见的，如因片面强调行政过程的方便而将管理过程简单粗放化；易形成独断专横的寡头管理；信息传递低效，容易失真；因人而异，具有一定的随意性。因而，启智学校管理者要掌握行政管理方法的特点，扬其长避其短，实现管理的最优化。

启智学校管理者在采用行政管理方法时需要注意如下事项：第一，认真对待权威问题，反对独断专行和家长式作风。启智学校管理者要正确认识和对待权威的作用，注意提高自身的素质，不能仅仅依靠职位权力来实施行政管理，更应该依靠非职位权力为实施行政管理创造优势条件；能够依据学校的实际情况，听取下属及同行专家的意见，避免独断专行。第二，健全学校内部的组织系统，有令则行，有禁则止。启智学校管理者要努力完善学校内部组织体系和相关的规章制度，保证组织内部的权责分明、信息通畅。第三，发扬民主机制，健全咨询、监督反馈制度。启智学校管理者要发挥学校所有教职工的能动性，熟练运用教职工代表大会的作用与功能。基于此，启智学校管理者要努力健全学校的咨询、反馈制度。

二、 思想教育层面的管理方法

思想教育层面的管理方法，是启智学校管理者凭借管理和科学的力量，运用精神层面的内容，对学校成员的思想意识、道德情感及身体行为等产生影响及作用的管理手段，也叫思想教育方法。启智学校管理的核心是对人的管理，在相同条件下，人的思想状况不同，工作业绩和效果也不一样，思想教育方法的实质正是通过提高或改变人的精神风貌，调动人的积极性，进而提高人的工作效率和质量。

思想教育方法具有长期性、广泛性、启发性、艺术性等特点，其优点主要体现为：提高师生及其他教职员工的思想认识水平，并指导各项活动；激发师生及其他教职员工的工作和学习热情，促使其发挥内在潜能；一旦思想教育渗入其内心，对一个人的影响将是深刻而持久的。其缺点则主要体现为：见效比较慢，不能立竿见影；对突发事件或问题的处理有局限性；约束性较差。因而，启智学校管理者在使用思想教育方法时应注意：第一，理论联系实际，具体问题具体解决，一切从实际出发来解决问题。思想教育方法的核心是通过说服的方式对学校师生员工进行思想教育，提高他们的思想意识，但在说服的过程中，一要理论联系实际，通过事实与实际案例来教育师生员工，二要通过思想教育，解决他们的具体问题，避免眼高手低、只说不做。第二，思想教育要同民主、公平相适应，学校管理者在思想教育过程中不能还保持行政长官意识，以一种居高临下的姿态与被管理者接触，而是采取民主与公平的方式对被管理者进行教育，平等对话，倾听被管理者的心声，解决他们的实际问题。第三，褒奖与批评惩罚相结合，以褒奖为主，学校管理者要恰当地使用奖惩措施，一般而言，褒奖要公开进行，如此可以调动教职工的积极性；批评则尽量避免在公开场合进行，因为每个人都会顾及自身在他人眼中的形象，所以要以褒奖、表扬为主。第四，身教与言传相结合，启智学校管理者尤其是校长首先要以身作则，以自身言行为典范，严于律己、宽以待人，管理者和领导层只有自身言行起到表率作用，才能以榜样作用来示范其他教职员工。

三、 经济层面的管理方法

经济层面的管理方法也叫作经济管理方法，是指启智学校管理者运用经济手段刺激组织行为，形成动力，以物质利益作为杠杆来调节管理效果，调动教职员工积极性的方法。一般体现为用工资、奖金、福利待遇、罚款等来实现对教职员工的工作进行管理。

物质利益是人们工作的基本动因之一，经济管理方法的实质就是物质利益原则，运用经济手段不断调整各方面的物质利益关系，把个人利益同集体利益结合起来，从而提高个人工作的积极性与责任感。经济管理方法具有利益性、调节性、制约性等特点。其优点主要体现为：排除主观性、随意性的影响，在更公平和客观的背景下调动人的积极性；便于分权管理，发挥各方面的积极性；较好地处理各方面的物质利益关系。其缺点主要表现为：容易产生拜金主义和唯利是图的工作风气；时效较短；有一定的局限性，影响人的积极性。故而学校管理者在运用经济管理方法的时候要正确使用办学自主权，在坚持按劳分配、克服平均主义的同时，依据启智学校工作的特点，完善和健全各种岗位责任机制。

具体来说，启智学校管理者在运用经济管理方法时要秉持以下原则：第一，制定清晰、明确的工作条例，使责、权、利三者有机结合，如制定教师工作奖惩条例来明确教师的责任、权力和利益关系，并在实际执行过程中严格按照工作条例来实施各种经济奖励与惩罚，使教职工树立权责意识。第二，建立科学的评价体系，提倡公平竞争，将效果与经济利益挂钩。学校管理者应当利用物质利益来调节教职工的行为，还必须建立科学统一的考评标准，来指引教职工的教学管理等行为，并将他们的工作效果同经济利益挂钩。第三，把握限度，避免唯功利主义取向，学校管理者在实际运用经济管理方法的过程中，对教职工进行奖惩时，还应该注意适度，有的放矢。如果管理者仅仅依靠经济方式来刺激教职员工的积极性，很容易出现“一切向钱看”的现象。第四，管理者要注意将经济管理方法与其他方法结合使用，经济管理方法万不可单独使用，而应该和思想教育方法等结合起来，唯有此，才能发挥经济管理方法的长效性。

四、 法治层面的管理方法

法治层面的管理方法即运用法律规范、纪律章程及各种行为准则对组织和人员进行管理的方法，简称法治方法。依托法治方法进行管理的方式主要有制定法律、法规、规章、条例、纪律、行为准则等来调节人们的行为。法治方法具有权威性、强制性、规范性、稳定性等特点。其优点主要体现为：易于集中领导、处理共性问题；责权清楚，赏罚分明，权威性强，便于管理；能清楚预见后果，有效调节行为。其缺点主要体现在：缺乏弹性和灵活性，不便于处理突发性问题；限制较多，不利于调动下属人员的积极性。

法律属于上层建筑范畴，法律对特殊教育学校管理的作用具体体现在两方面：促进作用和阻碍作用。倘若法律法规符合社会活动的客观规律，就可以起到促进作用，反之就会产生阻碍作用。因而，启智学校管理者在运用法治方法时应当注意以下四点。

第一，要加强法制观念和法制知识的学习宣传，做到知法、懂法、守法。法律是靠国家强制力保证实施的，但在法律实施的过程中，仅有国家强制力是不够的。只有社会成员对依法治理有清楚的认识，立法与执法以及自觉守法才有可能实现。上述体现在启智学校管理中，即意味着依法治校，依法治校的核心任务在于启智学校师生及其他教职员工思想观念的转变和法律意识的提高。由于历史与现实的原因，目前我们的社会管理模式依然较多体现为人治，整个社会法治观念相对淡漠，很多组织机构的管理者亦秉持相对浓厚的人治观念，这其中不乏启智学校管理人员，对特殊教育法律法规仍有片面甚至错误的看法，对依法治校在思想上尚缺乏足够的认识。依法行使国家权力的观念尚未达成普遍共识，导致有些人对实际工作中出现的置国家特殊教育法律法规于不顾，滥用职权的现象视而不见，甚至因为对特殊教育法律法规还很陌生而抱着“事不关己，高高挂起”的冷漠态度，不仅缺乏最基本的法律自觉性，且对运用法治手段保护自己的合法权益也所知甚少。要从根本上改变这些状况，就必须在师生及其他教职员工中培育法治观念，增强依法治校的意识。

第二，制定相应的规章制度，强化检查监督力度，强化依法治校的意识。启智学校管理机构要防止滥用权力，就要加强监督与制约，在加强舆论监督的基础上，更要加强法律监督，这对于保证依法治校，实现学校管理工作的法治化有重大意义。依法治校是一场深刻的观念更新和制度变革，依法治校要求启智学校管理者在特殊教育法律法规规定的范围内进行决策，依照特殊教育法律法规行使权力，以保证启智学校管理工作符合社会及特殊学生的真正需求，避免教育不公和教育违法现象，同时，启智学校管理者应当按照特殊教育法律法规的程序来办事，遵守法定程序，遵守法定操作规则，这将大大提高启智学校的管理效率。

第三，争取社会支持，依法保护启智学校及学校师生的相关权益。依法保护学校及师生的相关权益意味着，启智学校要依法治校，学校教师要依法从教，学生要依法受教。教师依法从教就是教师要根据法律相关规定来规范自己的教学行为，尤其是要根据特殊教育相关法律法规中对教师的相关要求来从事教育教学工作，教师必须提高自身的法律素质，增强法律意识，树立法治观念。因此，启智学校应该组织法律知识讲座等来提高教师的法律素质，教师自身也应该通过各种途径去学习法律知识，从而规范自身的教育教学行为，实现依法从教。学生依法受教意味着学生要根据法律法规的要求，自觉接受特定的教育，运用法律的武器来维护自身的受教育权及其他相关权益。要使学生真正在特殊教育领域实现依法受教，除了要不断完善对学生的权利、义务、责任等的规定之外，还应当提高学生自身的法律素质，在学校运行过程中渗透依法治校等相关法律知识。

第四，启智学校管理者要以身作则，遵纪守法，同任何违法行为作斗争。学校管理者权力行使的过程，也是贯彻执行特殊教育相关法律法规的过程，管理者必须做到执法必严、违法必究。启智学校管理机构及其工作人员要率先垂范，严格在依法治校的框架下执行法律规定，贯彻法律原则，体现法律精神，不仅使特殊教育相关法律法规得到全面实施，同时也能在全社会起到很好的尊重法律、执行法律和遵守法律的示范作用。

五、 咨询参与的管理方法

咨询参与的管理方法是随着现代科学技术的发展而逐渐发展和完善起来的一种管理方法，它强调被管理者的主动地位以及重视民主平等的管理氛围。咨询参与方法意味着启智学校管理者依靠专家出谋划策，提供良好的管理方案和意见，以供决策者参考决策，有效推进管理工作。具体而言，可通过专家座谈、建立咨询机构、委托研究项目、征集计划方案等形式来达到管理启智学校的目的。

咨询参与的管理方法具有针对性、综合性、时效性等特点，其优点主要表现在：能够有效地沟通领导与教职工的意见；提高领导水平，博众家之长，充分发挥各路专家的作用；应用性较为广泛；能够激发创造性思维。主要缺点表现在：不易于集中统一，尤其是在领导不力的情况下，表现更为明显；容易造成各行其是的分散局面。因此，启智学校管理者在运用咨询参与的管理方法时要注意几方面的问题：第一，更新管理观念，学会用现代管理方法作指导。启智学校管理者应当树立正确的管理观念，尤其是要更新管理本质观，以往很多学校的领导认为，管理的本质就是领导、管制和审批，就是行政，因而形成了学校管理中的官僚作风，不能有效听取下属、专家的意见，导致学校管理工作中的很多失误甚至败笔。这些教训应该引起启智学校管理者的重视和警诫。第二，广为发扬民主管理的作风，启智学校管理者要充分调动学校师生员工的积极性，就必须广开言路，充分听取广大教职员工和学生的意见，此外，启智学校管理者还应该重视教职工代表大会（工会）作为明主管理机构的特性，充分发挥这一机构的相关职能，使其在学校管理中发挥应有的作用。第三，建立咨询机构，确定专职、兼职人员。启智学校管理者应该根据学校组织机构设置的要求，建立咨询机构，配备咨询人员，但需要注意的是，咨询机构的人员不是狭义上的特殊教育学校管理人员，不是传统意义上的多一个机构多一帮吃饭的“官”，而是一个广义上的管理机构，其人员的任用应以兼职人员为主。

六、 数理统计的管理方法

数理统计更多的是一种工具和手段，而不是目的，在启智学校管理中心应用数理统计方法的目的在于能够更精确地表述事物的特征。数理统计的管理方法是指以数理学科知识为工具，对学校管理问题进行测定并定量分析与测定，依此来推进启智学校管理工作的一种方法。数理统计管理方法一般通过数据、表格、统计图表等来客观反映学校运行的各方面实际情况，为启智学校管理者的管理工作提供可靠的依据。

数理统计方法具有抽象性、精确性、普遍性等特点。数理统计方法以数字为依据，易于准确地反映实际，说明客观问题，为管理者提供可靠的依据，这是数理统计方法的优点。其缺点在于，数据本身很难进行价值判断，容易造成管理的表面化，唯数据论等弊端。因此，启智学校管理者在运用数理统计方法时应当注意，数据要全面、真实、准确。在运用数理统计方法收集数据的过程中，启智学校管理者务必要保证收集上来的数据的全面性、真实性和准确性，全面是指涉及的内容要广，涉及的人员要多；真实是指在全面的基础上提高数据的可靠性、有效性；准确是指要使收集的数据有事实根据。此外，还要注意定量分析与定性分析相结合。启智学校管理者在使用数据进行分析的时候，要注意定量与定性两种分析手段的结合使用，因为定量分析有其局限性，不能对事物进行准确的价值判断。

第二节 启智学校的管理体系

要管理好一个组织机构，都离不开一套结构清晰、权责分明、履职务实、效率精干的管理团队。启智学校管理体系是整个特殊教育管理体系当中重要的一环，越秀启智经过三十多年的发展，不仅逐渐形成了自己别具特色的办学模式和学校文化，也形成了有自身优势的学校管理体系。

一、 关于现代学校教育制度的回顾

就现代学校制度涉及的基本关系而言，有学者认为研究现代学校制度应围绕两对关系建立理论分析框架，即学校与政府、社会和市场的关系。也有人认为现代学校制度涉及的三个关系是学校与政府、学校与社会、学校组织

内部的管理关系。还有学者将学校内部的各种关系具体化，认为“现代学校制度涉及五种关系，即学校与政府、学校与教师、学校与学生、教师与学生、学校与家长的关系”。就政府和社会两者在现代学校制度构建中孰重孰轻、谁先谁后的问题，学者们观点有所分歧。有学者强调学校与政府的关系，关注新型政校关系的建设；有人突出学校与社会的关系，认为在现代学校制度建设中要“把社区、学校、家庭、社会互动放在很重要的位置上”。中国教育科学院基础教育研究所所长陈如平则认为，应先考虑学校与社区和家庭的关系，再构建学校与政府的关系。就现代学校制度的瓶颈与构建路径而言，学者们普遍认为，现代学校制度在建设中存在政府过度干涉、市场发育不足、社会参与欠缺等难题。具体来看，由于对现代学校制度的概念和关注点不同，因而学者间对其构建路径的理解、改革突破口的选择等仍存在较大差异。有从宏观层面、中观层面和微观层面进行的，在微观层面，有人认为教师、学生对教育教学事务缺乏参与和监督是“制度性障碍”。也有人认为，制约学校和学生发展的最严重的制度瓶颈是评价制度。

我们认为，学校管理制度是构成生态教育的重要组成部分。“生活教育”是我国现代著名教育先驱陶行知在继承中外优秀教育传统基础上极力倡导和实践的教育运动。陶行知先生在《生活即教育》一文里集中阐明了自己的主张“生活即教育，就是社会即学校”。他之所以提出这一主张，是因为“学校里的东西太少”，把社会生活当作教育内容和场所，那么“教育的材料、教育的方法、教育的工具、教育的环境都可以大大增加，学生、先生也可以多起来”。这种促使学校和社会“打成一片”的构想，事实上就是教育生态建设的可贵实践，只不过当时科学的发展尚未向人民提供必要的系统观念和方法，人们的生态意识也还没有今天这么强烈罢了。当前，许多学校进行了学校与社区、家庭互动机制的建立，其最根本的目的在于为学校营造一个既适应社会主义市场经济环境又能按教育规律运行的环境，企图以此为切入点，营造一个生态的教育。

二、 国外教育微观制度概览

每个国家由于其特有的国情、不同的政治制度，教育管理体系也不尽相同。美国、英国、日本三个发达国家都有自己的教育管理体系，美国的基础教育管理体系是由联邦、州、地方学区与学校四个层次组成，是一个典型的分权教育行政管理国家，联邦政府对各州没有统一的教育管理权，各州根据自身情况实行自主管理。而各州的教育行政管理也是宏观调控式的，具体的教育管理事务由各学区来进行，各学区享有更多的自主权。美国的学校实行学区教委领导下的校长负责制，由学区有关各方代表组成的学区教育董事会，是学校事务的决策机构。学区教委的执行机构为学区教育局，设教育局长，直接对学校实施行政领导。学区教育局长是美国学校管理的重要角色，他/她既是校长的行政领导，又是学区教务的督导长，同时还是联系学校与学区教委的中间人。教育局长与学区中心办公室是校长的具体上级。

美国学校校长是学校的行政首长，向教育局长负责，执行学区教委的有关决议及管理学校日常行政事务。除宏观指导外，政府对学校的具体业务不加干预。因此，美国的公立学校有较大的办学主动权。20 世纪 80 年代，里根政府出台了《国家在危机中：教育改革势在必行》的改革报告，该报告批评原有的公共教育制度是计划型的、死板而保守的，对消费者学生、家长和社会的需求反应迟钝。由此掀起了重建公共教育运动，对学校管理模式进行改革，对公立学校的重构与放权的尝试。改革的关键是逐步分解集权化的教育管理机构，由一种分权制取而代之，因此，出现了校本管理。校本管理一般采取集体管理学校资源的方式，即教师、家长和社区成员等参与学校的各项决策以管理学校。美国的校本管理根据情况可采取不同的形式，包括有代德县模式、芝加哥模式和洛杉矶模式。不管以哪种形式出现，共同参与管理是其典型特点。学校重要的管理决策要求校长、教师以及其他学校工作人员和家长、社区居民代表一起进行。其中，家长的决策权表现得最突出的是芝加哥的社区控制型校本管理，在芝加哥学区，家长和社区代表通过家长委员会这样的组织来行使决策权。在美国，家长决策权的实现有一定的组织依托，学校委员会或者学校董事会是美国学校内部管理制度的一大特色，是最普遍的保证家长决策权的组织，芝加哥学区的学校委员会是家长决策权得到完全实现的典型代表。芝加哥学区的每所学校都选举出地方学校委员会，负责学校重大管理事务的决策。这个经选举产生的组织由六个家长代表、两个社区人员代表、两名教师代表和校长组成，还有一个学生代表，拥有聘任或者解雇校长、确定预算重点和制定课程重点的权力，另外他们还掌握相当数量的政府一次性拨给学校的教育经费。委员会的首要目标是吸引家长参与学校管理，主要有三项职责：审核学校教育计划、审核学校财政预算、聘任和解聘校长。学校改善计划和财政预算是由该委员会聘任的校长在学校专业顾问委员会的监督和帮助下做出来的，该专业委员会由一线教师和学校其他工作人员组成。校长虽然拥有对全校教师的选拔权，但是，校长必须对学校委员会负责，而且学校委员会对校长实行四年一聘，废除校长终身制。

在英国，社区居民能够对学校管理发表意见的场所是“家长——教师联合会”。英国的教育法规定公立学校要建立学校理事会，由学校理事会行使对学校的民主管理和监督的权力，对理事会的组成、职能都做了明确规定。

在1986年的第二教育法规定，学校理事会由来自地方当局指派的委员、家长代表、经选举产生的教师代表、社区代表构成。根据学校规模大小，人数一般为一人。按照制度，学校理事会每四年一届，由选举产生。法案对理事会、校长、地方教科文卫当局在教育过程、学生的停退学、学校资金的使用、教职员的任免等相关职能做了规定，从1988年开始又将预算的使用分配权和教职员的任免决定权从地方教育当局移交给学校理事会，学校理事会的权限扩大。也就是说，学校理事会是学校最高决策机构。

日本在1998年中央教育审议会《关于今后的地方教育行政》咨询报告中，提出了导入学校评议员制度的设想。2000年的《学校教育法施行规则等部分修订》中，对导入学校评议员制度的目的、意义及措施等做了详细说明，并决定从2000年4月开始施行。至此，日本确立了委任家长和社区居民作为学校评议员，校长听取评议员对学校运营的意见和建议的规定，这是日本第一次将家长和社区居民参与学校运营制度化。日本导入学校评议员制度的宗旨，是为了建立赢得家长和社区居民信赖的学校，学校与家庭、社区联合协作，形成一体，以使孩子们健康成长。通过这一制度的实施，将能够适应学校和社区的实际，在把握和反映与学校运营有关的家长和社区居民的意向，得到他们协助的同时，学校也有责任把自身的运营状况向家长和社区居民作以说明，学校评议员也是学校实施说明责任的重要途径之一。① 关于学校评议员如何设置也有一系列的规定，如中小学可以根据学校设置者所属的教育委员会的决定设立学校评议员，学校评议员要应校长的要求，提出与学校运营有关的意见，学校评议员要从本校职员以外的对教育熟悉、理解的人员中选择，由校长推荐，由本学校的设置者所属的教育委员会授权。导入学校评议员制度学校的校长，要对学校评议员就学校的活动状况等做详细的说明，这一点是极为重要的同时，也期待学校评议员能够广泛、真实地代表家长和社区提出建设性意见，相反，也把学校的管理运营状况传达给家长和社区，从中起到沟通的桥梁和纽带作用，使学校更进一步得到来自家长和社区的协助。

从上述美国、英国、日本三国的经验中，我们得到以下启示：①要迅速转变办学只是教育行政部门和学校领导者的事的观念，打破封闭式的办学模式，充分认识开放办学的重要性。②要建立相应的制度，明确各方面人员应履行的具体职责。

---

① 李天鹰. 日本中小学开放式学校经营制度及启示［J］. 教学与管理，2007(31)：74－76.

三、 越秀启智的管理架构

在三十多年的办学过程中，越秀启智逐渐摸索出一套有自己特色的行之有效的办学模式，合理有效的学校的管理是学校办学质量与社会声誉的重要保障。在不断总结自身办学经验和借鉴国内外同行办学理念与实践的基础上，充分吸收特殊教育管理领域的优质研究成果，反思国外特殊教育微观管理模式的发展历程，越秀启智学校发展出自己的学校管理团队与管理架构（见图 10－1）。

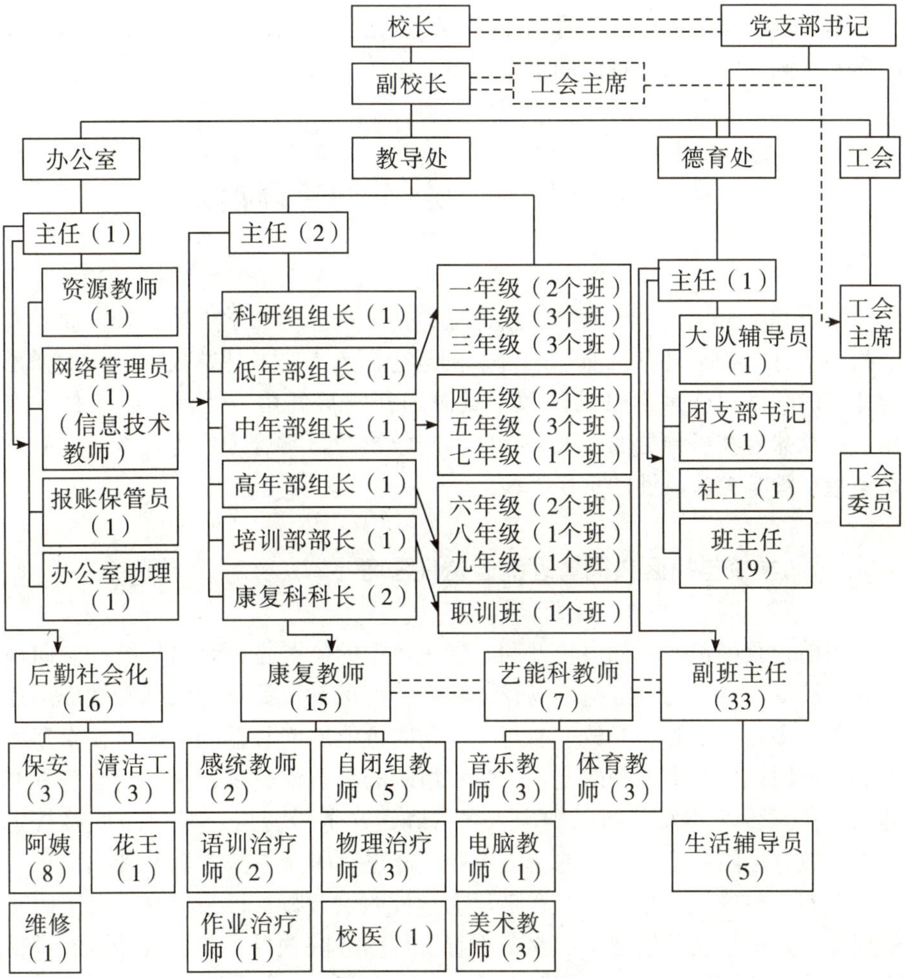

图 10－1　越秀启智的管理架构图

前文提出，每个国家的国情与环境不同，特殊教育学校的管理模式与其所处的大环境息息相关。越秀启智学校的学校管理架构可概括为：校长总领下的“三驾马车”式管理架构。校长总领包括校长、副校长在内的校级领导层总领学校的教育、教学工作，贯彻落实国家教育方针，践行依法治校，维护师生的合法权益，同时在学校的各项业务工作中（如教学设备与教学手段的改善、师资力量的培养、学生教育教学工作的正常运转、师生思想教育工作等领域）承担领导与监督职责。“三驾马车”指在校领导总领下，学校办公室、教导处及德育处协调运作，办公室主要承担学校行政管理、教育技术支持、财务管理等方面工作；教导处是“三驾马车”中的重中之重，主要承担学校日常教育教学、学生康复训练、卫生安全、生活管理等工作；德育处主要承担全校师生的思想教育工作，同时也是学校进行开放办学，与所在社区展开共同办学、服务社区的重要支撑。

第三节　学校—社区共同管理模式

学校并不是校长一个人的学校，更不是某些教师和学生的学校，而是大家共同所有。特别是在当前“融合”的理念深入人心，特殊教育学校加强了与社区的联系，注重学校社区教学资源的开发与利用，强调社区支持的作用，这意味着在可预见的将来，社区参与学校的日常管理成为可能，同时也是考量启智学校公益性的重要手段。

一、 学校与社区共同管理的公益性思考

当前，我国正处于社会转型期，这一转型的主要特征是由传统社会向现代社会转变、由计划经济向市场经济转轨，市场对资源配置的基础性作用逐渐完善，多元、平等、开放、参与、互动的价值取向日益凸显，学校生存和发展的环境正在发生深刻的变化，学校组织的公益性越来越受到社会各种群体的关注。2015 年修正的《中华人民共和国义务教育法》第二条明确规定了义务教育是国家予以保障的公益事业。修正后的《中华人民共和国义务教育法》对学校究竟是谁的学校，谁享有学校的治理权，谁来监督，做了明确的规定。其中第七条规定了“义务教育实行国务院领导，省、自治区、直辖市人民政府统筹规划实施，县级人民政府为主管理的体制。县级以上人民政府教育行政部门具体负责义务教育实施工作；县级以上人民政府其他有关部

门在各自的职责范围内负责义务教育实施工作”。第八条规定了“人民政府教育督导机构对义务教育工作执行法律法规情况、教育教学质量以及义务教育均衡发展状况等进行督导，督导报告向社会公布”。第九条规定“任何社会组织或者个人有权对违反本法的行为向有关国家机关提出检举或者控告”。从法律规定来看，我国学校的举办主体是国家，学校是国家的学校、政府的学校，国家及政府毫无疑问地享有对学校的治理权，社会和家庭依法保障适龄儿童、少年接受义务教育的权利应当包含其享有对学生受教育权以及受教育状况的监督权、知情权、建议权等内容。

从现代管理的角度来看，虽然学校的服务对象表面上是单一的，即学生，但实际上学校还存在着许多潜在的服务对象，第一便是国家，学校必须为国家培养合格的公民，使学生成为社会主义事业的建设者和接班人；第二是家庭，学校通过培育学生成才让家庭获得幸福；第三是社区，学校将自己的特有的组织文化传播、辐射其所在的社区或更大的范围，使社区整体获得较好的发展。与之相对应，学校也在办学过程中吸取着国家、家庭、社区的各种资源和支持。特别是义务阶段的学校，作为国家向全体公民提供或组织的公共产品，更加受到全社会的关注。因此，社会、家庭有义务也有权利享有对学校的治理权，即享有对学校教育的监督权、知情权、建议权等权利。然而，社会、家庭对适龄儿童、少年接受义务教育的权利的依法保障的具体内容与实施程序是怎样的？法律没有明确规定。事实上，在高度集中的计划体制下，这些权利得以实现的传统路径是学生家长和社会公众对学校教育的意见和建议经由人大代表或政协委员汇总、筛选后，经过正式的国家机关组织路线层层上传，再层层下达，学校只听从和执行上级教育行政部门的指令。这样的一种机制容易使学校教育中存在的种种问题得不到及时的解决，也容易使学校对公众和家长的意见反应迟钝、麻木，逐渐形成学校强势、社会和家长弱势的格局。从这个意义上说，学校是政府的附庸。这种机制强化了国家对学校的治理权，弱化甚至排挤了社会对学校的治理权。因此，一方面，国家和政府权力范围内的对学校治理不断得以改进，逐步明确了中小学实行校长负责制；另一方面，社会对学校的监督始终处于一种若有若无、若即若离的状态，常以运动化、一阵风的形态发挥作用，缺少制度化的保障，也就形不成学校的社会治理结构。现实学校办学过程中出现的部分的家校矛盾实质上是缺乏对学校的社会治理结构所造成的。

二、学校—家庭—社会教育共同体

越秀启智学校的社区办学经验表明，学校作为社区的重要一环，学校办学绝非学校一家的责任与义务，对于特殊学生来说，学校能够提供的教育服务较之他们的实际需求是远远不够的，而学校、家庭与社区共同投入，以"教育共同体"的形式为特殊学生提供教育及相关服务，才能实现特殊教育成效的最大化。

长期以来，理论不止一次地阐明人的健康成长与发展需要学校教育—家庭教育—社会教育三者有机结合，因此，《小学管理规程》（以下简称《规程》）专列一章题为《学校、家庭与社会》，并规定"小学应同街道、村民委员会及附近的机关、团体、部队、企业事业单位建立社区教育组织，动员社会各界支持学校工作，优化育人环境。小学亦应发挥自身优势，为社区精神文明建设服务"，"小学应主动与学生家庭建立联系，运用家长学校等形式指导、帮助学生家长创设良好的家庭教育环境。小学可成立家长委员会，使其了解学校工作，帮助学校解决办学中遇到的困难，集中反映学生家长的意见、建议。家长委员会在校长指导下工作"。但是，《规程》对家长委员会和社区教育组织具体的权利与义务没有做出进一步的规定，对具体的操作程序也未明确，甚至对家长委员会也仅仅定位于"可成立"，而不是"应成立"，并明确在校长指导下工作。其中只规定家长委员会"集中反映学生家长的意见、建议"，至于怎么反映意见、可以反映哪些意见、学校应当如何对待这些意见等留有空白。这就为学校—家庭—社会三者结合留下了许多随意性，也使三者结合的效度取决于校长，带有强烈的"人治"色彩。而从《规程》的思维方式分析，《规程》的目的是促进学校教育—家庭教育—社会教育的有机结合，但仅仅将目标定位于成立相应的组织，而缺少对其运行机理的分析与规定，仿佛组织成立了，工作就会开展，效果就会显现。

也许因为这个原因，学校—家庭—社会三者互动在实践上只是"浅层次、阶段性"的互动，缺乏整体性、系统性。集中表现在互动主要指向阶段性的活动，随着活动的结束，互动也基本结束，难以延伸到平常缺乏相应的规范性制度予以保障和制约，由于活动的零碎性而使互动缺乏整体性，同时，这种以活动为基本载体的互动总体上尚未深入到学校教育管理的核心层面，存在着学校主动而社区与家庭被动的现象。此外，家长与学校之间微妙的"紧张"关系并没有真正消除，在一定程度上又会演化成为双方的对立与僵持。活动不少而制度缺位、教育资源的整合缺少规范性与经常性的纽带，成为目前学校教育—家庭教育—社会教育三结合的两大通病。事实上，学校、家庭、社区虽然在教育学生的目标上是一致的，但由于各自的性质不同，其利益关注点是有所差异的。家长关注的是孩子放学后有一个安全的学习活动场所与去处，且不会过分地花费家长的精力与时间，但是他们同时将解决问题的任务完全地指向学校，暂且不去讨论这种"非此即彼"的思维习惯，至少说明家长对自身利益本身及其实现的途径与手段的认识是单一且单向的，并没有经过充分的讨论，这种单向的利益表达可能会导致更多的矛盾与冲突，并由此影响学生成长的良好环境的培育。如果没有相应的利益协调机制的配合，如果利益的协调缺乏共同的基点，那么协调事实上是不可能的，它最多起到了缓解的作用却不能从根本上解决问题。如果能够构建一个平台，提供三方可以充分对话、交流、讨论的机会，通过这个平台，原先零星的想法被整合、有益的建议被放大，学校—家庭—社区的互动从临时、杂乱、形式化的阶段进入了经常、有序、实质性的阶段，一个有着坚实基础的教育共同体终会向我们走来。

三、学校民主办学、开放办学的制度构想

从系统的角度分析，学校民主办学与开放办学可分为学校内部和学校外部两个层面，这两个层面相互补充、相互影响、相互支持、缺一不可。首先，设想如果有一个学校、家庭、社区均可参与的教育议事平台，该平台首先为学校民主办学和开放办学搭建了一个信息交换平台，围绕优化学校教育行为、优化学校教育环境，与之相关的利益主体充分地表达自己的意愿，各种观点相互激荡，趋同存异，逐步形成共同的教育理念，学校的教育主张在与社会的互动中进一步得到检验与发展，并且以此来引导学校内部的管理、教育、教学行为。其次，教育议事平台为学校民主办学和开放办学提供了资源平台，学校的学生各不相同、所处的环境各自相异，对资源的需求也自然有所区别。学校能够在多大程度上获得发展的资源决定了学校能够在多大程度上发挥自身的效能，决定了学校办学的开放度。合理的学校开放程度，让家长随机随时地检测学校的教育教学工作，不断获得各种有益的反馈，并同时获得额外的教育资源，教育议事平台成为学校发展的资源整合器和资源放大器。最后，通过该平台，家庭和社区也获得了更多的发展资源。由“共营”走向“共赢”，教育议事平台或可成为一个好的制度模块，将学校、家庭、社区紧紧地联系在一起，推进学校办学民主化和开放化。

四、构建和谐的教育生态环境

教育生态大体上可以看作是教育系统内部诸要素之间的交互作用及其与外部环境之间的物质、能量和信息的交换关系，而所谓教育生态平衡则主要是指教育系统的综合平衡、运行高效、功能优异及其与社会环境的良好协同。生态化的教育首先要求教育系统与教育环境相互适应，这是实现教育系

统生态平衡的基本前提和首要条件，它包括教育适应社会和社会适应教育两个方面的内涵。在学校微观层面，这两个方面的内涵就转化成学校适应社会和社会适应学校。两种不同路径的适应共同呼唤能够建立一个学校与社会外部环境之间的物质、能量与信息交换的平台。适应意味着双方、多方能够共生共荣，而不是一方改变另一方或一方压倒另一方。学校与外部环境之间在物质、能量、信息领域得以充分交换，可以有力地推进学校系统内部诸要素的交互作用，使得这些要素的组合集中于一个焦点从而实现内部运行的高效有序，使学校内部环境生态化。从教育活动的主客体构成来看，教育主体与教育客体应当尽量相互补偿。教育主体即教育者，教育客体即受教育者，这两者在教育系统中是相互联系而存在、相互作用而发展、相互适应而统一的，他们的对立统一内在地构成了教育生态系统中的主要矛盾和主导因素，因而要实现教育生态平衡就必须使教育主体与教育客体互补相长。前面提到的教育议事平台以其构成的广泛性和代表性实现了教育主体的客体化和社会化，构建了一个既包括学校教师、又包括家庭教育主体、企业教育主体和社区与社会教育主体的社会化的大教育主体体系，使教育者在互动过程中先受教育，在实施教育行为的过程中同时接受教育。与之相关，教育议事平台同时又是一个资源合作中心，为共同关注的孩子及更广泛的人群提供了更多的学习和成长的资源，确立起受教育者在学习过程中的中心和主体地位。另外，教育议事平台还促进了教育理论与教育实践的相互统一。“学校—家庭—社区—社会”教育共同体倡导下的教育议事平台作为一种制度创新的探索，其历程是短暂的，许多问题还有待于进一步破解，如职能与定位的统一性，议事会组织的法定性，议事规则的普遍性等，包括越秀启智在内的特殊教育学校办学历程中，学校对即将来临的现代社会的精心准备，或许这种准备是我们内心深处所盼望已久的，或许是因我们对未来变革的希冀让我们在当前发现了这种希望。正如杜威所言“教育即生活”和陶行知所言“生活即教育”。